Wolf-Dieter Storl

Pflanzendevas

Die geistig-seelischen Dimensionen der Pflanzen

Wolf-Dieter Storl

Pflanzendevas

Die geistig-seelischen Dimensionen der Pflanzen

Mit praktischen Anleitungen
zu Pflanzenmeditationen

at VERLAG

9. Auflage, 2022

Umschlagbild: Frank Brunke, Buchenberg
Illustrationen Seite 48, 56, 86, 97, 99, 105, 110, 139, 183, 185:
Lambert Spix, Köln
Satz und Lithos: AT Verlag, Aarau
Druck und Bindearbeiten: Westermann, Zwickau
Printed in Germany

ISBN 978-3-03800-846-0

www.at-verlag.ch

Der AT Verlag wird vom Bundesamt für Kultur
für die Jahre 2021–2024 unterstützt.

Inhaltsverzeichnis

VORWORT

«Überhaupt ist der Mythos weit mehr dem Zufall entzogen als die Geschichte – er bringt Ideen, die Geschichte nur Tatsachen.»

Ernst Jünger, *Annäherungen*

Vor allem darum geht es mir in diesem Buch: um fruchtbare, kunterbunte Ideen, die das Gewohnte in einem neuen Licht erscheinen lassen können, und weniger um «gesicherte» analytische Tatbestände. Keine wissenschaftliche oder parawissenschaftliche Botanik, keine eigentliche Ethnobotanik und schon gar nicht eine esoterische Phytosophie liegt dem Leser hier vor. Das Buch, gespeist aus den Sagen und Überlieferungen verschiedenster Völker, Traditionen und Zeitepochen, ist eher im Sinne eines Märchens für Erwachsene zu verstehen – ein Märchen im ursprünglichen Sinne des Wortes *Mär*, also eine «Kunde», eine «Nachricht». Es ist eine Nachricht aus dem Zauberreich der uns tragenden stillen, grünen, ewig wachsenden Mitgeschöpfe. Es erkundet den leuchtenden archetypischen Urgrund der Vegetation – der zugleich auch unser eigener Daseinsgrund ist.

Wolf-Dieter Storl

EINLEITUNG

Das Telefon riss mich aus meinen Gärtnerträumereien. Ich warf den Spaten beiseite und hastete ins Haus. Als ich den Hörer abnahm, überwältigte mich der Wortschwall irgendeines mir unbekannten Fernsehproduzenten:

«Sicherlich kennen Sie *Das geheime Leben der Pflanzen*, den einmaligen Bestseller von Peter Tompkins und Christopher Bird? Wissen Sie, dass seit der Erstveröffentlichung zwanzig Jahre vergangen sind?» – Die Stimme wurde nachdrücklicher: «Zwanzig Jahre! Es ist nun wirklich an der Zeit, dem Publikum die neueren Erkenntnisse und Fortschritte auf dem Gebiet der esoterischen Pflanzenforschung nahezubringen. Es geht darum, den Leutchen da draussen klarzumachen, dass es sich bei den Pflanzen nicht um leblose Gegenstände handelt, sondern um beseelte Lebewesen, die mit den Menschen eine emotionale Beziehung eingehen können. Vielleicht könnten Sie mir da einige Hinweise geben. Verstehen Sie mich recht, es geht mir um eine spirituelle Sicht der Dinge. Wir suchen nach einer Möglichkeit, die Pflanzendevas im Fernsehen selber zu Wort kommen zu lassen.»

Noch ganz ausser Atem, fragte ich: «Nun, ja, wie wollen Sie das denn anstellen? Pflanzenseelen und -geister sind ja schon vom Begriff her für unsere äusseren Sinne unerfahrbar. Sie sind unsichtbar! Was wollen Sie denn da eigentlich filmen?»

«Sicherlich kennen Sie die Kirlian-Hochfrequenzphotographie, mittels derer es gelungen ist, die Auras der Pflanzen abzulichten, sichtbar zu machen! Es ist Ihnen vielleicht nicht geläufig, welche technischen Möglichkeiten uns zur Verfügung stehen, verborgene Phänomene unseren Sinnen zugänglich zu machen. Sie kennen doch sicherlich den Backster-Effekt?»

Ich brauchte nicht lange zu überlegen. Backster-Effekt. Klar! Aus spielerischem Trieb heraus hatte der Kriminologe Cleve Backster eines Tages seinen Lügendetektor an den Drachenbaum angeschlossen, der da in einem Topf neben seinem Schreibtisch dahinvegetierte. Zu seiner Verblüffung musste er feststellen, dass der Polygraph schon beim blossen Gedanken, ein Blatt zu durchstechen oder es in den heissen Kaffee zu tauchen, ausschlug. Pflanzen können Gedanken lesen – um diesen Schluss kam Backster nicht herum.

Die Stimme am anderen Ende der Telefonleitung arbeitete sich inzwischen in einen regelrechten Eifer hinein: «Nun lassen sich die von den Pflanzengeweben ausgehenden elektrischen Impulse leicht amplifizieren und auf andere Medien übertragen. Zum Beispiel kann man sie als Ton oder als Farbe wiedergeben. Folgende Szene wäre doch ganz toll für eine Sendung: Da sitzt jemand vor seiner Salatschüssel. Elektroden sind an den Salatblättern angeschlossen. Im selben Moment, in dem er mit der Gabel zusticht, verändert sich die elektrische Spannung in dem betroffenen Blatt. Das genügt, um mittels Farb- und Tongeneratoren einen schrillen Schrei auszulösen und es blutrot auf dem Monitor aufleuchten zu lassen! Nicht wahr, das würde den Leuten endlich einmal vor Augen führen, dass sogar der Salat ein fühlendes, beseeltes Wesen ist! Da würden sie nicht mehr so gedankenlos Salate, Gurken, Äpfel oder sonstwas in sich hineinstopfen. Ich sehe das sozusagen als eine pädagogische Aufgabe!»

Ich brummelte etwas Dümmliches vor mich hin und sagte, dass ich ihm wohl nicht helfen könne. Zugleich musste ich an die alte Dame denken, der es schon eine Qual bereitet, ihr Gärtlein zu jäten. Das blutrote Aufleuchten und der schrille Todesschrei des Salatblättchens würde ihr jede Mahlzeit zur Gewissensqual machen. Wie könnte sie die Vorstellung verkraften, die armen Kartoffelwesen lebendigen Leibes im kochenden Wasser zu verbrühen. Oder die unschuldigen Radieschen zu zerstückeln und dann noch Salz in ihre Wunden zu streuen! Der Mensch als molochartiges Monster! Welche geistig hochentwickelte Seele – und dafür hielt sich die alte Dame – könnte damit leben? Sie müsste, wollte sie nicht als niederträchtige Heuchlerin dastehen, die letzte Konsequenz ziehen: Sie müsste ganz aufhören zu essen und sofort ins Geistige eingehen, so wie es die Heiligen der Jaina im alten Indien taten. Um kein weiteres böses Karma anzuhäufen, versagten sich die Jaina völlig den animalischen Trieben. Sie setzten sich einfach hin, hörten auf zu essen – und entschwebten nach vierzig bis sechzig Tagen dieser grausamen Welt.

Nein, mit solch billigem Mediensensationalismus, solchen elektronischen Gaukeleien lässt sich die Ehrfurcht vor dem Leben nicht neu entfachen! So etwas sollten Sie, Herr Fernsehproduzent, Ihren Zuschauern nicht zumuten! Ausserdem erzeugen die Pflanzen ihre Biomasse im Überfluss. Pflanzen gleichen stillenden Müttern mit prallen Brüsten, denen es Freude macht, die hungrigen Mäuler ihrer Kinder zu stopfen. Es ist genug da für Menschen und Tiere.

Nein, Sie befinden sich auf dem Holzweg. Die einfachen Naturgeister, geschweige denn die erhabenen Pflanzendevas, lassen sich nicht so leicht leimen. Kein elektronischer Sensor, kein noch so raffiniert ausgeklügeltes Instrument wird die Devas zum Sprechen bringen. Ganz im Gegenteil, auf Zwang und freche Neugierde lassen sie sich nicht ein, sie ziehen sich zurück. Wir brauchen keine anderen Instrumente als unseren Leib und unsere Seele – das hatte ja schon der alte Goethe gesagt! Liebe ist die einzige Sprache, die die Pflanzengeister verstehen. Liebe zieht sie an – und dann erst können sie in ihrer unbeschreiblichen Schönheit im Spiegel unserer Seele erscheinen. Wir müssen also an uns selbst arbeiten, den Spiegel reinigen – etwa mit Yoga und Meditationsübungen, nicht bloss im Äusseren kramen.

«Nein danke, Herr Produzent, ich habe kein Interesse, an Ihrem Programm mitzuwirken. Auf Wiederhören!»

DIE WIEDERKEHR DES ANDERSWELTLICHEN

Wer oder was sind nun diese Devas, Pflanzenseelen, Baumgeister oder Blütenelfen, die in zunehmendem Masse die Aufmerksamkeit der Menschen wieder auf sich ziehen? Klare Vorstellungen gibt es kaum! Alle möglichen Bilder tauchen auf, von winzigen kitschigen Disney-Figürchen, die sich in Blütenkelche nesteln, sich an Tau und Blütendüften laben und mit zierlichen Libellenflügeln durch die warme Sommerluft schwirren, bis hin zu den Baumgeistern, wie etwa dem Erlkönig, oder gar heimtückischen Monstergewächsen wie den amoklaufenden fleischfressenden Schlingpflanzen eines Hollywood-Horrorfilms. Bei Botanikern rufen solche Bilder ein Nasenrümpfen, bestenfalls ein Schmunzeln hervor. Pflanzenseelen und Baumgeister – so etwas gibt es nicht! Hatte nicht schon der grosse Zellularpathologe Rudolf Virchow gesagt, er habe bei den vielen Tausenden von Sektionen noch nie eine einzige Seele gefunden? Taxien, Tropismen, Nastien und andere quantifizierbare mechanische oder chemische Reizreaktionen können für alles herhalten, was an den Pflanzen so geheimnisvoll und seelenartig erscheint.

Psychoanalytiker geben sich da schon etwas grosszügiger: Ja, solche Wesenheiten gibt es ..., aber nur als Projektionen subjektiver Wunschbilder und Phantasien auf die an sich «leere» Natur. Objektiv gesehen gibt es sie ebensowenig wie fliegende Untertassen mit kleinen grünen Männlein als Besatzung.

Nicht jeder ist jedoch von diesem mit erhobenem Zeigefinger vorgetragenen Dogma der Wissenschaft überzeugt. Es gibt immer wieder Menschen, denen fliegende Untertassen begegnet sind, die mit Engeln oder mit Pflanzenelfen gesprochen haben und die sich diese Erfahrungen nicht nehmen lassen wollen. Es wird berichtet von Bäumen, die im Traum mit Menschen reden; von Heilkräutern, die plötzlich im Gartenbeet erscheinen, als wüssten sie, dass jemand im Haus krank ist und ihrer Hilfe bedarf; von Topfgewächsen, die sich ganz auf ihren Besitzer einstellen. So erzählte mir neulich ein Kakteenzüchter von seiner geliebten Königin-der-Nacht (*Selenicerus*). Nur in einer einzigen, mondhellen Nacht im Jahr öffnet sie ihre prächtigen glockenförmigen, weissen Blüten. Jedes Jahr blieb er in dieser Nacht auf und übergoss sie, wie eine Geliebte, mit seiner Bewunderung. Einmal musste er jedoch während dieser Zeit verreisen. Obwohl ein Freund sie umsorgte, schien die Kaktee ihr Blühen hinauszuzögern, als warte sie auf ihren Liebhaber. Schliesslich fielen die wohlausgebildeten Knospen ungeöffnet ab. Erst ein Jahr später blühte sie erneut.

Dann gibt es Gärtner – und zwar diejenigen mit den allerschönsten Gärten –, die nach keinem Schema, keinem Gartenbuch arbeiten. Die Pflanzen selber sagen ihnen, wann sie Durst haben, wann sie ausgesät, ausgepflanzt oder gedüngt werden wollen. Einige Gärtner – wie Mrs. Wright aus dem bekannten Perelandra-Garten in Virginia – sind der Ansicht, dass es die mit den Pflanzen verbundenen Elementarwesen sind, die ihnen die Anweisungen geben. Andere glauben, dass sie mit ihren grünen Zöglingen in direktem telepathischem Kontakt stehen. Für sie steht ausser Zweifel, dass da etwas in jeder Pflanze steckt – eine «Seele», eine «Intelligenz», oder wie immer man es nennen will –, das klar und eindeutig Gedanken empfindet und auch ausstrahlt. Der oben erwähnte Cleve Backster gibt neuerdings Urlaubern den Rat, sie sollen einen Schnappschuss ihrer Lieblingspflanze mit auf die Reise nehmen und das Foto jeden Tag liebevoll betrachten, dann würden die Pflanzen gesünder bleiben.

Telepathische Erlebnisse mit Pflanzen werden immer häufiger und gelten immer weniger als absonderlich. Was einst nur im Rahmen geheimniskrämerischer theosophischer oder spiritistischer Séancen zur Sprache kam, ist für die Generation an der Schwelle zum «Wassermann-Zeitalter» kein Flüsterthema mehr. Die Mauern des materialistischen Weltbildes zeigen Risse. Es bröckelt und bröselt. Ein seltsames Heer «ätherischer» und «astraler» Geschöpfe schlüpft durch die Ritzen und besiedelt das Bewusstsein der Menschen.

Atlantis

Rudolf Steiner hatte es kommen sehen. Die Menschen der zweiten Hälfte des 20. Jahrhunderts, verkündete er, würden lockerer in ihrem physischen Leib inkarniert sein; sie würden zunehmend hellsichtiger werden. Und Edgar Cayce (1877–1945), der «schlafende Prophet» aus Tennessee, sagte für das Ende des Jahrhunderts das Wiederauftauchen von Atlantis voraus. Das Wiedererscheinen des versunkenen Kontinents muss nicht unbedingt als ein brachiales geophysikalisches Ereignis mit Erdbeben und Vulkanausbrüchen verstanden werden. Vielmehr könnte man es als die Wiederkehr eines längst versunkenen Bewusstseinszustandes interpretieren – eines Bewusstseinszustandes, in dem die feinstofflichen und «übersinnlichen» Wesenheiten, mit all ihrem Zauber und ihrer Magie, wieder «wirklich» werden.

Atlantis soll jene uralte Zeit gewesen sein, in der Zyklopen, Kentauren, Elfen, Nymphen und andere Sagengestalten die Welt so bevölkerten wie heutzutage Autos, Flugzeuge, Fernseher und Computer. Das Bewusstsein der Atlantier reichte, so heisst es, weit in die ätherischen und astralen Dimensionen hinein. So konnten sie mit Pflanzen- und Tierseelen Zwiesprache halten. Die Sprache, ja schon die Gedankenkraft der Atlantier war naturgewaltig: Sie konnte das Wachstum und die Gestalt der Gewächse beeinflussen. In Indien ist das Chanten bestimmter Mantras überliefert, welche das Wachsen und Blühen der Vegetation anzuregen vermögen – es sind die letzten Nachklänge altatlantischer Magie.

Es heisst, die Atlantier schwebten schwerelos, weil sie die *Vril*kraft – jene Vitalenergie, welche die Pflanzen entgegen dem Sog der Schwerkraft nach oben wachsen lässt – handhaben konnten. Als dann Selbstsucht und der Missbrauch der Lebenskräfte die Seelen der Atlantier langsam vergifteten, verloren sie die Fähigkeit zu levitieren. Indem ihre Seelen immer tiefer hinab in die Materie sanken und sich zunehmend in einem Ego verpanzerten, verloren sie auch die Fähigkeit, die ätherischen Entitäten unmittelbar wahrzunehmen und mit ihnen umzugehen. Die Vegetation erschien vor den Augen der Menschheit allmählich immer mehr so, wie sie uns heute erscheint – als ein zwar hochorganisierter, im Grunde genommen aber unbeseelter Zustand der Materie. Mythen, Märchen und Sagen – Urerinnerungen an atlantische Bewusstseinszustände – gelten heute nur noch als Produkte der Phantasie oder eines überzogenen Intellekts.

Einige Esoteriker verlegen das mystische Atlantis in jene Zeit, als die Lebewesen noch im Wasser atmeten und der Menschenleib sich kaum von einer Qualle unterschied – eine Zeit, die dem Paläozoikum entspräche. Einem Kulturanthropologen liegt es näher, den Zeitraum, auf den der Atlantismythos hindeutet, in der alten Steinzeit anzusiedeln. Tief in Höhlen verborgene paläolithische Felsmalereien und die Jagd- und Sammelbräuche einiger Restvölker lassen vermuten, dass schon die Jägerstämme der Steinzeit mit den transphysischen «Gruppenseelen» der Tiergattungen kommunizierten, dass sie die «Tiermutter» oder den «Herrn der Tiere» anriefen. Diese übersinnlichen Hüter der Tiere erschienen den Schamanen in der Trance oder Vision und gaben den Jägern das Jagdwild als Beute frei. Das Gleiche galt für das Einsammeln von Heil- und Machtpflanzen. Wir werden noch sehen, wie sich traditionelle Kräuterrituale, die es dem Heiler und Pflanzenkundigen ermöglichen, sich mit den Geistern der Pflanzen zu verbinden, in solche zeitliche Tiefen zurückverfolgen lassen.

Aber schauen wir uns einmal bei den sogenannten «New Age»-Workshops und -Seminaren um. Da erwachen Hexen, Pflanzengeister, Elfen, Elementarwesen und andere «atlantische» Entitäten zu neuem Dasein. Es werden Rituale und magische Handlungen erprobt in der Hoffnung, mit ihnen wieder Kontakt aufnehmen zu können. Botschaften aus dem kollektiven Unterbewusstsein, aus der atlantischen Urerinnerung, aus den transphysischen Dimensionen werden angezapft, «gechannelt» und visualisiert: Sie erhalten erneut richtungweisende Bedeutung im Leben der Teilnehmer. All das beflügelt zunehmend die Massen und findet Niederschlag in künstlerischen Schöpfungen, Fantasy-Filmen und MTV-Musikproduktionen. Atlantis is rising! Wahrlich, der versunkene Kontinent erhebt sich wieder aus der Vergessenheit.

Inzwischen finden die Pflanzendevas wieder ihre Fürsprecher. Terence McKenna, Ethnobotaniker und Leiter der Stiftung Botanical Dimensions, ist einer von ihnen. In seinem botanischen Garten auf Hawaii versucht er die schamanistischen Heilpflanzen der schwindenden Tropenwälder zum Nutzen künftiger Generationen zu retten. Wir Menschen brauchen diese Pflanzen, um auf unserem Planeten zu überleben. Viele von ihnen sind psychoaktiv, sie bewirken den Aufbruch verhärteter, lebensfeindlicher Denkstrukturen. Das ist notwendig, denn unsere Technozivilisation gerät zunehmend in eine Sackgasse. Die Krise ist global. Für McKenna liegt die Antwort weniger in den Utopien eines New Age oder in den Institutionen der klassischen Zivilisationen als vielmehr in jenen drei bis vier Millionen Jahren, in denen der Mensch als das Erdengeschöpf, das er noch immer ist, geprägt wurde – nämlich in der globalen Urkultur der Jäger und Sammler der Steinzeit. In dieser Zeitspanne – die immerhin 97 Prozent des menschlichen Daseins auf diesem Planeten ausmacht – war das Verhältnis Mensch zu Mensch, Mensch zur Natur und Mensch zu den geistigen Wesenheiten offen, frei und unmittelbar. Es gab keine Behörden, Schulen, Geldinstitute, Versicherungen oder Konzerne, die sein Leben bestimmten. Der Frühmensch unterlag keinen institutionellen Zwängen, keiner Instrumentalisierung, keiner Entfremdung. Er war mit seiner Sippe, seinem Stamm in gegenseitiger Liebe verbunden und in der Spiritualität der Natur geborgen. Auch wenn wir nicht mehr als nomadisierende Wildbeuter leben können, spricht uns die hier zum Ausdruck gebrachte Gesinnung noch immer an. Sie entspricht unserer ureigensten Natur. Indianerromantik, der Traum von der einsamen Insel und die ungebrochene Faszination aller Formen des Schamanismus deuten dies an. Als *archaic revival* (Wiederbelebung der Urzeit) charakterisiert McKenna die aus übersinnlichen Dimensionen hereinbrandende Zeit der Heilung, Zeit der Re-ligio (der Wiederverbindung) und der Wiedererlangung unserer «atlantischen» Fähigkeiten (McKenna 1992).

Der Vorfrühling des *archaic revival* waren die sechziger Jahre. Plötzlich erschienen die Blumenkinder, die Botschafter der Devas. Junge Leute, ihre langen Locken mit Blumen geschmückt, empfingen Botschaften der Gewaltlosigkeit und Liebe. Sie tanzten, träumten, meditierten, pflanzten Gärten ohne Gift und Kunstdünger, verweigerten Kriegsdienst, praktizierten natürliche Geburt, heilten mit Kräutern – wahre Kinder der gütigen Wanengöttin, von der hier noch die Rede sein wird.

Vorboten einer neuen Zeit

An besonderen Orten, wie in Findhorn (Schottland) oder in Aigues Vertes (Schweiz), kamen die Botschaften des sich ankündigenden Zeitalters besonders stark zum Durchbruch (Storl 1992). Dort entstanden regelrechte Wundergärten, die selbst die kritischsten Beobachter in Staunen versetzten. Pflanzen von ausserordentlicher Vitalität, Riesengemüse und herrliche Blumen gediehen – und das an Orten, wo Boden und Klima denkbar ungünstig sind. Wer würde schon einen Garten in den von kalten Meereswinden gepeitschten, mageren Sanddünen an der nordschottischen Küste oder auf einem ausgewaschenen, steinigen Moränenboden im Rhonetal anlegen? Niemand mit normalem Menschenverstand und schon gar nicht jemand mit einem Diplom in Agrarwissenschaft! Aber es war eben kein Menschenverstand, der da am Werk war. In Findhorn hiess es, es seien die Pflanzendevas selbst, die die Anweisungen geben, und ein ganzes Heer kleiner Naturgeister helfe dabei.

In Aigues Vertes, einer therapeutischen Siedlung in der Nähe von

Genf, stopften Gärtner zermahlene Bergkristalle und Rindermist in Kuhhörner, um den Heinzelmännchen Nahrung zu geben. Seltsame Präparate aus Brennesseln, Löwenzahn, Kamille und anderen in Tierorgane gehüllten Kräutern wurden dem Kompost eingeimpft, um die Kräfte der Planeten einzufangen. Fürwahr ein magischer Garten! Jeden Tag schwebte ein Bussard tief über die Äcker von Aigues Vertes hinweg, zog einige Kreise. Arthur, ein Gärtner aus Holland, der die Fähigkeit hatte, seinen Körper zu verlassen und mit dem Vogel zu schweben, sagte nur: «Eine Gottheit schaut uns zu!»

Ein begabter Gärtner bemalte die Innen- und Aussenwände des Gartenhauses mit bunten Bildern von Göttern, Göttinnen, Elfen und Zwergen, um den unsichtbaren Helfern sichtbaren Ausdruck zu verleihen. Diese Gestalten, so glaubten die Mitarbeiter, stellen die realen Energien dar, die am Wandel der Jahreszeiten und am Wachstum der Vegetation beteiligt sind. Die Malereien waren derart animiert, dass es dem Christengemeinschaftspriester, der sich für das Seelenheil der Siedlung verantwortlich fühlte, recht unheimlich vorkam. Es war ihm alles zu heidnisch, zu luziferisch. Er vermisste das christliche Element! Er liess die Schweine als «unreine» Tiere vom Hof verbannen und veranlasste, dass die Gemälde weiss übertüncht wurden. Bald darauf jedoch schwand die Fruchtbarkeit, die Schnecken wurden zur Plage, und die Obstbäume und Beerensträucher wollten nicht mehr recht gedeihen. Der Garten verlor seine Ausstrahlung und warf auch keinen finanziellen Gewinn mehr ab.

Auch das Bild des heiligen Fiakrius, des Schutzpatrons der Gemüsebauer, ikonographisch korrekt als bärtiger, barfüssiger Mönch mit Buch und Spaten dargestellt, wurde von der Aussenwand entfernt. Bevor der Bildersturm ihn hinwegfegte, war es oft vorgekommen, dass die Gärtner beim Arbeiten Augen auf sich ruhen spürten. In der Annahme, es sei wieder einmal ein Kunde da, der biologisches Gemüse kaufen wollte, legten sie ihre Hacke oder ihren Rechen beiseite. Als sie aber aufschauten, mussten sie staunend zur Kenntnis nehmen: «Mon Dieu! Das ist ja wieder der Saint-Fiacre!»

Fiakrius war ein irisch-schottischer Mönch, der im 7. Jahrhundert in einem Waldstück nicht weit von Paris eine Einsiedelei errichtete. Die Legende berichtet, dass sich sein Garten von selbst bildete, als er die Erde mit seinem Stab berührte. So wurde er zu einem der vielen Gärtnerheiligen. Nach ihm wurden im 19. Jahrhundert die Fiaker (französisch *fiacre*), die Pferdedroschken, benannt, da sie vor der ihm geweihten Kirche zu St-Fiacre parkten. Sogar da noch, von diesem Parkplatz aus, strahlte der Heilige weiterhin seinen Segen auf die Gemüsegärtner aus. Die Pariser Marktgärtner holten sich nämlich den Pferdemist von den Droschkenständen und düngten damit ihre tief gelockerten Mischkulturbeete – daraus entstand die berühmte *culture maraîchère*, eine Intensivmethode, die im Vergleich die höchsten Erträge pro Flächeneinheit erzielt. Das zahlte sich aus, denn schliesslich waren die Grundstückpreise so nahe der Grossstadt extrem hoch.

Im heutigen Kalifornien erfreut sich die *culture maraîchère*, mit Steiners bio-dynamischer Anbauweise zur *French Intensive Method* verbunden, höchster Popularität und wird als Modell für überbevölkerte Drittweltländer empfohlen (Jeavons 1974).

Wir sehen also, längst verstorbene Heilige, Devas, Naturgeister, Elfen und andere ätherische Geschöpfe, die mit den Pflanzen in Beziehung stehen, machen von sich reden. In manchen Köpfen richten sie ein regelrechtes Chaos an. Wenige haben die Fähigkeit, in diesen Bereichen klar zu sehen. Dies ist auch zu erwarten, denn diese Wesen offenbaren sich vor allem im Spiegel der Seele. Und dieser Spiegel muss lauter sein, wenn man die «Übersinnlichen» sehen will.

In den folgenden Kapiteln werden wir versuchen, etwas mehr Klarheit zu schaffen. Dabei berufe ich mich auf die Aussagen der Sagen und Mythen, auf die Überlieferungen der Naturvölker, wie sie die Ethnographie aufzeichnet, auf die Angaben solcher Seher wie Rudolf Steiner oder Dorothy Maclean aus Findhorn und auf die eigenen Erfahrungen und Beobachtungen, die ich als Gärtner und als ethnologischer Feldforscher machte. Zuerst aber wollen wir uns einmal vor Augen führen, was die Pflanzenwelt für uns als Menschen bedeutet.

NAHRUNG AUS DEM KOSMOS

Photosynthese ist der Fachausdruck für den überaus komplizierten Vorgang, der es den Pflanzen ermöglicht, ein weites Spektrum der einströmenden kosmischen, elektromagnetischen Energie – das Licht der Sonne – zu nutzen. Das grüne Chlorophyll fängt Lichtquanten auf und erlangt dadurch einen derart energetisierten Zustand, dass Wassermoleküle gespalten werden. Dabei wird der Sauerstoff, der allen Lebewesen das Leben schenkt, an die Atmosphäre abgegeben. In einer zweiten Reaktion, ebenfalls im grünen Blatt, wird Kohlendioxid (CO_2) zu Zucker und Stärke synthetisiert. Die Zuckerherstellung im Grün der Pflanze ist Grundlage aller Stoffsynthesen, die in den Lebewesen stattfinden. Durch Photosynthese werden jährlich 100 bis 200 Milliarden Tonnen organische Materie aufgebaut.

Was die Wissenschaftler nun als rein materielles Geschehen auffassen, als höchst komplizierte Interaktionen von Photonen (Lichteinheiten) und Molekülen (H_2O, Chlorophyll, ATP, CO_2), sahen die alten Inder – weniger auf der Grundlage des Experiments als jener der Meditation – als ein gewaltiges kosmisches Drama. Die verschiedenen Seinsformen galten ihnen als Stationen zur Aufnahme und Weitergabe von Kräften. Jedes Wesen existiert – so sagen es die *Upanischaden* –, um ernährt zu werden und um andere zu ernähren.[1] Die Pflanzen «verspeisen» sozusagen kosmische und stellare Energien. Ihre grünen Blätter saugen die im einströmenden Licht verborgenen Lebenskräfte auf, speichern sie in ihren Geweben und geben sie, indem sie sich selber verspeisen lassen, an andere Geschöpfe weiter.

Pflanzen, so meinen die Inder, sind eigentlich Meditanten im tiefen *Samadhi*, in vollkommener Ekstase. Unbewegt, ganz dem Himmel hingegeben, meditieren sie den schöpferischen Urton – das Om –, den die Sonne ohne Unterlass hervorbringt und herabstrahlt.[2]

1 «Aus Speise entstehen die Geschöpfe, die auf der Erde wohnen; sie leben durch die Speise und gehen schliesslich in Speise ein.» *Anandavalli Upanishad*, zit. aus: *Upanischaden: Die Geheimlehre der Inder*. Eugen Diederichs. München. 1988. S. 133

2 Die Erkenntnis, dass die Sonne «tönt» und dass unser geistiges Ohr wunderbare Harmonien vom Sternenkosmos her vernehmen kann, ist uns heute weitgehend fremd geworden. Unsere geschäftige Welt mit ihrem ständigen Motorengesumm, Rundfunkgeschnatter und Fernsehgeplärre hat kein Ohr mehr dafür. Aber noch der Dichterfürst lässt seine Sonne «nach alter Weise in Brudersphären Wettgesang» ertönen (Goethe, *Faust*, «Prolog im Himmel»). Die Weisen der

Pflanzen vermitteln uns das in Licht gehüllte Ur-Mantra des Universums und schenken uns somit das Leben. Nur sie vermögen auf diese Weise, das Jenseits mit dem Diesseits zu verbinden. In der heiligen Sprache der Veden werden Pflanzen als *Osadhi* (Ausadhi) bezeichnet. Das Wort ist zusammengesetzt aus *Osa* (= brennende Umwandlung) und *Dhi* (= Gefäss). In diesem Sinn gelten die Pflanzen als Gefässe zur Metamorphose des kosmischen Feuers. (Lad/Frawley 1988: 22) Dieses Feuer, diese Liebesstrahlung des Himmels, wird mittels der Alchemie des Blattgrüns in das diesseitige Leben umgewandelt. Wenn Tiere ihren Hunger an den Blättern, Stengeln, Samen oder Knollen stillen, dann werden – in einer weiteren alchemistischen Verwandlungsstufe – die kosmischen Licht- und Wärmequanten in Gefühle (innere Wärme) und in Bewusstseinsregungen (inneres Licht) umgewandelt. Auch wir Menschen erhalten unsere Wärme und geistiges Licht aus dieser Quelle. Unsere Gefühle, Gedanken und Träume sind es, die wiederum den Engeln und Ahnengeistern oder auch den Dämonen als «feinstoffliche» Nahrung dienen. Da wir ihre Nahrungsspender sind, behüten und beschützen uns diese Geistwesen, ebenso wie ein Hirte oder Bauer sein Vieh hegt. Wir können aber auch einen Schritt weiter gehen. Einen Schritt, der es uns erlaubt, nicht nur «dummes Vieh» für die Transsinnlichen zu sein, sondern ihre Partner. Wir können die durch uns fliessende Lichtenergie auf ein höheres spirituelles Niveau bringen, wir können uns des Bewusstseins bewusst werden und bewusst mit den geistigen Wesenheiten, auch den Pflanzendevas, verkehren.

Die im Obst, Korn und Gemüse gespeicherte kosmische Energie wird durch das Zerkauen und die Einwirkung der Verdauungssäfte wieder freigesetzt und die darin enthaltenen Sternenbotschaften vom Organismus entschlüsselt. Genau genommen handelt es sich dabei um einen Verbrennungsprozess – die Umkehrung der Lichtassimilation, die in jedem grünen Pflanzenteil stattfindet. Wie bei jedem Verbrennungsvorgang wird Hitze (Kalorien) erzeugt, während ein Teil als «Asche» (Kot) ausgeschieden wird. Die im Darm freigesetzte Energie durchstrahlt den Körper und befeuert sämtliche Lebensvorgänge. Dem Sexus steht eine beträchtliche Menge dieser frisch erschlossenen Ener-

Antike ebenso wie die Alchemisten und Rosenkreuzer sprachen wie selbstverständlich von hörbaren Harmonien der Sphären. Gemeint waren jene Sphären, die durch die Bahnen der Sonne, des Mondes und der Planeten umschrieben sind. Diese Sphären galten auch als «Wohnorte» der Geistseelen der einzelnen Pflanzenarten.

gie zur Verfügung. Es ist kein Zufall, dass sich die Fortpflanzungsorgane unmittelbar neben den Verdauungsorganen befinden! (Scheffer/Storl 1994: 48) Ein weiteres Energiequantum überflutet das vitale Zentrum des Sonnengeflechts (Solarplexus), den Sitz des Willens und des Selbsterhaltungstriebes.

Der Grossteil der verfügbaren Energie verbraucht sich also in den vitalen, animalischen Funktionen, in den Tätigkeiten, die unser Überleben und unsere Fortpflanzung sichern. Bei den Tieren und den meisten Menschen ist diese Energie dann praktisch erschöpft. Bei geistig weiter fortgeschrittenen Individuen steigen grosse Mengen dieser Energie weiter nach oben und verwandeln sich schrittweise in seelische und geistige Fähigkeiten.

Die Schlangenkraft

In der indischen Yogalehre wird dieser Vorgang als der Aufstieg der *Kundalini*-Schlangenkraft beschrieben. Die Kundalini symbolisiert die Summe der Lebenskraft. Einer Schlingpflanze gleich windet sich die Schlange dem Rückgrat entlang empor, vom untersten Lebenszentrum (Sexualorgane und After) bis hinauf zum obersten (Hirn). Zuerst ist die Kundalini träge, dumpf, dunkel und massiv. Beim allmählichen Aufstieg wird sie jedoch immer leichter, heller und feiner. Wie Lotosblüten, wenn sie von der Morgensonne wachgeküsst werden, blühen die Chakras auf, wenn sie von diesem Energiestrom erfasst werden. So gesehen

Chakras, der Weg der Kundalini

ist der Mensch in seiner Entwicklung auch eine Pflanze, aber eine stark verwandelte, nach innen gestülpte mikrokosmische Pflanze.

Steigt die vom Lebensgrün vermittelte Sonnenkraft über die niederen Lebenszentren hinaus, also über die Geschlechtsorgane und den Bauch, bis in die Herzregion, blühen Mitgefühl und wahre Imaginationskraft auf. Steigt sie noch höher, bis in die Kehlkopfregion, dann vernimmt der Mensch das Tönen der Sonne, das mystische Om. Erreicht die Schlange die Stirnchakra, wird der Mensch alle illusionären Gegensätze überwinden und zur Gotteswahrnehmung befähigt. Er erkennt, dass das Licht des Himmels, welches ihm – durch die Pflanzen – das Leben schenkt und seinen Geist befeuert, nichts anderes ist als die Liebe Gottes. Er erkennt das Selbst, das in allen Dingen west und das man als Gott, als Shiva, den Gütigen, den Gnädigen bezeichnet hat. Es ist dasselbe Wesen, welches in Indien auch als *Ausadhishvara*, «Herr der Pflanzen», angerufen wird. Man erkennt, dass es seine Energie, seine *Shakti*, ist, die das Universum als Licht, Leben und Liebe durchströmt. (Storl 1988: 176)

Erreicht und durchbricht nun die aufsteigende Schlangenkraft die Schädeldecke, dann wird eine Lichtaura aufleuchten, wie sie auf den Ikonen als der «Heiligenschein» der Engel und Heiligen angedeutet wird. Wenn das geschieht, schliesst sich der Kreis: Das Lebenslicht vereinigt sich wieder mit seinem Ursprung. Gott und das wahre Selbst werden als ein und dasselbe erfahren. «Erleuchtung» heisst das oder Nirvana, das «Auslöschen des Wahns».

Dieses «Explodieren» der Schädeldecke bedeutet das Ende unserer Ego-Besessenheit, es ist das Aufsprengen der Grabesgruft und die Auferstehung unseres geistigen Selbst. Dieser Vorgang gleicht dem Aufsprengen der Samenhülle, welches der Pflanze erlaubt, sich erneut mit dem nährenden kosmischen Licht zu verbinden, zu wachsen, zu blühen und vielfältig Frucht zu tragen.

Wir sehen, die Pflanzen erhalten nicht nur unseren Leib. Sie fördern und nähren auch unsere Seele und ermöglichen die Erleuchtung unseres Geistes. Ihr Dasein ist Darbringung, ist Opfer und selbstlose Liebe. Die Erde, auf der sie wachsen, ist selber Opferaltar – und wir, die wir ihren Segen empfangen, sind die Opferpriester. Durch Pflanzen wird das äussere Licht der Sonne und der Sterne zum inneren Licht, das uns aus unseren Seelengründen entgegenstrahlt. Dies ist der Grund, weshalb Pflanzen immer und überall als heilig, als göttlich galten.

DEVI: GÖTTIN DER VEGETATION

Einst, lange bevor dieses dunkle Zeitalter anbrach, meditierten in den einsamen Bergwäldern des Himalaya die weisen Rishis. Vor ihrem seherischen Auge erschien die unerschöpfliche Kraft, die die Pflanzen aus dem Äther saugen und die die gesamte Natur ebenso wie den menschlichen Mikrokosmos durchpulst, im Bild einer grossen Göttin. Diese Erhabene, die sich ihnen in der Versenkung ihres Geistes offenbarte, überhäuften die Seher mit zahllosen Namen, denn unendlich sind ihre Erscheinungsformen, unbegrenzt ihre Wandlungsfähigkeit. Als *Shakti* (Energie), als *Gauri* (die Goldstrahlende), als *Uma* (Licht), als *Jagamata* (Mutter der Welt) oder als *Parvati* (Bergfrau) riefen sie sie an. In ihrer energetischen, furchterregenden Erscheinung ist sie die löwenreitende, dämonenvernichtende *Durga* (die Unnahbare), *Chandi* (die Wilde) oder auch *Bhairavi* (die Schreckliche). Meistens aber wird sie schlicht als *Devi*, «die strahlende Göttliche», verehrt.

Die lotosgeborene Devi

Devi ist die ewige Begleiterin Gottes. Sie ist Shivas weiblicher, schöpferischer Aspekt. Sie ist selber die Kundalini. In ihrer Urform erscheint sie dem unerschrockenen Seher als ein sich ständig verwandelndes, schillerndes, schreckeneinflössendes Reptil. Allmählich, indem sie sich den höheren Chakren nähert, metamorphosiert die Kundalini in eine hehre, strahlende Göttin, die sich schliesslich im Hierogamos mit Shiva vereint.

Die Seher beschreiben Devi als den Wirbelsturm der Elemente, Shiva als stilles Auge mitten im Sturm. Sie ist der Reigen der Sterne, er der unbewegte Nordstern. Sie ist die unversiegbare treibende Kraft der Vegetation, er die starre Kälte des Winters oder auch die Hitze und Dürre der Wüste, die dem Wachstum ein Ende setzen. Sie ist das Erwachen und Keimen der Samen in feuchter, dunkler Erde, das Sprossen und Spriessen, er das farbig auflodernde Blütenfeuer, das Verstäuben, Verwelken und Versamen der Vegetation. Sie ist Leben, er der Tod.

Shiva ist Stein, Phallus; Devi ist Pflanze, offene Blüte. Und so einfach als Stein und Blüte, als Fels und Baum wurden sie seit dem Paläolithikum verehrt. Hier und da werden sie noch immer in dieser Form angebetet. Oft sieht es der Tourist gar nicht: den Stein, auf den eine schöne Blüte gelegt wurde, oder den mit Wasser liebevoll übergossenen Findling unter einem alten Baumriesen. Höchstens der fachkundige Ethnologe wird da seine Kamera zücken, um ein weiteres Indiz für

Shiva-Linga mit Blüte

einen indigenen «Fruchtbarkeitskult» festzuhalten. Und da hat er gar nicht so unrecht, denn das Zusammenbringen von Devi und Shiva, von Energie und Bewusstsein, von *Linga* und *Yoni*, lässt alle Geschöpfe glücklich werden und gedeihen – davon sind die Inder überzeugt.

Devi ist die Herrin der *Devas*, der «Leuchtenden», der Himmlischen. Sie ist folglich auch die Göttin der Pflanzendevas, jener Urbilder, die sich in den einzelnen Arten und Gattungen irdischer Gewächse offenbaren. In der alten Schrift *Devi-Mahatmya* gibt sie sich als Herrin der Vegetation zu erkennen: «Also, ihr Götter, werde ich das ganze Universum mit diesen Pflanzen erhalten, Pflanzen, die das Leben nähren und die während der Regenzeit meinem Leib entspriessen. Ich werde als *Sakambhari* (Ernährerin der Gewächse) herrlich sein auf Erden und werde in dieser Zeit den *Asura* (Dämon) der Trockenheit zerstören!» (Eliade 1963: 280)

Eine Geschichte aus der *Kenopanishad* führt uns die Macht Devis vor Augen. Einmal wieder hatten die Devas (Götter) die Asuras (Dämonen) geschlagen, und zwar so vernichtend, dass ihr Stolz ins Unermessliche wuchs. «Unsere Tüchtigkeit ist nicht zu übertreffen!» rühmten sie sich selber und hielten sich für die Herren der Schöpfung. Da erschien ein *Yaksha*, ein Naturgeist von der Art, wie sie alte Bäume, Wälder oder Seen bevölkern. Nur war dieser von einem derartigen Ausmass, dass man weder seinen Anfang noch sein Ende ausmachen konnte. Die erschrockenen Devas schickten Agni, den Feuergott, um herauszufinden, wer dieser Geist sei.

«Ich bin der weise Agni», versuchte er den Yaksha einzuschüchtern, «ich habe die Macht, die ganze Welt in einem Augenzwinkern zu Asche zu verbrennen!»

«Nun gut», antwortete der Yaksha, «hier ist ein dürrer Grashalm, versuche ihn niederzubrennen!»

Wie er sich auch anstrengte, sein feuriger Hauch konnte das Gräslein nicht einmal ansengen. Beschämt schlich sich der stolze Agni von dannen. Nun schickten die Götter den mächtigen Windgott Vayu.

«Und wer bist du?» fragte ihn das unbekannte Wesen.

«Ich bin der Windgott, der die Wolken treibt. Ich habe die Macht, die gesamte Schöpfung in einem Augenblick wie Spreu in der Worfel hinwegzublasen!»

«Gut, dann blase diesen Grashalm fort!»

Vayu blies und blies, bis ihn die Pausbacken schmerzten. Nicht einen Zoll vermochte er das Gräslein fortzubewegen.

Zuletzt kam Indra, der Götterkönig und Blitzkeilträger selbst. Aber da verschwand der Naturgeist, und Devi stand da an seiner Stelle.

«Weisst du nicht, lieber Donnerer», lachte sie, «es ist die Macht der göttlichen Mutter und nicht die der Götter selber, die euch Göttern den Sieg schenkte. Shakti allein ist die Quelle aller Macht im Universum!» (Sivananda 1984: 80)

Die Geschichte will besagen, dass das Feuer, die Luft und alle übrigen Elemente im Dienste der Göttin stehen, auch im Dienste der Vegetation, in der sie sich offenbart.

Devi zu Ehren werden – vor allem in Nordindien – noch heute zwei zehntägige Feste, die sogenannten «neun Nächte» (*Navratri*), gefeiert. Das eine ist ein Frühlingsfest, und das andere findet im Herbst statt, wenn die Sommerernte eingebracht ist. In jeder Festnacht wird ein anderer Aspekt der Göttin zelebriert. Oft wird sie in den ersten drei Nächten als *Durga*, die goldhäutige, löwenreitende Dämonentöterin verehrt; in den nächsten drei Nächten als *Lakshmi*, Spenderin des Glücks und des Wohlstandes, und in den letzten drei Nächten als die weisse Schwanenjungfrau *Saraswati*, die Muse aller Künstler, Gelehrten und Heiler. Am zehnten Tag dann nimmt die Göttin von den Menschen Abschied. Im feierlichen Festzug wird ihre kunstvoll gestaltete, mit Blumengirlanden überhäufte Statue, in der sie während des Festes anwesend ist, durch das Dorf getragen, um anschliessend im Fluss oder im See versenkt zu werden. Die buntbemalte Gipsfigur löst sich im Wasser auf, derweil die Göttin selber in den Himmel, ins Jenseits zurückkehrt. Dort wird sie sich – sichtbar nur den benedeiten Sehern – auf dem heiligen Berg Kailash in inniger Liebe mit Shiva vereinen.

Ein Teil des aufwendigen Festes ist das Ritual der «Neun Blätter» (*Navapatrika*). Es ist ein Frauenritual, bei dem ein Bündel von neun wichtigen Heilpflanzen der Göttin geweiht wird. Diese neun Kräuter repräsentieren Devi und die gesamte Pflanzenwelt. Hier wie überall in Eurasien gilt die Neun – dreimal die heilige Drei – als Zahl der Vollkommenheit, der Ganzheit.

Die Kräuter, welche die indischen Frauen für ihr Bündel wählen, sind je nach Region hier und da verschieden. Alle aber sind reich an symbolischer und mythologischer Bedeutung, alle sind heilkräftig und verleihen den Sorgen und Hoffnungen der Frauen adäquaten Ausdruck. Hier nun einige der wichtigsten dieser Pflanzen:

Haridra, die Gelbwurz (*Curcuma longa*), die wir als Hauptbestandteil des Curry-Gewürzes kennen, ist immer mit dabei. Das Ingwergewächs, dessen Wurzel so gelb ist wie Durgas Haut, ist ein gutes Wundheilmittel und Verdauungstonikum. Gelbwurz vermittelt die Energie der Göttin und mehrt den Wohlstand. Die ayurvedische Heilkunde verschreibt sie zur Reinigung der Chakras und der subtilen Energiebahnen im Körper.

Auch *Jayanti* (*Abutilon indicum*), ein gelbblühendes, schleimhaltiges Malvengewächs, welches als Sexualtonikum und bei Weissfluss der Frauen verwendet wird, sollte nicht fehlen, denn es verleiht den Sieg (*Jaya*) der Göttin.

Einige Blätter des *Bel*-Baumes (*Aegle marmelos*) gehören ebenfalls in das Büschel. Die Pflanze, ein Rautengewächs wie die Zitrone oder Apfelsine, hat manchen Reisenden von den Qualen des Durchfalls oder der Ruhr gerettet. Shiva liebt den Baum, denn das dreiteilige Blatt kühlt sein heisses Zeugungsorgan – deswegen legen es seine Verehrer liebevoll auf das Shiva-Linga. Die orangengrossen Früchte gelten als die Brüste der Glücksgöttin oder auch als die Hoden des grossen Gottes. Frauen, die diesen Baum verehren und seine Blätter in das Kräuterbündel nehmen, können gewiss sein, von ihren Ehemännern liebevoll und gut behandelt zu werden.

Ein Zweiglein des im Frühling feurig-orange aufblühenden *Ashoka*-Baumes (*Saraca indica*) darf ebenfalls nicht fehlen, denn er ist dem Liebesgott *Kama* geweiht und erfüllt den Kinderwunsch. Die Zweigrinde dient als Mittel bei übermässiger Monatsblutung und zur Entspannung der Gebärmutter. Als Sita – sie ist das Idealbild der indischen Frau – sich auf ihrer Flucht vor Verfolgern unter diesem schönen Baum ausruhte, blühte er zum ersten Mal. Nach buddhistischer Legende wurde der Erleuchtete (Buddha) unter einem blühenden Ashoka-Baum geboren.

Der Koriander (*Dhanya*, *Coriandrum sativum*), in Indien ein Küchengewürz des täglichen Gebrauchs – wie die Petersilie bei uns – gehört ebenfalls in das Bündel. Das Gartenkraut ist ein gutes Hausmittel bei Störungen der Verdauung und Harnorgane. Die Samen des Schirmblütlers gelten als Liebesmittel.

Schliesslich werden noch einige Getreidehalme – sie gelten als lebensspendend – und rotblühende Blumen mit in das Frauenbündel aufgenommen. Die roten Blüten gelten als glücksverheissend. Sie erinnern an die rothäutige Glücksgöttin Lakshmi oder auch die durch den Kampf mit den Dämonen blutrot gefärbten Zähne der Durga.

MARIAS KRÄUTERWISCH

Nun mögen uns die neun Nächte der Göttin im Frühling und im Herbst recht fremdartig vorkommen. Doch in einigen Ecken Europas, in denen der eiserne Besen der Inquisition, Reformation und Aufklärung nicht so sauber fegte, hat sich uraltes, wahrscheinlich bis ins Neolithikum zurückreichendes Brauchtum unter dem Deckmantel der Marienverehrung bis in die Neuzeit erhalten. Auch wir kannten einst die «Neun Kräuter», die «Grüne Neune», die Fruchtbarkeit und Gedeihen bringen und alles Übel fernhalten.

In den Alpenländern ist es nicht Devi, die im Herbst nach eingebrachter Ernte in den Himmel fährt, sondern Maria, die Gottesmutter und Gottesbraut. Zu Mariä Himmelfahrt im August sammeln meine Nachbarinnen, die Allgäuer Landfrauen, noch immer ihren «Kräuterwisch» und lassen ihn am Altar «Marias Tod» segnen. Der Kräuterwisch – anderswo Würzbüschel, Weihbüschel, Sang oder in der Schweiz August-Maien genannt – sollte aus neun, gelegentlich auch sieben oder gar 77 Heilpflanzen bestehen. Früh am Morgen, noch vor Sonnenaufgang und ohne Messer sollten sie von Hand gepflückt werden. Wie die Pflanzen ihrer indischen Schwestern sind auch die Kräuter der Allgäuerinnen höchst symbolträchtig. Jeder Kräuterwisch spricht mythologische Bände und legt eine archaische Weltsicht offen.

Meistens wird der Kräuterwisch um eine blühende *Königskerze* (*Verbascum*) in der Mitte gruppiert: Der stolze Rachenblütler gilt als Zepter der Mutter Gottes. Wunden und Geschwüre würden sofort heilen, heisst es, wenn man sie mit dem ährenartigen gelben Blütenstand berührt und dabei den Segensspruch spricht: «Unsere Liebe Frau geht über Land / Und hat den Himmelsbrand in ihrer Hand!»

Viele sogenannte Frauenheilkräuter gehören mit in das Büschel. Etwa die *Schafgarbe* (*Achillea*), die einst eine wichtige Rolle in der weiblichen Hygiene spielte und mit der Liebesorakel erstellt wurden. Mit dem richtigen Spruch unter das Kissen gelegt, lässt ein Schafgarbenstengel sogar den Liebsten im Traum erscheinen.[3] Auch der *Beifuss* (*Artemisia vulgaris*), der einst der wilden Waldgöttin Artemis geweiht war,

3 Die englische Maid legte einen Schafgarbenstengel unter ihr Kissen und sprach: «Thou pretty herb of Venus tree / Thy true Name be Yarrow / Now, who my bosom friend may be / Pray tell me tomorrow.»

ist mit dabei: Er erwärmt den Unterleib, regt die Mensis an und beschleunigt das Austreiben der Nachgeburt. Auch einige aphrodisische Kräuter, wie etwa das *Liebstöckel* (*Levisticum*), gehören mit in den Strauss.

Die grösseren Kräuter in der Mitte des Bündels werden von einem Kranz bescheidenerer Blümchen umwunden: von der bei Müttern und Kindern allzeit beliebten *Kamille*, vom duftenden *Thymian* und vom zierlichen *Labkraut*. Das Labkraut (*Galium*), ein harntreibendes Heilmittel, wird auch «Marias Bettstroh» genannt, weil das Christkind angeblich darauf gebettet wurde und weil es noch immer ins Kräuterkissen der Wöchnerinnen kommt.

Zu Anfang der christlichen Missionierung war die Kirche dem «heidnischen» Pflanzenbrauchtum gar nicht wohl gesonnen, schliesslich waren die heidnischen Schamanen und weisen Frauen die ärgsten Widersacher des neuen Glaubens. Die um 745 n. Chr. unter dem Vorsitz des Bonifatius einberufene Synode von Liftinae erstellte eine Liste des zu bekämpfenden heidnischen Aberglaubens (*Indiculus superstitionum et paganiarum*) und legte die Strafen fest. Verboten wurde die Verehrung der Bäume – Bonifatius, der «Apostel der Deutschen», hatte selber die Donar-Eiche gefällt. Verboten wurde das Sammeln des *«petendo*, gemeinhin St. Marienbündel genannt». Was da als Sankt-Marien-Bündel erwähnt wird, ist entweder eine Verballhornung des Wortes «Maienbündel» – als *Maien* bezeichneten die germanischen Heiden die grüne Lebensrute –, oder es ist das aus bewusstseinsverändernden und heilkräftigen Pflanzen bestehende «Bündel der Freya».

Aber wie sich die Zeiten ändern! Der verpönte «Hexenbesen» der Liebesgattin Freya wurde alsbald – von verdächtigen Giftgewächsen gereinigt – unter die Obhut der Maria gestellt. Nun erteilt die Kirche selber den Segensspruch im Namen des *Dominus sanctus*, besprengt die blühenden Kräuter mit Weihwasser und lässt verkünden, sie stellten jene süssduftenden Blumen dar, welche die Jünger im Grabe Marias anstelle des Leichnams vorfanden. Auch den heiligen Bäumen, nun mit Marienbildnissen versehen, wird wieder geopfert: Blumen, Kerzen und Votivtafeln.

In Deutschland ging das Mädchen zum Grab eines früh verstorbenen jungen Mannes und sprach beim Abpflücken: «Die erste Schafgarbe finde ich hier, / Im Namen Christi pflück ich sie mir, / Und wie Jesus Maria mit Liebe bedacht, / Mög im Traum mir erscheinen mein Liebster heut nacht.»

Dennoch muss der Dorfpfarrer bei der Würzweih gelegentlich ein Auge zudrücken, wenn ein Mütterlein ein recht unchristliches Kraut, etwa den Bilsen oder den Stechapfel, mitsegnen lässt oder wenn sich die Anwendung der Kräuter kaum vom krassesten Aberglauben unterscheiden lässt. Gegen Hexerei, Feuersbrunst und Hagelschlag kommt der Büschel unter den Dachfirst oder in den Stall. Einige Zweiglein, unter dem Bett versteckt, verhelfen den Eheleuten zum glücklichen Beischlaf. Dem Saatgetreide wird davon beigemischt, und auch den Toten wird etwas vom gesegneten Bündel mit in den Sarg gelegt. Im bayrisch-österreichischen Raum wird hier und da noch während der Rauhnächte mit den Marienkräutern geräuchert, um Krankheiten und Unholde zu vertreiben.

Das Maria-Himmelsfahrts-Fest ist der Auftakt zur wichtigsten Kräutersammelzeit des Jahres. Es ist die Zeit der *Frauendreissiger*, jener «dreissig» Tage zwischen der Himmelfahrt (15. August) und der Geburt (8. September) der Gottesmutter. Heilpflanzen, die während dieser Zeitspanne gesammelt werden, übertreffen alle anderen Kräuter an Kraft – mit Ausnahme der Johanniskräuter, die zur Sommersonnenwende gepflückt werden. Wer zum Beispiel das *Immergrün* (*Vinca minor*) während der Frauendreissiger pflückt, über den hat der Teufel keine Gewalt mehr.[4]

Vielerorts gilt der Tag nach Mariä Geburt als geeignet für die Aussaat des Winterkorns. Jedenfalls mischte der Bauer an diesem Tag gesegnete Saatkörner unter das Saatgut, auch wenn die Aussaat später vorgenommen wurde.

Palm und Maibaum

Wie in Indien stehen dem herbstlichen Kräuterfest Frühlingsvegetationsfeste gegenüber. Da ist zuerst der Tag der Verkündigung Marias (25. März), wenn die Jungfrau den Samen des Heiligen Geistes empfängt

4 Neuere Forschungen bestätigen, dass ein Immergrüntee den Teufel des Gedächtnisschwundes und der schlechten mentalen Disposition durchaus auszutreiben vermag. Der in dieser Pflanze enthaltene Wirkstoff *Vincamin* fördert die Durchblutung der Hirngefässe. (Weiss 1982: 139) Die Wirkung als Gehirntonikum scheint auch der alten Volksmedizin nicht entgangen zu sein. Wenn ein Kind zum ersten Mal in die Schule geht, soll man es mit dem Immergrün auf den Kopf schlagen und sagen: «Geh zu und lerne was!» In der Oberpfalz wird dem Kind ein Säckchen mit einer Immergrünwurzel umgehängt, damit es gescheiter wird.

wie die Erdscholle die Weizensaat. Vielerorts werden an diesem Tag die Sämereien für Feld und Garten gesegnet und Kohl und Lein ausgesät. Da dann das Frühlingsäquinoktium überschritten ist und die Tage endlich länger werden als die Nächte, wandelt sie wie einst die Frühlingsgöttin Ostara als Lichtgöttin über das Land. Wo immer ihr Fuss den Boden berührt – so die Volksimagination –, da grünt das Gras, und die schönsten Blumen spriessen hervor. Auch in Indien erscheint die junge Göttin zu dieser Zeit in der Gestalt der weissgewandeten Schwanengöttin Sarasvati.

In der Karwoche, die in diese Zeit fällt, wird die *Neunkräutersuppe* oder die *Gründonnerstagssuppe* gekocht. In den Topf kommen Brennesseln, Sauerampfer, Bärlauch, Taubnesseln, Giersch, Pimpernelle, Gundermann und anderes frisches Grünzeug, je nach Gegend und Tradition. Auch dieser christliche Brauch hat alte heidnische Wurzeln. Die verschiedenen indoeuropäischen Stämme nahmen nach den langen trüben Wintertagen die ersten grünen Kräuter als Kultspeise zu sich. Die Göttin, die da über das Land zog, kehrte dadurch auch in den Leib der Menschen ein und liess sie an ihrer vitalisierenden Lebenskraft teilhaben. Aphrodisierende und berauschende Kräuter waren einst auch mit dabei. Von der Gründonnerstagssuppe, die das Ende der vitaminarmen Winterkost signalisiert, heisst es noch immer, sie «reinige das Blut», mache «negenstark» (neunmal stark) und verjünge den Organismus. Tatsächlich vertreiben die Frühjahrskräuter, als Salat oder Wildgemüse genossen, die Frühjahrsmüdigkeit und bringen die Anzeichen eines subklinischen Skorbuts zum Abklingen.

Bald folgt Ostern, das Fest des Sterbens und der Auferstehung des Mariensohnes. Auch wenn dies heute nicht mehr im Vordergrund steht, ist auch das noch immer ein Fest der Vegetation. Für die Palmsonntagsprozession, die an den Einzug des Heilands in Jerusalem erinnern soll, binden meine Allgäuer Nachbarn den *Palm*. Das Gebinde besteht ebenfalls aus neun verschiedenen Pflanzen. Zweiglein der *Eibe*, des *Buchs*, der *Buche*, *Thuja*, *Fichte*, *Weisstanne* und *Weide* werden auf einem Kreuz aus *Holunderzweigen* befestigt und dann auf einen *Haselnussstock* erhöht. Die Holunderzweige müssen geschält werden, es könnte sich ja eine Hexe zwischen Rinde und Holz verstecken. Der Holunder ist schliesslich der Baum der Frau Holle, der Hexengöttin.

Die Bäuerinnen glauben, jeder Zweig stehe für eine der christlichen Tugenden. So hat es ihnen der Pfarrer gesagt. Sie stellen den geweihten Palm in den Herrgottswinkel, um Haus und Stall mit

Gesundheit und Wohlergehen zu segnen und um Blitzschlag abzuwehren.

Beim näheren Betrachten erkennen wir, dass es sich beim Palm vor allem um Friedhofsgewächse handelt. Jede einzelne ist eine altüberlieferte Sakralpflanze, die schon in vorchristlicher Zeit Trauer, Leid und das Mysterium von Tod und Wiedergeburt symbolisierte. In mediterranen, keltischen und germanischen Kulten waren sie der samen- und seelenhütenden Erdgöttin, der schwarzen Todesgöttin, geweiht. Die Zweige raunen von längst vergessenen neolithischen Ritualen. Sie erzählen von erschreckend grausamen Opferkulten der ersten sesshaften, ackerbauenden Stämme. Diese gaben der Erd- und Pflanzengöttin einen Gefährten und Begatter mit, indem sie periodisch ihren König, Jünglinge, Stiere oder andere potente männliche Tiere opferten. Das vergossene Blut, welches die Erdscholle gierig aufsog, galt zugleich als Entschädigung für die eingebrachte Ernte und Garant künftiger Fruchtbarkeit. (Der Glaube, dass der in der Karwoche bestellte Garten besonders fruchtbar und schädlingsfrei sei, geht auf diesen kultischen Ursprung zurück: Am Karfreitag tränkte und befruchtete das Gottesblut die Erde.) Eine weinende Göttin, eine *Mater dolorosa* oder Pieta gehörte schon damals zum sakralen Schauspiel.

Der Opfertod war nur ein Teil des alten Fruchtbarkeitsfestes. Tod und Zeugung, Leiden und Lust, Sterben und Wiedergeburt gehören als Gegensatzpaar zueinander. Sexuelle Ausgelassenheit, Orgien unter freiem Himmel, auf frisch gepflügten Äckern, unter den Ästen heiliger Bäume oder neben aufgestellten hölzernen Phallen und Vulven, waren überall – von Melanesien über das megalithische Europa bis nach Amerika – Teil des Rituals des Säens und Pflanzens. Alle Konventionen und sittlichen Normen wurden während dieser wilden Tage suspendiert. Das vergossene Blut war zwar Sühne, stellte aber zugleich das Blut der Jungfrau Erde dar, deren Jungfernhaut im heiligen Koitus des Hackens, Pflügens und Einsäens aufgerissen wird. Zugleich symbolisierte die gerötete, feuchte Scholle die Menstruation der Göttin – ein Zeichen ihrer Empfänglichkeit und Fruchtbarkeit.

Wir dürfen aber nicht glauben, dass es sich bei diesen archaischen Fruchtbarkeitsriten lediglich um bunte Symbolik handelt. Geschlechtsverkehr auf frisch gesäten Feldern und blutige Opfer haben eine ganz reale Wirkung auf das Wachstum der Pflanzen. Es werden subtile Bioenergien generiert, ätherische Kräfte freigesetzt – die *Orgon-Energie* Wilhelm Reichs oder die *vis animalis* der Alchemisten. Neuere Experimente bestätigen das. So etwa Cleve Backster, der führende Pionier auf diesem Gebiet: «In aktiven Schlafzimmern finden Sie niemals kranke Pflanzen. Auf Sex reagieren sie sehr stark, auf alle Fortpflanzungsaktivitäten stimmen sie sich besonders ein.» (Kerner/Kerner 1992: 59) Backster kam darauf, weil sich sein Labor zufällig neben einem Seemannsbordell befand. Zuerst dachte er, seine Pflanzen spielten verrückt, bis er dann merkte, dass die Polygraphen, an die die Pflanzen angeschlossen waren, häufig ausschlugen, wenn das Bordell besonders stark frequentiert wurde. Pierre Paul Sauvin, ein Elektronikexperte, konnte bestätigen, dass die Gewächse sowohl auf das Absterben lebendiger Zellen als auch auf sexuelle Aktivität heftig reagieren. Und dies sogar über weite Entfernungen. Auch wenn er sich mit seiner Freundin in einem 130 Kilometer entfernten Ferienhaus aufhielt, reagierten die mit ihm verbundenen Pflanzen, und zwar so stark, dass der Ton des Oszillators, an den die Pflanzen angeschlossen waren, im Augenblick des Orgasmus zu einem schrillen Kreischen anschwoll. (Es muss hier betont werden, dass es nicht blutige Orgien braucht, um die Pflanzen anzuregen, Meditation und tiefes Gebet bringen ähnliche Resultate hervor.)

Das Aufstellen des Maibaumes ist in unserem Kulturkreis ein letzter Nachhall solcher Vegetationsfeste. Vermutlich tanzten schon die megalithischen Bauern des alten Europa fröhliche Reigen um den mit blutgeröteten Bändern und bunten Blumengirlanden geschmückten Baum. In dieser schönsten aller Jahreszeiten, in den Vollmondtagen des Mai, feierten sie das Vermählungsfest der Vegetationsgöttin mit dem Sonnengott. Der Baum, dessen Spitze einen grünen, geflochtenen Kranz durchstösst, ist eigentlich Phallus und Scheide des Götterpaares in wonnevoller Vereinigung. Die Symbolik des Maibaums ist nahezu identisch mit der des *Linga* und *Yoni*, den die Inder zu Ehren der Vereinigung von Shiva und Devi aufstellen.

Zum Maifest wurden einst die jüngeren Frauen und die weiblichen Haustiere mit dem *Maien* oder der Lebensrute «gefaselt», um sie mit der erwachenden grünen Lebenskraft zu segnen. Die Germanen und Kelten glaubten, ein kräftiger Schlag mit Haselnussgerten und Birkengrün würde, ausgehend von den im jenseitigen Hollenreich wohnenden Ahnen, fruchtbarmachende Energieströme auf die Lebenden übertragen.

Verbannung und Wiederkehr der Kräuter Freyas

Der wilde, orgiastische Aspekt der Kulte der Pflanzengöttin war bei den Pflanzern und Ackerbauern nahezu universal. Wie wir sehen werden, hatten auch die archaischen Wildbeuternomaden ihre Pflanzenrituale, doch waren diese einfacher als jene der in Dörfern lebenden, sesshaften Bauern. Die Magie der paläolithischen Jäger war eher individuell und schamanistisch; die der Bauern war gemeinschaftlich und von Priestern geleitet. Die blutigen Rituale und das ausgelassene Feiern waren vor allem ein Mitschwingen der Dorfbewohner mit den Rhythmen und Energien, die die Äcker, Wiesen und Felder durchpulsen. Die an die Scholle gebundene Gemeinschaft war völlig ergriffen, mitgerissen von der unmittelbaren Macht der Natur, vom Zauber der wachsenden und vergehenden Vegetation und des Mondes, von der Magie der Grossen Göttin.

Gerade darum aber ging es den asketischen Predigern, die zur Zeitwende, zu Beginn des Fischezeitalters auftauchten. Sie wollten den Menschen von seinem Verhaftetsein an Erde, Natur und die sinnlichen Triebe befreien. Sie wollten ihn von den Göttern und vor allem der Göttin, dieser «Hure von Babylon», befreien. Sie wollten ihn «erlösen» und ganz auf den Geist ausrichten. Das ganze wilde Treiben war den

Die fliegende Freya

mönchischen Kirchenvätern und Missionaren mehr als ein Stein des Anstosses. Die heiligen Satzungen eines patriarchalischen, nomadischen Wüstenstammes, an die sich die erdflüchtigen Glaubensverkünder klammerten, verdammten die orgiastischen Feste der Vegetationsgötter und riefen zu Nüchternheit und Busse auf. Die zu Unzucht, Zauberei und Trunkenheit verleitenden Gewächse kräuterkundiger Frauen und heidnischer Zauberer galten als Ausgeburten des Widersachers. Frühe Bussordnungen belegten die magische Anwendung von Kräutern mit Strafen, gegebenenfalls mit dem Tod. Sogar einfache, einheimische Heilpflanzen wurden kaum geduldet. Die durch Adams Vergehen sündig gewordene Menschheit sollte vor allem durch Busse und Gebet, durch Weihwasser und Hostie ihre Leiden lindern.

Das einfache Volk liess aber nicht von den Kräutern ab. Heimlich bediente es sich noch immer des Kräuterbüschels der weisen Frauen und Wurzelgräber. Um die lästige Konkurrenz auszustechen, konnten die Mönche nicht anders, als sich auch mit Kräutern zu beschäftigen. Sie begannen Kräutergärten in den Klöstern anzulegen. Diese *Hortuli* waren jedoch recht ärmlich im Vergleich zu dem, was die Wälder und Wiesen an wild wachsenden Heilpflanzen boten. Zu den wenigen «guten» Pflanzen, denen es vergönnt war, in den Klosterbeeten zu wachsen, gehörten vor allem jene Kräuter, die im *Heiligen Buch* Erwähnung fanden, oder solche, die aus jenen Ländern stammten, in denen die Apostel gewirkt hatten.

Auch sogenannte Keuschkräuter, wie Lattich, Seerose, Raute oder Hopfen, die der Abtötung der Fleischeslust dienten, wurden angebaut. Vor allem aber waren es jene Pflänzlein, die sich als Sinn- und Erbauungsbilder eigneten: das Veilchen als Sinnbild der Demut; Bitterkräuter als Mahnung zur Reue; Baldrian, dessen Duft an die Salbung Jesu erinnerte; rote Anemonen, aus dem Blut der Märtyrer entstanden; Rosen, deren fünf rote Blütenblätter die fünf Wunden des Heilands in den Sinn riefen ...

Wichtig wurden die Marienkräuter. Die weisse Lilie erinnerte an die unbefleckte Empfängnis der Jungfrau; die strahlend blaue Blüte des Borretsch brachte Marias Himmelsmantel in den Sinn; die weissen Flecken auf den Blättern der Mariendistel sollen durch Milchtropfen aus ihrer keuschen Brust entstanden sein; der Weissdorn erblühte zum ersten Mal, als sich Maria auf der Flucht in seinem Schatten ausruhte; Maria ist die Schlüsselblume, die durch ihren Sohn den Himmel aufschliesst; in der zarten Wicke erscheint sie als junges Mädchen und in der Erdbeere als reife Frau. Beispiele dieser Art könnten ein ganzes Buch füllen.

Wir sehen, wie das aramäische Mädchen, welches Jesus gebar, in der Volksfrömmigkeit immer mehr die Stelle der archetypischen Vegetationsgöttin einnahm. Immer wieder haben inspirierte Ikonenmaler die Jungfrau als solche dargestellt – auf grünem Rasen voller reifer Erdbeeren, im Rosenhag, mit Lilien, in den Weinreben. Als Maria im Ährenkleid ist sie der Archetypus der Getreidegöttin, als Mondsichelmadonna ist sie Schnitterin, als schwarze Madonna ist sie der fruchtbare Erdboden selber, der den Samen ebenso wie den geschundenen Leib ihres geopferten Sohnes in ihrem Schoss aufnimmt. Wie die keimende Saat wird auch er wieder auferstehen. Als Maria Magdalena wird die Göttin erste Zeugin seiner Auferstehung sein. Als ein Hüter der Pflanzen, als ein Gärtner erscheint er dann vor ihr.

Mit den zahlreichen Marienkräutern war die Pflanzengöttin unversehens wieder ins Bewusstsein der Menschen zurückgekehrt. Die einst der Freya, der Diana, der Aphrodite oder der Isis geweihten Pflanzen waren nun allesamt in Marienkräuter umgetauft worden. Auch die weise, kräuterkundige Frau war wieder da und waltete ihres Amtes – diesmal im Nonnengewand. Mit Hildegard von Bingen stand die natur- und heilkundige Seherin wieder in Ehren. Sie öffnete erneut den Zugang zur Fülle der Natur, auch zu den zuvor verpönten einheimischen Wildpflanzen. (Storl 1993: 37) Nicht nur das: Das Lebenswerk der heiligen Hildegard hatte zur Folge, dass sich die Kräuterkunde zunehmend des Schutzes und der Förderung der Kirche erfreuen konnte. Insbesondere seit der Aufklärung waren es vor allem Geistliche wie Pastor Kneipp, die Franziskanerin Schwester Bernhardine oder Pfarrer Künzle, die für die «Apotheke Gottes» die Lanze brachen. Ein passendes Bibelzitat stärkte sie in ihrem Anliegen: «Der Herr lässt die Arznei aus der Erde wachsen und ein Vernünftiger verachtet sie nicht!» (Sirach 38,4)

Maria Treben, die erfolgreichste, wenn auch (von den Ärzten und Pharmakonzernen) heftig angefeindete Kräuterfrau, lässt sich ganz von der Gottesmutter leiten. In ihrem schon über acht Millionen Mal verkauften Büchlein, in dem sie ihre Kenntnisse festhält, schreibt sie: «Das Vertrauen zu IHR, die Verehrung und das Gebet vor einem alten, wunderbaren Marienbild, das auf seltsame Art in meine Hände und damit in meinen Besitz gelangte, hat in Zweifelsfällen jedesmal geholfen.» (Treben 1986: 4)

Die Pflanzengöttin bei den heidnischen Europäern

Die Pflanzengöttin erschien den Kelten, den Erben alteuropäischer Megalithbauern und indogermanischer Hirten, als Grosse Weise Göttin. Als die zarte Lichtjungfrau *Brigit* steigt sie nach den kalten, finsteren Wintertagen aus den Erdtiefen empor. Mit ihr kehrt das Licht wieder auf die Erde zurück. Mit ihr kommt auch der Bär, der «Vegetationsdämon», dessen Lager sie unter der Erde teilte. (Storl 1992: 81)

Brigit ruft die Pflanzen wach, so dass – dem Auge noch unsichtbar – der Saft in den Bäumen zu steigen beginnt und die Samen und Knollen im feuchten Boden anschwellen. Als Mariä Lichtmess feiert man ihr Fest noch immer, aber nun unter der Obhut der Kirche. (Es scheint übrigens mehr als blosser Zufall gewesen zu sein, dass die populäre Kräuterfrau Maria Treben gerade zu Lichtmess ihre Berufung zur Heilkräuterkunde fühlte.)

Im Mai ist sie dann die strahlende, mit bunten Blumen und frischem Birkengrün geschmückte junge Braut, die sich in freier Ausgelassenheit der Sonne – dem Sonnengott Belenos – hingibt. Im freudigen Miterleben dieses Hochzeitsfestes, umtanzen die Menschen den Maienbaum. Im Hochsommer dann, von der Sonne geschwängert, gibt sich die Göttin süssen Träumen hin.

Im Herbst wird sie zur Matronin. Beginnend mit dem Getreideschnitt in den feurig-heissen Augusttagen – es ist das Fest Lugnasad – ergiesst die Gebärerin als Erntegöttin ihr Füllhorn über das Land. Der kunstfertige *Lugh*, dessen Feuerkraft Obst und Getreide reifen lässt, ist nun ihr Begleiter. Noch einmal lässt sie sich mit Freudenfeuern als Himmelsgöttin feiern, dann zieht sie sich aus der Erscheinungswelt zurück.

Wenn nun die Novembertage neblig-grau, trübe und kalt werden, dann ist sie ein greises Weib. Die Spinnenfäden, die im Altweibersommer durch die Luft schweben, sind ihr graues Haar. Bald verschwindet sie ganz unter der Erde und mit ihr alle Lebenskeime, alles Grün. Sie ist nun die Braut des schwarzen Totengottes *Samain*. Als Hüterin der Samen und der nach Wiederkehr dürstenden Toten, als Spinnerin des Schicksals herrscht sie.

Getreidekörner, Äpfel und Haselnüsse – Symbole des Lebens, das über den Winter hinübergerettet wird – opferten die Kelten nun den Toten. Nach dem Fest des Samain, Halloween, durfte kein Heilkraut mehr gepflückt, kein Obst mehr geerntet werden. Alles war nun *pucca*, verboten, tabuisiert, mit Ausnahme der immergrünen Mistel, einer Pflanze, die nie auf dem Erdboden, sondern als Schmarotzer im oberen Geäst der Bäume lebt und sich ganz dem solaren Jahreszyklus entzieht. Einige der goldgrünen Mistelzweige wurden nun als Zeichen des immerwährenden Lebens über die Türschwellen gehängt.

Eine vielleicht noch ältere Imagination der Grossen Göttin begegnet uns in den Märchen und Sagen der Frau Holle. Auch sie ist Hüterin der schlummernden Samen und der auf ihre Wiedergeburt wartenden Toten. Das verborgene Reich der Holle ist aber keine düstere Höhle oder gar die Hölle, sondern ein lichter Ort mit herrlichen grünen Wäldern und Wiesen, mit Blumengärten und Obstbäumen. Hier herrscht sie als Königin der Zwerge und Elementarwesen, die – wie wir sehen werden – die Wachstumskräfte personifizieren. Als Schicksalsherrin belohnt auch sie die Verstorbenen je nach ihren Taten mit Pech oder Glück im nächsten Leben.

Sie wohnt zwar tief unter der Erde, und dennoch meinte man, wenn es daunige Flocken schneit, schüttele sie ihre Federbetten aus. Die kristallinen Schneeflocken, die Daunenfedern der ihr geweihten Gans, galten als Sternenkräfte, die den Pflanzen des kommenden Jahres Wachstums- und Gestaltungskräfte zukommen lassen.

Die Vorstellung, dass die Vegetationsgöttin zugleich die Totengöttin ist, ist ebenso weit verbreitet wie der Glaube, dass sie zugleich tief unten in der Erde und hoch oben im Himmel lebt. Beides, Himmel und die Unterwelt, gelten im archaischen Denken als das Jenseits, als die «Anderswelt». Und aus dieser «Anderswelt» kommen die sich inkarnierenden Pflanzen, Tiere und Menschen. Diese Anschauung war den Völkern der Neuen wie auch der Alten Welt geläufig.

Frau Holle, die bei den Engländern als *Mother Goose* (Gänsemutter) bekannt war, ist auch die Herrin des schamanistischen Flugs. Ihre Gans ist ein uraltes Symbol für die Reise in die Anderswelt, wo der Schamane oder die später zur Hexe umgedeutete «fliegende Frau» den Ahnengeistern, den Tiergöttern und den Pflanzengeistern begegnet. Die germanischen und sibirischen Schamanen opferten zu Winteranfang, wenn die Pflanzen und Naturgeister sich ins Erdinnere zurückziehen, eine Gans. Der Vogel wurde geweiht, indem sie ihn mit dem heiligen Beifuss (*Artemisia*) räucherten oder einrieben. Aus dem Gänsefett kochten sie dann unter Beigabe von giftigen Kräutern (Tollkirsche,

Bilsen, Schierling usw.) eine «Flugsalbe», die die Reise zu den Geistern und Göttern ermöglichte.[5]

Eine andere, aber doch recht ähnliche Vorstellung von der Pflanzengöttin herrschte in der klassischen Antike. Devi erscheint hier in der Gestalt der Kornmutter *Demeter* (römisch Ceres) und zugleich in jener der *Persephone* (römisch Proserpina), ihrer schönen Tochter. Die Sage erzählt, wie Persephone auf einer sonnigen Wiese spielte und Narzissen pflückte.[6] Plötzlich brach der Erdboden auf, und *Pluto*, der schwarze Gott der Unterwelt (Hades), ergriff das Mädchen und riss es mit hinab in sein düsteres Reich. Er machte sie zu seiner Frau, indem er ihr einen samenreichen Granatapfel zu essen gab. Persephone teilte daraufhin seinen Thron und wurde zur Herrscherin der Toten und der zahllosen Samen, die unter der Erde harren.

Mit dem Verschwinden des schönen Mädchens verschwanden auch alle Blumen und alles Grün von der Erdoberfläche. Mutter Demeter, ausser sich vor Gram, liess weder Korn noch Obst gedeihen. Die Erde wurde wüst und unfruchtbar, so dass es selbst die Götter nicht mehr ertragen konnten. Also schickten sie den göttlichen Schamanen, den wegekundigen *Hermes*, in den Hades hinab, um die junge Frau wieder in die lichten Höhen des Olymp zu führen. Pluto liess sie gewähren; da sie die Granatapfelsamen in sich trug, hatte sie keine andere Wahl, als jedes Jahr für einige Monate in die Unterwelt zurückzukehren. Während dieser Zeit ist Winter auf Erden.

Das Blumenmädchen Persephone entwickelte sich bald zur eifersüchtigen Ehefrau. Wehe der Nebenbuhlerin! Die von ihrem Gatten geliebte Nymphe Minthe zum Beispiel zerriss sie und verwandelte sie in das bescheidene Duftkräutlein, aus dem wir uns den Pfefferminztee brauen.

Wir sehen auch in dieser Mythe, dass sich das Wirken der Pflanzengöttin von den Tiefen der Unterwelt bis in den höchsten Götterhimmel erstreckt. Das entspricht auch dem Wesen der Vegetation: Die eine

5 In den Alpenländern wird die Frau Holle noch immer als die Percht, Pertha oder Königin Bertha gefeiert. In den Rauhnächten, vor allem am letzten Tag der zwölf heiligen Nächte, wenn die Vegetation noch verborgen in ihrem Reich weilt, geht diese Göttin mit den grossen Zähnen und wirrem Haar um. Mit ihr ziehen die Naturgeister und Fruchtbarkeitsdämonen durch das Land. An den wilden Maskenzügen, Perthenläufen, -tänzen und -spielen nehmen auch die Menschen teil.

6 Die Narzisse, ein giftiges Amaryllisgewächs, war eine dem Pluto geweihte Todespflanze. Sie symbolisierte – wie noch heute in der Psychoanalyse – den Egoismus und die Selbstverliebtheit der narzisstischen Persönlichkeit, die den spirituellen Tod nach sich zieht.

Hälfte der Pflanze (die Wurzeln) strebt dem Erdmittelpunkt zu, die andere Hälfte (die grünen Sprossen) streckt sich dem Zenith entgegen.

Die archetypische Pflanze ist eben ein Mittler: Sie verbindet das Oben und das Unten, das Licht und die Dunkelheit, das Mineralreich mit dem Tierreich, das Jenseits mit dem Diesseits, die göttliche mit der menschlichen Welt, den Makrokosmos mit dem Mikrokosmos. Deswegen sind Pflanzen auch Heiler: Als Heil- und Nahrungspflanzen können sie uns die Kräfte der Erde und des Sternenhimmels zukommen lassen und uns dadurch ganzheitlich und «heil» machen. Diejenigen Pflanzen, die unsere Ahnen kannten und verehrten, können uns die Inspirationen unserer Vorfahren als weise «Ahnungen» vermitteln, denn die Totenwelt steht ihnen offen. Die entheogenen, bewusstseinserweiternden Pflanzen können uns sogar im rauschhaften Erleben in die jenseitigen Reiche der Götter und Dämonen mitnehmen. Jede Pflanzenart hat dabei ihre besonderen Möglichkeiten und Fähigkeiten, die sie uns zur Verfügung stellt. Jede Pflanzenart bietet uns ihre Mitarbeit an. Die Entscheidung, anzunehmen oder abzulehnen, liegt bei uns. Jede Pflanzenart – oder besser gesagt, jeder Deva –, mit der wir uns einlassen, wird uns verändern, wird uns verwandeln, wird uns zu dem machen, was wir sein werden. Schliesslich haben wir es in ihnen mit göttlichen Mächten zu tun.

Wiedererscheinen der Persephone im Frühling (Böotien, 4 Jh. v. Chr.)

PFLANZENDEVAS – DEVIS KINDER

Wir wollen uns nun den Pflanzendevas, den Söhnen und Töchtern der grossen Vegetationsgöttin, zuwenden. Auf keinen Fall dürfen wir sie uns als winzige Blütenelfen oder neckische Waldfeen vorstellen; sie sind wahrlich göttliche Wesen von kosmischem Ausmass. Es ist durchaus angebracht, sie als *Devas* (Sanskrit «die Leuchtenden, die Strahleden») zu bezeichnen, denn sie wirken von den Sternen und Planeten auf die Erde herab. Die Blumen auf den Wiesen und Feldern, die Bäume und Sträucher sind lediglich ihre «Schatten», ihre «mit Stoff gefüllten Abbilder», ihr «kondensierter Atem», ihre «auf Erden verwirklichten Gedanken». Manche Seher, wie der weisshaarige Bergbauer Arthur Hermes, beschreiben die Devas als unsichtbare makrokosmische Riesen, von denen nur die «Haare» (die physische Vegetation) sichtbar sind. (Storl 1990: 82) Wenn der Bauer seine Wiese mäht – behauptet Arthur Hermes –, dann ist das wie das Haareschneiden. Es tut den Pflanzengeistern nicht weh. Sie freuen sich eher über die Aufmerksamkeit.

Imagination als Schlüssel

Solche Aussagen sind selbstverständlich nur als poetische Annäherungen zu verstehen. Aber wo wären wir ohne solche bildhaften, bunten Vorstellungen? Uns bliebe nur die äussere, materielle Erscheinung. Diese könnten wir zwar messen und analysieren – was sicherlich auch interessant ist –, aber das eigentliche der Pflanzenwelt würden wir verfehlen. Wir könnten wie der auf Tatbestände bedachte Positivist nur von einem intelligenzlosen, durch natürliche Auslese zufällig entstandenen protoplasmischen Gebilde reden, und damit hätte es sich. Sicherlich finden in diesen protoplasmischen Gebilden höchst komplizierte, kybernetisch vernetzte energetische und biochemische Vorgänge statt, auch sind sie zu diversen Reizreaktionen fähig, aber ein positivistischer Wissenschaftler würde sich weigern, ihnen Bewusstsein oder gar Selbstbewusstsein zuzusprechen. Seine Experimente scheinen diese Annahmen zu bestätigen. Und dennoch steht er in dieser Ansicht allein. Die Überlieferungen aller Kulturen mit Ausnahme der gegenwärtigen berichten von fühlenden Seelen und einem erkennenden Geist, der sich «hinter» oder «in» der Pflanzenerscheinung offenbart.

Ein Indianer, der Heilkräuter sammeln will, nimmt zuerst Kontakt mit dem «Häuptling» der jeweiligen Pflanzenart auf. Er raucht mit ihm Tabak und fragt ihn um Erlaubnis. Die Pflanze einfach zu nehmen, käme einer Vergewaltigung oder einem Diebstahl gleich und würde zu nichts Gutem führen. Dieser «Häuptling» ist für den Indianer die eigentliche Pflanze.

Wir werden sehen, dass es in anderen Traditionen ähnlich ist. Der wahre Pflanzenkundige verkehrt mit dem Geist der Pflanze. Dieser Geist kann als Drache, als schöne Jungfrau, als Waldweib, Kobold, Kind, alter Mann, als Tier oder was auch immer in der Vision erscheinen. Die Erscheinung sagt etwas über das Wesen des Deva aus, ist aber zugleich aus den inneren Bildern, die der Kräutersammler in sich trägt, gebildet. An sich hat der Deva als geistiges Wesen keine eigene Gestalt. Er borgt sich seine Erscheinung aus den kulturell vorgegebenen Vorstellungen und persönlichen Erinnerungen des Kräutersammlers. Der Deva wühlt sozusagen in der Rumpelkammer des menschlichen Unterbewusstseins und kleidet sich in der passenden Form, die der Pflanzenschamane erkennen und mit der er leicht umgehen kann.

Hat der Mensch Angst oder schleppt er ein schlechtes Gewissen mit sich herum, dann spiegelt sich das ebenfalls in der Erscheinung des Deva – falls es überhaupt zu einem Kontakt kommt. Die mittelalterlichen Kirchenmänner zum Beispiel sahen in der Tollkirsche oder im Bilsenkraut ein Giftgewächs, das von wahrhaften schwarzen Teufeln mit Hörnern und Fledermausflügeln umflattert wird. Auch Elisabeth Claire Prophet, die Gründerin einer sogenannten «Kirche des Wassermannzeitalters» (Summit Lighthouse, Church Universal and Triumphant), macht hinter den äusseren Pflanzenerscheinungen eine spirituelle Dimension aus. Die Geistwesen der domestizierten Pflanzen erscheinen ihr als gute Engel. Der Hanf/Cannabisdeva jedoch sei eine «parasitische Entität», die das Individuum mit Gaukeleien verführe, ihm das innere Licht raube und den Zugang zum höheren Selbst blockiere. Nur die Beschwörung des «Ich bin» und die Aufrufung des mit blauflammendem Schwert bewappneten Elohim Astrea kann von der Besessenheit durch diesen dämonischen Deva befreien. (Prophet 1986: 89) Wie anders dagegen der himalayische Wanderasket, dem der Geist derselben Pflanze in der hehren Gestalt der Göttin Ganga oder gar als Shiva selber, in seiner friedlichen Manifestation, erscheint.

Wie sich der Deva offenbart, hängt also ganz von unserer eigenen geistig-seelischen Verfassung ab. Wir werden sehen, wie wichtig ein gutes, reines Bewusstsein für traditionelle Kräutersammler und Pflanzenkundige seit jeher war. Je selbstloser und transparenter das Bewusstsein wird, desto treffender, reiner und feiner werden auch die Imaginationen. Ein Deva kann dann umso leichter seine segensreiche Botschaft übermitteln.[7]

Kommunikation mit der Pflanze, das Erkennen ihrer verborgenen Heilkräfte oder ihres Potentials als Nahrungspflanze, geschieht nicht durch äusserliches Experimentieren, sondern vor allem durch innerliche Zwiesprache. Die bildhaften Vorstellungen, die Zauberworte und Rituale sind Vokabular und Grammatik dieser Zwiesprache. Aus diesem Grund sind die grossen Pflanzenkenner – wie Goethe etwa – zugleich Meister der Imagination. Kräuterfrauen und Wurzelseppen sind meistens in der einheimischen Folklore, der Sagenwelt und dem Brauchtum tief verwurzelt. Die Kräuterfrau Maria Treben, die sich als Zeichen ihrer Verbundenheit mit der Tradition gerne in Trachtendirndl kleidet, arbeitet mir der Imagination der Gottesmutter, die ihr die Inspirationen zukommen lässt. (Storl 1986: 18) Der britische Arzt und Entdecker der Blütenessenzen, Dr. Edward Bach, zog seine Inspirationen aus den

7 Nicht nur der Geist der Pflanze, auch vieles andere, was wir zu kennen glauben, ist nur der Imagination zugänglich. Sogar der eigene Leib entzieht sich in vielen Aspekten den unmittelbaren Sinnen. Sezierungen und Durchleuchtungen geben uns zwar ein genaues Bild von den inneren Organen, trotzdem schmerzt der Körper oft an einer anderen Stelle, als an der, wo sich das erkrankte Organ befindet. Der innere Mikrokosmos ist und bleibt ebenso wie der Makrokosmos ein Mysterium. Man braucht die Hilfe der Imagination, um mit ihm umzugehen. Die Bilder, die sich die verschiedenen Kulturen vom Körper machen, sind ebenso vielfältig wie diejenigen, die sie sich von den Pflanzengeistern machen.

Chinesische Ärzte arbeiten, zum Beispiel, mit unsichtbaren Chi-Energien, die bestimmten Meridianen folgen. Die Doktoren des Mittelalters imaginierten den Körper als einen Kosmos aus Planeten (Organe) und Tierkreiszonen (Körperregionen). Die Inder erklärten das Funktionieren des Leibes mit imaginären *Chakren*, Kanälen für «Sonnen- und Mondatem» und inneren meteorologischen Zuständen (*Kapha* = Feuchtigkeit, *Vata* = Wind, *Pitta* = Hitze). Die Ägypter sahen den Körper, in Analogie zum Niltal, als eine Art Flusslandschaft mit Kanälen, die saubergehalten werden mussten.

Unsere keltisch-germanischen Vorfahren stellten sich Krankheiten als «saugende Würmer» vor. In jedem Fall wurden die Patienten nicht nur physikalisch (durch invasive Techniken oder durch somatische Einwirkung der Arzneien) behandelt, sondern es wurde vor allem mit Hilfe der Einbildungskraft gearbeitet. Um körperliche Veränderungen herbeizuführen, bedarf es vor allem Veränderungen der Vorstellungen und Einstellungen.

Wie aber steht es mit unserer wissenschaftlich-objektiven Medizin? Werden da auch Imaginationen nutzbar gemacht? Selbstverständlich! Lange bediente man sich des Bildes einer Maschine: der Körper als Verbrennungsmaschine voller Hebel, Pumpen und Schaltungen; das Herz als tickende Uhr; Verdauung und Stoffwechsel als ein chemisches Labor. Heutzutage liefert der Computer das Modell des Leibes. Er ist ein Bio-Computer, der chemische, energetische, genetische und Umwelt-Daten verarbeitet.

altkeltischen Überlieferungen seiner walisischen Vorfahren. (Scheffer/Storl 1994) Je tiefer er in die Ideenwelt der *Meddygion Myddfai*, der traditionellen Kräuterheiler und Nachfahren der Druiden, eindrang, umso klarer erkannte er die Heilkräfte bestimmter Blumen. Pflanzen sind eben nicht nur zufällig belebte Gegenstände, in ihnen offenbaren sich geistige Wesenheiten. Sie haben Geschichte und können Geschichten erzählen!

Geniale Künstler und Chemiker

Der Deva, der eine botanische Art «überstrahlt», hat sein eigenes «Schwingungsspektrum», sein eigenes «morphogenetisches Feld», durch das er sich in der geeigneten ökologischen Nische manifestieren kann. Das In-Erscheinung-Treten der einzelnen Pflänzchen könnte mit dem plötzlichen Erscheinen von Eisblumen am Fenster verglichen werden oder mit dem Wachsen ganzer Gärtchen zarter Kristallgebilde in einer übersättigten Lösung. Ein anderes Bild, das wir zu Hilfe nehmen könnten, ist das der Chladni-Figuren, jener harmonischen organischen Muster, die entstehen, wenn man eine Resonanzplatte mit feinem Sand bestreut und dann über die Saiten einer daran befestigten Geige streicht. Jede Schwingung erzeugt ihre eigene Klangfigur. Wie ein virtuoser Geiger also setzt der Deva ätherische Schwingungen in Bewegung, die dann in den zahllosen Einzelexemplaren eine Art materielle Form annehmen. Wir dürfen also die Einzelpflanze nicht mit dem Deva, dem schöpferischen Urbild der Art, verwechseln.

Betrachtet man die schöne Geometrie, die Vielfalt der Blatt- und Blütenformen, die Düfte, Farben und das Wirkungsspektrum der Pflanzen, dann muss man sich eingestehen: Pflanzendevas sind höchst kreativ! Als «geniale Ingenieure der Natur» bezeichnet sie Felix Paturi. (Paturi 1974) Mit künstlerischem Formsinn und erstaunlicher Präzision sind die Blätter am Stengel, die Schuppen an den Zapfen der Nadelbäume, die Samen in den Scheiben der Korbblütler oder das Stachelpolster der Kakteen angebracht. Die Anordnung nähert sich dem Goldenen Schnitt (dem Verhältnis 0,618054 :1), was auf uns ästhetisch höchst befriedigend und harmonisch wirkt.[8]

8 Die sichtbaren Pflanzengebilde sind die Spuren, welche «übersinnliche» Pflanzenwesen bei ihrem wirbelnden Tanz durch die Materie hinterlassen. Ebenso wie sich die Tierspuren im

Die Devas bauen sich ihre Leiber aus den Elementen der physischen Materie auf. Die Pflanzenstofflichkeit spiegelt aber nicht einfach die Zusammensetzung des Bodens wider, wo Sauerstoff, Silizium und Aluminium – in dieser Reihenfolge – am häufigsten vorkommen. Sie absorbieren also nicht auf eine passive Art und Weise, sondern selektieren genau die Elemente, die sie brauchen. Im Grunde genommen weben sie ihr Kleid aus Sonnenlicht, Luft (CO_2) und Wasser. Nur zwei bis fünf Prozent des Pflanzenleibes bestehen aus den vom Boden aufgenommenen Mineralien (P, K, Ca, Si und Spurenelemente). Zudem liegt der Verdacht nahe, dass die Pflanzen zur alchemistischen Mutation einiger Elemente fähig sind. Das wenigstens lassen die Untersuchungen französischer Forscher vermuten. (Tompkins/Bird 1978: 149) Im Labor für organische Chemie der Ecole Polytechnique in Paris wurden in Tausenden von Versuchsreihen elementare Transmutationen innerhalb pflanzlicher Organismen festgestellt. Der Forscher Louis Kervran warnt aber vor voreiligen Verallgemeinerungen, denn die Transmutationen sind an ganz bestimmte enzymatische und physiologische Vorbedingungen gebunden. Eine Pflanzenart kann eine Transmutation vollbringen, die bei einer anderen Art unmöglich ist. Jede Art und jede Familie weist schon auf der Ebene der Moleküle, mit der sie

Schnee je nach Art unterscheiden, so unterscheiden sich die geometrischen Formen der Blüten, die spiraligen Anordnungen der Knospen am Zweig und die gesamte Ausgestaltung der Pflanze von Art zu Art. Die möglichen Blattanordnungen folgen einem eindeutigen mathematischen Gesetz, welches der Renaissance-Gelehrte Fibonacci als eine Reihe von Brüchen wiedergab: 1/2, 1/3, 2/5, 3/8, 5/13, 8/21, 13/34 usw.

Der erste Bruch beschreibt die gegenständlichen Blätter: Man geht halb um den Stengel, um den nächsten Blattansatz zu finden. Die zweite Möglichkeit finden wir bei den Sauergräsern: Bei einer Drittelwindung stösst man auf den nächsten Blattansatz. Bei den Rosengewächsen ist das Verhältnis 2:5 (man muss den Stengel zweimal umrunden, um beim fünften Blatt wieder auf derselben Senkrechten zu sein wie am Ausgangspunkt). Bei den Kreuzblütlern ergibt sich ein Verhältnis von 3:8, bei den Korbblütlern und Rachenblütlern von 5:13. Bei den Nadelhölzern lässt sich eine Schuppenanordnung von 8:21 ausmachen. Nur bei ganz primitiven Pflanzen, wie den fossilen Laubmoosen und Lebermoosen, werden noch höhere Brüche angetroffen.

Die meisten Wissenschaftler glauben, solche Anordnungen seien zufällig und von irgendwelchen äusseren Faktoren unabhängig. Nun ist es aber besonders interessant, dass die Planetenbahnen (von der Erde aus betrachtet) denselben mathematischen Gesetzen folgen. Vom geozentrischen Blickpunkt aus bewegen sie sich in Schleifen um die Sonnenbahn (Ekliptik), ganz so wie die Folge der Blattansätze um den Stengel. Die jeweilige Umlaufbahn eines Planeten lässt sich ohne weiteres mit der Spiralbewegung der jeweiligen Pflanzenfamilie vergleichen. Auf diese Weise ist es möglich, verschiedene Pflanzengattungen verschiedenen Planeten zuzuordnen. Unverhofft stösst man wieder auf die verspotteten «planetarischen Signaturen» der mittelalterlichen Gelehrten.

umgeht, die sie akkumuliert oder an ihre Umwelt weitergibt, recht individualistische Züge auf.

Jedem Deva fällt eine andere Aufgabe in der Gesamtökologie zu. Wenn wir an die *Gaia*-Hypothese denken und uns vergegenwärtigen, dass die Erde ständig darauf hinarbeitet, in einem homöopathischen Gleichgewicht zu bleiben, dann lässt sich die Aufgabe der Pflanzen mit jener der Drüsen oder anderer Organe im Körper vergleichen. Leguminosen – aus denen unter anderem die lebenswichtigen Eiweisse aufgebaut werden – sind zum Beispiel darauf spezialisiert, den Boden mit Stickstoff zu bereichern. Die Brennessel hilft, den Eisenstoffwechsel des Bodens zu regulieren. Tabakpflanzen sammeln, auch auf kaliarmen Böden, viel Kali an. Der Buchweizen, der auf sauren, sandigen Böden gedeiht, aus denen der Kalk ausgewaschen ist, versorgt den Boden mit Kalzium. Bilsenkraut und Stechapfel reichern Phosphorsäure an. Der Fingerhut sammelt Mangan. Die Kreuzblütler sind auf Schwefel spezialisiert, was ihnen wiederum hilft, in wässrig-kalten Klimazonen ein üppiges Wachstum zu entfalten. (Pfeiffer 1977: 182)

Aber nicht nur das. Pflanzen sind auch Meister der Synthese. Kein anderer versteht sich darauf, derart feine ätherische Öle zu synthetisieren wie der Deva der Lippenblütler (Minzfamilie). In der Herstellung von gummiartigem Milchsaft (Latex) sind die Wolfsmilchgewächse die Meister; ihnen verdanken wir Gummistiefel, Kondome und Autoreifen. Der Malvendeva versteht sich auf Schleimstoffe ebenso wie auf feste Fasern; ihm verdanken wir Jute und Baumwolle. Der Nachtschattendeva wartet mit einer breiten Palette giftiger und bewusstseinsverändernder Alkaloide auf. Der Rosendeva schenkt uns das herrlichste Obst – Äpfel, Birnen, Pflaumen, Kirschen, Erdbeeren, Himbeeren, Brombeeren usw. – , ist aber zugleich auch Meister in der Herstellung adstringierender Gerbsäuren. Und wer kann schon die Enziane an Bitterstoffproduktion überbieten? Der grosse Enzian enthält die bitterste überhaupt bekannt gewordene Verbindung: Ein Gramm genügt, um 58 000 Liter Wasser bitter zu machen. (Holzner 1985: 128)

Jean-Marie Pelt, ein durchaus sachlich nüchterner Professor der Botanik, schreibt dazu: «Die Pflanzen besitzen, wenn man so will, einen ‹Familiengeist›, danach spezialisiert sich jede Familie auf ihre eigene Chemie, ebenso wie sie ihre eigene Blütenform entwickelt.» (Pelt 1983: 151)

Ausserirdische Invasoren

Einst war der Erdplanet eine Wasser- und Staubwüste, eingehüllt von einer lebensfeindlichen Atmosphäre aus Ammoniak, Methan, Kohlendioxid und giftigen Vulkandämpfen. So gut wie kein Sauerstoff war in der Luft vorhanden. «Wüst und leer» war es, aber dann, irgendwann vor mehr als drei Milliarden Jahren, im Präkambrium, erschienen die ersten Lebenskeime. Von woher kamen sie? Waren es Ausserirdische, die sich vornahmen, den leblosen Sonnentrabanten zu kolonisieren? Oder waren sie schon potentiell in der Erdmaterie vorhanden? Waren sie das zufällige Resultat der Reaktionen kosmischer Einstrahlungen mit flüchtigen Molekularverbindungen? Die Experten streiten sich. Oder waren es gar Engelwesen, schöpferische Intelligenzen, jene mit der Sonne, dem Mond und den Sternen verbundenen «leuchtenden Devawesenheiten», die sich des Urstoffs bemächtigten, um sich Schritt für Schritt physische Leiber zu schaffen? Die Mythen und Sagen der Völker geben der letzten Möglichkeit den Vorzug.

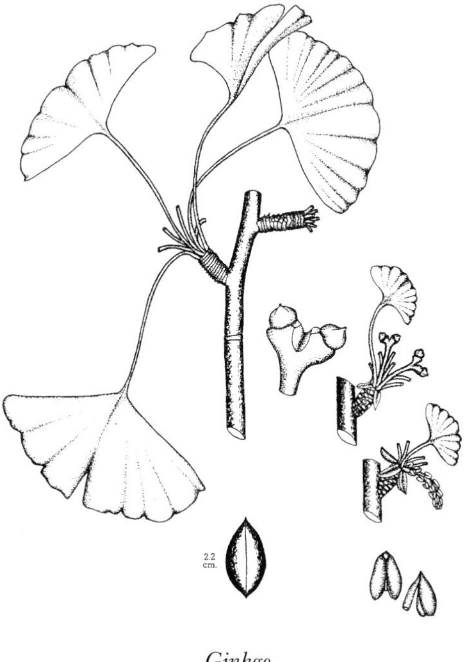

Ginkgo

Kaum war die Erdoberfläche abgekühlt und der Wasserdampf zu Urmeeren kondensiert, begannen die Devas mit den Zellen als Lebensträger zu experimentieren. Die dem Wasser innewohnende Tendenz zur Tropfenform gab wohl das Muster für die Zellen ab, ebenso wie die inhärenten Kraftlinien – wie man sie in den Eisblumen ausmachen kann – später die Muster für die ersten primitiven Wedel und Blätter vorgaben.

Die ersten Lebenskeime (Prokaryoten) besassen keine Zellkerne und wahrscheinlich noch kein Chlorophyll. Bald aber bauten die Devas das Lebensgrün in ihre Schöpfung ein. In den oberen Schichten des Meeres schwebend, saugten tagsüber riesige Schwärme einzelliger Planktone die Energie der Sonne auf. Diese Lichtenergie ermöglichte es ihnen, den Sauerstoff aus dem Wasser zu lösen. Durch die Atmung der Urpflanzen wurde über eine nahezu unendliche Zeitspanne hinweg soviel von dem lebenstragenden Gas freigesetzt, dass sich die ursprüngliche, reduzierende Uratmosphäre in eine sauerstoffhaltige, oxidierende Lufthülle umwandelte – der Himmel wurde blau![9]

Tagsüber schwebten die Planktone, dem Licht hingegeben; nachts dagegen wurden sie aktiver und vermehrten sich durch Zellteilung. In ihrer Nachtaktivität bewegten sie sich mit den zuckenden Schlägen kleiner Geiseln durchs Wasser. Oft kam es dabei vor, dass zwei aufeinanderstossende Planktone miteinander verschmolzen – so erfanden sie etwas, was die meisten Menschen noch heute fasziniert: die Sexualität. Eizelle und Sperma, die im Miniaturmeer des menschlichen Schosses ihr Erbgut kombinieren, verhalten sich noch immer so.

Wahrscheinlich unter Einwirkung mutagener kosmischer Einstrahlung teilte sich das *eine* Leben in seine pflanzliche und seine tierische Daseinsform. Die einen, die grünen Einzeller, blieben dem Tag und dem Licht zugewandt. Die anderen, die aktiveren, wandten sich

9 Die Pflanzen, insbesondere die Wälder als Lungen des Erdorganismus, sind noch immer dabei, diese lebenstragende Lufthülle zu erhalten und zu schützen. Sie filtern – wenn auch mit zunehmender Schwierigkeit – unsere giftigen Abgase, Verbrennungsrückstände und Ausdünstungen und binden diese in Form anderer molekularer Verbindungen wieder in den Lebenskreislauf ein. Klimaforscher vermuten, dass die Pflanzen angesichts der sechs Milliarden Tonnen Kohlenstoff, die jährlich durch die Schornsteine und Auspuffe gejagt werden, zunehmend aktiver werden. Die Verteilung radioaktiver Kohlenstoffisotope, die bei Atombombenversuchen in die Atmosphäre geschleudert wurden, deuten darauf hin, dass die Pflanzen noch mehr Kohlenstoff aufnehmen, als es am Anfang des Jahrhunderts der Fall war. So helfen sie, die drohende Klimakatastrophe (Treibhauseffekt) zu bremsen. («Der Spiegel», 14.9.92)

eher dem nächtlichen Modus zu. Sie verzichteten auf Chlorophyll, behielten ihre Mobilität und mutierten allmählich zu Tieren. Nicht vom Sonnenlicht, sondern von Abfällen und den abgestorbenen Leibern ihrer grünen Vettern ernähren sie sich. Man könnte fragen, ob die tierischen Organismen nicht einen Sonderzustand der Vegetation darstellen. Haben die Devas die Tiere «erfunden», um den überschüssigen Sauerstoff – den «Abfall» der Photosynthese – zu entsorgen? Indem die Tiere die pflanzliche Materie verdauen (oxidieren), binden sie Sauerstoff an Kohlenstoff. Aus diesem Recycling entsteht die Kohlensäure, aus der die Pflanzen erneut ihre Substanz aufbauen. Auch bei der Wiederverwertung und Zirkulation des Stickstoffs in der Form von Kot und Urin helfen die tierischen Organismen den Pflanzen. Wir sehen, die beiden Hälften des Lebens, die Pflanzen und die Tiere, ergänzen einander. Im Laufe der Evolution halten beide Schritt miteinander.

Im frühen Paläozoikum vor rund 600 Millionen Jahren erblühten ganze Wälder von roten und braunen Algen unter dem Meeresspiegel. Diese wiederum boten Nahrung und Schutz für ganze Heere von Trilobiten, Armfüsslern, Würmern, Mollusken und anderen Weichtieren. Bald kamen die ersten Fische dazu.

An Ufern und Gestaden, wo die tosende Meeresbrandung eine Gefahr für die Meeresvegetation darstellt, bildeten einige Grünalgenarten – die Vorfahren der Landpflanzen – Haftorgane, mit denen sie sich an den Felsen festklammern konnten. Diese spezialisierten, durch rapide Zellteilung charakterisierten Gewebe waren die Vorläufer der Wurzeln. Da diese Grünalgen wegen Ebbe und Flut über längere Zeitspannen der Luft ausgesetzt waren, mussten sie wiederum besondere Gewebe zum Schutz gegen das Austrocknen entwickeln. So wurden die Pflanzen allmählich immer differenzierter.

Bald wagten sich die ersten moos- und lebermoosartigen Gewächse, primitive Schachtelhalme und Bärlapppflänzchen, an Land. Pilzmyzelien, die sich mit den Haftwurzeln der Pionierpflanzen verquickten und ihnen Spurenelemente, Wuchsstoffe (Auxine) und wenn nötig Wasser zukommen liessen, halfen ihnen beim Überlebenskampf. Als Gegenleistung gaben die grünen Pflanzen etwas von dem in der Photosynthese gewonnenen Zucker an die Pilze ab.[10] Mit diesen Pio-

10 Die symbiotische Verbindung, Pilz/grüne Pflanze, ist bis heute in den Flechten erhalten geblieben. Dieses Doppelwesen besiedelt wie einst die ersten Landpflanzen unwirtliche kahle Felsen.

Känozoikum
Mesozoikum
Paläozoikum
Plazenta
Blüte
(bedecktsamige
Pflanzen)
Ei
Zapfen
(nacktsamige
Pflanzen)
Larve
Sporen
TIERE
PFLANZEN

nierpflanzen besiedelten auch die Vorfahren der Kerbtiere – riesige schabenähnliche Käfer, Skorpione, Libellen – die litoralen Niederungen und Sümpfe. Auch unsere genetischen Vorfahren zogen, in der Gestalt primitiver Lurche, mit an Land.

Vor rund 280 Millionen Jahren experimentierten die Devas mit einem neuen Wasserleitsystem (Leitbündeln) und echten Samen. Diese Erneuerungen erlaubten es den windbestäubten Nacktsamern (*Gymnospermae*) – Ginkgos, Mammutbäume, Zedern und andere Koniferen –, die trockenen Kontinente zu besiedeln und zu begrünen. Diese Nacktsamer gaben auch das Futter für die Riesenechsen ab, die Dinosaurier, die mit ihnen die inneren Erdteile besiedelten.

Die ersten echten Blütenpflanzen erschienen erst in der Kreidezeit, vor knapp 100 Millionen Jahren. Sie besassen, wie die Seerose oder die Magnolie noch heute, viele fleischige Blütenblätter und eine Unzahl von Staub- und Fruchtblättern. Die wichtigste Erneuerung bestand darin, dass es diesen primitiven Blütenpflanzen gelang, sich die Insekten als Gehilfen bei der Befruchtung dienstbar zu machen. Zuerst lockten sie die Käfer mit Aasgerüchen oder mit verschwenderischen Mengen schmackhafter Pollenkörner. Die unbeholfenen, groben Krabbler machten sich über die üppigen Blüten her, frassen und sudelten, brachten aber schliesslich doch, wie erwünscht, den Blütenstaub auf die Narben. Einige Blütenpflanzenarten, wie die Aronstabgewächse, versuchten es mit Zwang. Mit betörenden Düften lockten sie die Insekten in den Kelch und kerkerten sie dort solange ein, bis die Befruchtung erfolgt war. Erst viel später entdeckten geniale Devas, dass es auch ohne Zwang oder Gestank geht. Süssen Nektar, schöne Farben und angenehme Düfte boten sie nun den fortgeschritteneren der Insektenarten, den Bienen und Schmetterlingen, an. Als die ersten echten Blütenpflanzen erschienen, waren unsere Vorfahren noch kleine, den Spitzmäusen ähnliche Insektivoren.

DIE AMMEN DER MENSCHHEIT

Aus der entwicklungsgeschichtlichen Perspektive gesehen, könnte man den Devas einen beträchtlichen Spiel- und Experimentierdrang unterstellen. Ihre Spiele erstrecken sich über Jahrmillionen hinweg. Zusammen mit ihnen und unter ihrer Obhut verlief auch unsere Evolution. Ehe wir zu selbstbewussten Hominiden heranreiften, waren die Urwälder der Tropen unsere Wiege. Dort wurden wir geformt.

Unsere Hände, mit denen man fest greifen kann, unsere Fähigkeit, die Arme kreisen zu lassen, ohne sie dabei auszukugeln – wie es bei anderen Tieren geschehen würde –, unsere bifokale Vision, die es uns ermöglicht, das Sehen mit dem Greifen zu koordinieren, all das geht auf das Leben unserer Vorfahren in den Bäumen zurück. Der Menschenaffe, bei dem dieses Zusammenspiel von greifender Hand und bifokaler Sehweise nicht funktionierte, wäre aus dem Baum gestürzt und zugleich aus der Vererbungslinie ausgeschieden. Das Greifen ist die Voraussetzung für das spätere Halten und Herstellen von Werkzeugen.

Dass wir Farben sehen können und uns über einen bunten Blumenstrauss freuen, geht ebenfalls auf unsere Wiege im Urwald zurück. In den Ästen und Kronen der Bäume hat das Riechen weniger Bedeutung als auf dem Boden, dafür aber umso mehr das Sehen. Die süss-saftige, nahrhafte, rote oder gelbe Frucht, die am Ast hängt, ist leichter zu sehen als zu riechen. Bei Tieren, die bodennah leben, ist das archaische Riechhirn weit besser entwickelt, dafür aber sehen sie ihre Umwelt in Schwarzweisstönen.

Als Vorstufe oder «Präadaption» zur aufrechten Körperhaltung kann das senkrechte Hängen von den Ästen und das Klettern gesehen werden. Es ist eine Vorprägung, die in allen menschlichen Interaktionen – beim Begrüssen, beim Küssen, im Gespräch, beim Tragen von Kleinkindern – noch immer zum Ausdruck kommt. Wir begegnen einander von Angesicht zu Angesicht, nicht etwa wie Hunde von Schnauze zu Hinterteil. Die Bäume, in denen sich unsere Vorfahren wiegten, prägten unsere Psyche. Wir versuchen noch immer unsere Welt zu begreifen. Wir rühmen uns unserer Stammbäume; wir haben «Aufstiegsmöglichkeiten», können aber auch ins Bodenlose fallen. Die Vorstellung von einem Paradiesbaum am Anfang der Geschichte, vom Lebensbaum oder dem Weltenbaum, den Schamanen als Himmelsleiter erklimmen, ist nahezu universal.

Montezuma beschwört Quetzalcoatl

Als dann vor rund 16 Millionen Jahren, im späten Miozän, die Erde eine trockenere Periode durchmachte, schrumpften die riesigen Wälder. Unsere nächsten Verwandten[11] – jene Primaten, die sich dann zu Gorillas, Orang Utans und Schimpansen weiterentwickelten – waren wohl die Stärkeren im Streit um den verbliebenen Lebensraum. Sie bemächtigten sich des geschrumpften Biotops. Die Verlierer – unsere Vorfahren – waren gezwungen, in die Steppen und Savannen abzuwandern. Nun wurden die Devas der Gräser ihre Lehrer. Die Präadaption zur senkrechten Körperhaltung begünstigte die Entwicklung zum aufrechten Gang und liess sie das Gräsermeer der Savanne überblicken. Die befreiten Vorderglieder und die greifenden Hände erlaubten es ihnen, Stöcke und Steine – die ersten echten Werkzeuge – mit sich zu tragen. Sie mussten die Gegenstände nicht wie andere Tiere im Maul schleppen. Aus der notwendigen Zusammenarbeit beim Jagen und der Abwehr von Raubtieren entwickelte sich echte Gruppensolidarität.

Die Steppengräser also gaben uns den aufrechten Gang und ernährten uns mit ihren eiweisshaltigen Samen. Die Devas der Gräser erweisen sich überhaupt als besonders menschenfreundlich. Noch immer ernähren Gräser – Mais, Reis, Weizen, Gerste, Roggen, Hafer, Hirse, Zuckerrohr – die überwiegende Zahl der nun rund sechs Milli-

11 Es sind wirklich unsere Verwandten. Genetisch unterscheiden sich nur 1,2 Prozent der Erbmasse der Menschen von der der Schimpansen.

arden Menschen, die den Planeten bevölkern. So wichtig sind sie den Menschen, dass man in ihnen fast überall inkarnierte Götter sah und sie verehrte. Christus («Ich bin das Brot») wurde dem Weizen gleichgesetzt. Buddha wurde in Ostasien mit dem Reis, und die Quetzalcoatl, die «gefiederte Schlange» der Azteken, wurde mit dem Mais identifiziert. Opferaltäre und Heiligtümer wurden in der Neuen und in der Alten Welt mit heiligem Gras gefegt, ausgelegt oder geräuchert – mit *Kusha-* oder *Durvagras* (*Desmostachia bipinnata*) in Indien, Süssgras (*Hierochloe odorata*) in Nordamerika und im heidnischen Europa. Unsere Villen und Paläste werden von, man könnte sagen, rituell gepflegtem Rasen umgeben.

Kulturanthropologen haben viel darüber spekuliert, wie die ersten Menschen ihre Nahrungspflanzen entdeckten. Allgemein wird angenommen, dass es ein mühseliger Vorgang des «trial and error», des Versuchens und Experimentierens war. Allmählich, meint man, hätten die primitiven Dickschädel gemerkt, dass einige Pflanzen sie umbringen, andere ihnen Bauchweh verursachen und nur ein kleiner Rest essbar ist. Diese Ansicht ist natürlich Unsinn. Die Hominiden waren, wie undomestizierte Tiere noch immer, sicher in ihren Instinkten. Anders ausgedrückt, durch ungetrübte Sinne und innere Resonanz erkannten sie sehr wohl die Eigenschaften der Pflanzen. Die Devas selber teilten sich ihnen mit.

Inzwischen berichten Primatologen, wie Richard Wrangham, der im afrikanischen Regenwald Feldforschung betrieb, von einem sehr differenzierten Gebrauch von Heilpflanzen bei den Schimpansen. Bei Entzündungen, Durchfall, Pilzerkrankungen oder zum Auslösen der Wehen wählen diese Menschenaffen ganz bestimmte Wurzeln und Kräuter. Instinktsicher suchen und fressen sie ganz bestimmte Chrysanthemen, deren Saft – das ergaben Laboruntersuchungen – antibiotisch wirkt. Oft legen erkrankte Tiere erstaunliche Wegstrecken zurück, um die Heilpflanzen zu finden. Jungtiere verziehen das Gesicht, als bekämen sie Lebertran, wenn die Erwachsenen ihnen bittere Rinden oder Blätter in den Mund stopfen. Sie verwenden sogar zytostatische Kräuter bei krebsartigen Geschwüren. (Begley/Leonard 1992: 53)

Wrangham und die Schimpansenforscherin Jane Goodall beobachteten, wie die Schimpansen das bittere, rauhhaarige Blatt der *Aspilia*pflanze zusammenfalten und es mit sichtlichem Widerwillen hinabwürgen. Zuerst dachten die Forscher, es handle sich sozusagen um einen Spleen einiger Tiere. Aber dann liessen sie die *Aspilia* pharmakologisch untersuchen. Es wurde darin ein bisher noch unbekanntes Antibiotikum entdeckt, ein schwefelhaltiges rotes Öl, welches die Pharmakologen Thiarubin-A tauften. (Schmidt 1994: 49) Ohne Zweifel besassen auch unsere hominiden Vorfahren ein vergleichbares «Kräuterwissen».

Will man dem Ethnobotaniker Terence McKenna glauben, dann kannten unsere Vorfahren auch pflanzliche «Psychovitamine». Pilze, vor allem Psilocybe- und Stropharia-Arten, die auf dem Dung jener Herdentiere wachsen, denen die Urjäger nachpirschten, wurden sicherlich hier und da gepflückt und gekostet. (McKenna 1992) Beim Verzehr geringer Mengen schärfen sich die Sinne. Eine etwas grössere Portion erregt sexuell. Schärfere Sinne sind für Jäger von besonderem Vorteil, und die wohl mögliche Steigerung der Fruchtbarkeit durch häufigeren Sexualverkehr gab den Frühmenschen eine grössere Überlebenschance. Noch grössere Portionen bewirken eine Erweiterung des Bewusstseins über die Grenzen der alltäglichen Sinne hinaus, sie regen direkt das Assoziierungs- und Symbolisierungsvermögen an. In anderen Worten, Sprache, schamanistischer Flug und bewusste Kommunikation mit den Geistern wird möglich. Eine interessante und ernstzunehmende Hypothese. Und wie kam Terence McKenna zu dieser Einsicht? Der Pilzdeva hat es ihm selber gesagt:

«Ich bin alt, älter als das Denken in eurer Spezies ... Zwar bin ich seit Jahrhunderten auf der Erde gewesen, doch ich stamme von den Sternen. Meine Heimat ist jedoch kein einzelner Planet, viele über die glänzende Scheibe der Galaxis verstreute Welten haben Bedingungen, die meinen Sporen eine Lebensmöglichkeit geben. Der Pilz, den ihr seht, ist der Teil meines Körpers, der sich dem sexuellen Kitzel und dem Sonnenbaden hingibt, mein eigentlicher Körper ist ein feines Netzwerk von Fasern, die die Erde durchwuchern. Diese Netzwerke können mehrere Morgen durchziehen und haben weit mehr Schnittstellen als ein menschliches Gehirn ...»

(Das ist allerhand, denn nach jüngsten Erkenntnissen besteht jedes menschliche Hirn aus etwa zehn Milliarden Gehirnzellen. Jede einzelne Zelle kann mit 25 000 anderen Kontakt aufnehmen. Die Zahl der möglichen Verbindungen geht also ins Astronomische.)

«All meine Pilzgeflechte in der Galaxis befinden sich in Kommunikation miteinander, und zwar schneller als die Lichtgeschwindigkeit und über Raum und Zeit hinweg ... Das Pilzgeflecht ist so fragil wie ein Spinnennetz, doch der kollektive Übergeist und die kollektive Erinnerung sind wie ein riesiges historisches Archiv über den Werdegang der sich entwickelnden Intelligenz.» (McKenna 1989: 254)

Der Strophariadeva war demzufolge ein Motor der Intelligenzentwicklung der Hominiden. (Rudolf Steiner kommt übrigens auch zu ähnlichen Schlüssen. Für ihn haben Pilze auch etwas mit Intelligenz zu tun: Sie verkörpern das Nervensystem des Erdorganismus.)

Nach dem Herabsteigen aus den Bäumen und dem Übergang zum nomadischen Wildbeuterdasein fand in der Tat eine pilzartig-explosive, exponentielle Entwicklung des Hominidenhirns statt. In der entwicklungsgeschichtlich kurzen Zeitspanne von etwas mehr als einer Million Jahre verdreifachte sich bei den Frühmenschen das Gehirnvolumen.[12]

Wer domestizierte wen?

Der moderne Menschentypus, der *Cro-Magnon*, erschien recht spät. Er stellte vor rund 30 000 Jahren in den eiszeitlichen Tundren den grossen Herden der Rentiere, Aurochsen, Büffel, Mammutelefanten, Wildpferde und anderen Herdentieren nach. Er lebte in tipiartigen Zelten, trug genähte Lederkleidung, malte im Inneren der Höhlen magische Tierbilder und schnitzte dickbrüstige Venusfiguren in Speckstein. Es muss ein Leben ähnlich dem der letzten nordamerikanischen Grosswildjäger gewesen sein – ein freies Leben, an das sich das kollektive Unterbewusstsein als ein «goldenes Zeitalter» erinnert.

Mit dem Schmelzen der Gletscher kommen die Baumdevas erneut zum Zuge. Sie verdrängen die baumlose Vegetation der Tundren und damit die grossen Widerkäuerherden. Die Lebensbedingungen der nomadischen Jäger verändern sich. Weiden, Birken, Hasel, Kiefer, Vogelbeeren, Buchen und Pappeln rücken nach Norden vor und bedecken grosse Flächen Eurasiens. Die Wälder begünstigen Waldtiere, wie Rehe, Wildschweine, Bären und Elche, denen sich nicht herdenweise nachstellen lässt. Der Mensch jagt also weniger und sammelt mehr. Die

12 Rein quantitative Messungen des Gehirnvolumens ergeben bei Schimpansen ein Volumen von ca. 400 Kubikzentimeter. Bei den Affenmenschen (Australopithecus), die vor vier bis einer Million Jahre die afrikanische Savanne durchstreiften, waren es schon um die 500 Kubikzentimeter. Beim *Homo erectus*, der vor rund einer Million Jahre erschien und als erster das Feuer beherrschte, stieg das Gehirnvolumen auf über 1000 Kubikzentimeter, und schon bei den Neandertalern, vor 100 000 Jahren, waren den heutigen vergleichbare Werte erreicht.

Kreise, die die Nomaden ziehen, werden immer kleiner. Als *Mesolithikum* bezeichnen die Urgeschichtler diese Vorstufe zur Sesshaftigkeit.

Die Nahrung der mesolithischen Wildbeuter bestand zunehmend aus Pflanzen. Die vorwiegend von den Frauen gesammelte pflanzliche Substanz machte schätzungsweise achtzig Prozent der Nahrung aus, die Jagdbeute der Männer nur zwanzig Prozent.

Wie es bei Lagerplätzen der Fall ist, wird die Pflanzendecke niedergetrampelt, Feuerstellen, Schlafplätze und Laubhütten werden errichtet. Es entsteht eine vegetationslose Fläche. Ziehen die Menschen weiter, haben all die ausgespuckten Kerne, die mit Augen gespickten Schalen der Knollen und die verschütteten Samen und Nüsse eine gute Chance, in dem mit Abfällen, Urin und Asche gedüngten Boden aufzukeimen und zu gedeihen. Die meisten unserer Getreide- und Gemüsepflanzen waren ursprünglich schnellwachsende Pionierpflanzen, die solche unstabilen Ökotope bevorzugen. Kamen die Wildbeuter dann im nächsten Jahr wieder, um am selben Ort ihr Lager aufzuschlagen, fanden sie viele ihrer bevorzugten Nahrungspflanzen bereits vor.

In groben, sehr vereinfachten Zügen stellen sich so die Kulturanthropologen die «neolithische Revolution», das Sesshaftwerden und die Anfänge der Landwirtschaft, vor. Sie haben sich zur Überzeugung durchgerungen, dass weniger der menschliche Erfindergeist als vielmehr die biologische Anpassungsfähigkeit der Pflanzen selber zu unseren heutigen Kulturpflanzen führte (Herbig 1988: 120)

Mit gezielten Mutationen passten sich die Pionierpflanzen allmählich dem Menschen an.[13] Im Vorderen Orient besiedelten Getreidegräser die verlassenen, von Konkurrenzvegetation entblössten Lagerplätze. Nach und nach bekamen sie feste Ähren, die beim Reifen nicht zerfielen, und entwickelten die gleichzeitige Reifung und das gleichzeitige Aufkeimen. Verschiedene Reife- und Keimzeiten der Samen und die Fähigkeit, diese zu verstreuen, ist bei Wildpflanzen für das Überleben entscheidend. Der Mais jedoch kann sich nicht mehr

13 Der britische Biologe Rupert Sheldrake schliesst nicht aus, dass Organismen der absichtlichen Mutation fähig sind. Dass evolutionäre Erneuerungen allein durch genetische Zufallsmutationen und natürliche Auslese zustande kommen, nennt er schlicht eine dogmatische Behauptung. Neuere Experimente mit Bakterien lassen vermuten, dass es doch gezielte Veränderungen gibt. Wenn man etwa Bakterien, die an Nahrungsmangel einzugehen drohen, einen Zucker anbietet, den sie normalerweise nicht verdauen können, treten viel häufiger, als nach der Zufallstheorie zu erwarten wäre, Mutationen auf, durch die die Bakterien genau die Enzyme bekommen, die sie in ihrer gegenwärtigen Lage brauchen. (Sheldrake 1993: 166)

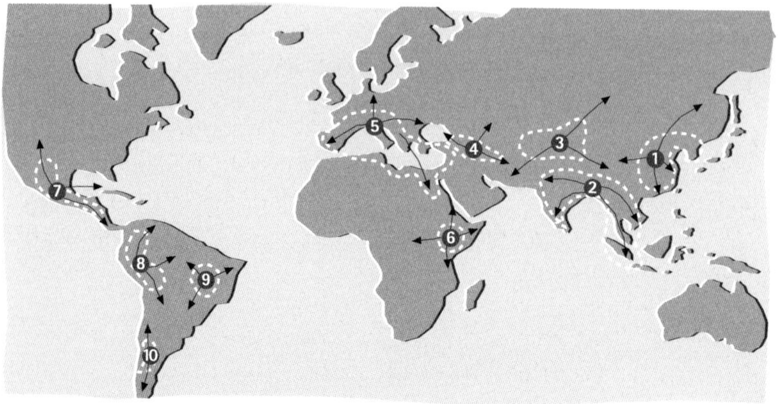

Vavilovsche Zentren, der geografische Ursprung der Kulturpflanzen
1 Ostasien: Nackthirse, -hafer, -gerste, Soja, Chinakohl, Rettich, Tee, Aprikose, Orange, Zitrone
2 Südasien: Reis, Zuckerrohr, indische Baumwolle, Kokospalme, Banane und verschiedene Tropenfrüchte
3 Zentralasien und Persien: Weizen, Erbse, Linse, Ackerbohne, Radieschen, Spinat, Zwiebeln, Knoblauch, Mandel, Birne, Apfel, Hanf
4 Kleinasien: Einkorn, Weizen, zweiteilige Gerste, Roggen, Mittelmeer-Hafer, Lein, Luzerne, Sauerkirsche, Zwetschge, Karotte
5 Mittelmeergebiet: Emmer, Hartweizen, grosskörnige Gerste, Erbse, Linse, Ackerbohne, Lein, Mangoldrübe und viele Gemüse und Futterpflanzen
6 Abessinien: Hirse und andere Getreidearten, Kaffee
7 Mittelamerika: Mais, Bohnenarten, Kürbis, Neuweltbaumwolle, Sisal, Paprika, Tabak, Kakao
8 Südamerika: Mais, Kartoffel, Tomate, Kürbis, Erdnuss, Ananas

selbständig aussäen; Kartoffeln und Jams bilden kaum mehr Samen, und ihre Ausläufer entfernen sich nicht mehr weit genug von der Mutterpflanze, um das Überleben als Wildpflanze zu gewährleisten. Der Verlust dieser Merkmale würde eigentlich das Aussterben bedeuten. Aber genau das Gegenteil ist geschehen: Indem sich diese Gewächse zunehmend der menschlichen Pflege überantworteten, eroberten sie riesige Gebiete der Erde.

Man könnte durchaus sagen, bestimmte Pflanzendevas haben den Menschen in ihre Absichten eingespannt. Die Gewächse verzichteten auf Bitterstoffe, Gifte, Stacheln und Dornen, wurden zugleich fleischiger, saftiger oder nahrhafter, und dafür musste ihr menschlicher Partner nun die Aussaat übernehmen, er musste jäten, hacken, düngen, giessen, das Saatgut reinigen und aufbewahren und seine Pfleglinge vor Wildfrass schützen. So wurde der Verlust der Überlebensfähigkeit in der freien Natur bei weitem kompensiert. Und das geschah nicht nur einmal, nicht nur im Nahen Osten, wie man lange glaubte, sondern an vielen Orten (den sogenannten *Vavilovschen Zentren*) in Afrika, Asien und Amerika. Dieser Schritt erfolgte fast gleichzeitig in allen Erdteilen, obwohl zwischen den Zentren keine physische Verbindung bestand. War es Telepathie, die das bewirkte, oder war es die simultane Inspiration der Devas?

Viele der später kultivierten Nahrungs- und Nutzpflanzen wurden zuerst zu magischen und rituellen Zwecken verwendet. Schon die Schamanen nichtsesshafter Stämme pflanzten gelegentlich kleine Gärtchen an, in denen sie Zauberpflanzen hüteten. Der rote Fuchsschwanz (*Amaranthus* sp.) war zuallererst wegen seines roten Farbstoffs begehrt, erst allmählich wurden seine eiweissreichen Samenkörner zu einer der Hauptnahrungsquellen der Indianer Süd- und Mittelamerikas. Die Kürbisse, die zuerst wegen ihrer essbaren Kerne und als Behälter und Rasseln gesammelt wurden, entwickelten immer mehr Fruchtfleisch und wurden weniger bitter. Die Wurzeln des Maniok (*Manihot utilissima*), eines blausäurehaltigen Wolfsmilchgewächses, wurden wahrscheinlich zuerst als Fischgift verwendet: Man warf die zerstampfte Wurzel in den Tümpel und erntete die vergifteten Fische. Heute ist diese Knolle das Hauptnahrungsmittel für mindestens dreihundert Millionen Tropenbewohner und für uns Europäer Lieferant des Tapiokapuddings. Die Jamswurzeln (*Dioscorea*) waren einst so giftig, dass sie von südasiatischen Jägern zuerst als Pfeilgift benutzt wurden.

Andere Pflanzendevas näherten sich den Menschen schlicht als Ackerunkräuter. Hafer, Roggen, Erbsen, Linsen, Tomaten, Hanf, Mohn, Mangold, Rüben und Buchweizen schlichen sich zum Beispiel als Unkräuter in die Beete der ersten Kulturpflanzen ein. Sie verloren ihre Wildheit und kamen in den Genuss ackerbäuerlicher Pflege und Fürsorge. Chilipfeffer war zuerst ein Unkraut in den Maniokpflanzungen, ehe es sich zur Gartenpflanze mauserte. Der Roggen wanderte als Unkraut mit dem Weizen nach Norden, wo er prächtiger gedieh und schliesslich die Felder dominierte.

All diese Pflanzen benutzten den Menschen, um sich über den Globus hinweg auszubreiten. Man könnte sie fast «Imperialisten» nennen. Der Mensch schuftete für sie: Er brandrodete ganze Wälder, baute Kanäle und Dämme, bewässerte Wüsten und Karststeppen und krempelte für sie ganze Ökosysteme um. Solche Anstrengungen mussten organisiert werden, die Arbeiter mussten motiviert, die Erzeugnisse eingesammelt, gelagert und gerecht verteilt werden. Dazu bedurfte es der Entwicklung tragfähiger Institutionen. Es bedurfte der sozialen Organisation, der Arbeiter, Priester und Häuptlinge. Pflanzendevas – in den Kulten als Götter und Kulturheroen gefeiert – standen am Anfang des Weges in die Zivilisation.

Einige der heutigen Kulturpflanzen benötigten nicht die unmittelbare Hilfe der Menschen, um sich global zu verbreiten. Die riesige Nuss der Kokospalme kann, vom Salzwasser unbeschadet, über die Meere treiben und an sandigen Stränden keimen. Sie machte die Besiedlung vieler Inseln, wie zum Beispiel der Südseeinseln durch die Polynesier, erst möglich. Dann liess sie sich von den Inselbewohnern grossflächig anbauen, schützen und als Gottheit anbeten.

Nicht nur domestizierten die Devas den Menschen vor rund zehntausend Jahren, sie nahmen auch eine immer wichtigere Rolle in seinem Tun und Denken ein – ebenso wie heutzutage die Titanen, die Devas der Metalle und Mineralien, das menschliche Bewusstsein zunehmend beherrschen. Im Neolithikum wurden bald die Tiergötter der Altsteinzeit auf den zweiten Rang verwiesen. Die Grosse Göttin, ehemals Herrin der Tiere, wurde zunehmend im Kult der grossen Erdmutter und Wachstumsgöttin verehrt. In der indischen *Taittiriya Samhita* wird sogar vorgeschrieben, den Pflanzendevas Tieropfer darzubringen. Die Pflanzenverehrung ging so weit, dass es in der *Atharvaveda* beim Anrufen der Pflanzen heisst: «Götter seid ihr, aus der Erdgöttin geboren!»

Das ist es auch, was die Devas mehr als alles andere wollen. Sie brauchen nicht unbedingt blutige Tieropfer, sie wollen bewundert, verehrt und geliebt werden. Sie wollen an unseren Gedanken und Imaginationen teilhaben. Denn unsere Gedanken und Gefühle sind für sie, ebenso wie für die Verstorbenen, Nahrung. Jede Hausfrau, die ihre Blumen liebt, jeder gute Gärtner weiss, dass eben jene Pflanzen am prächtigsten gedeihen, die im Mittelpunkt des Interesses stehen. Zahlreiche wissenschaftliche Versuche, bei denen liebevoll an Pflanzen gedacht wurde oder wo man sogar Geistliche für sie beten liess, zeigen, dass sie dadurch besser gedeihen. Sie sind bereit, ihre Blüten, Samen und ihre Substanz zu opfern, wenn wir bereit sind, sie in unserem Bewusstsein zu tragen. Einst liebten wir unsere Wälder und besangen sie im Volkslied – und sie gediehen. Nun aber fasziniert uns vor allem das Auto oder das neue Videogerät, und unser kritischer Verstand findet die getrillerte «Waldeslust» kitschig – und die Wälder kränkeln. Wo die Äcker mit Freude und Hingabe gepflegt werden, da sind die Pflanzen gesund und stark; wo nur nach kommerziellen Interessen gewirtschaftet wird, da können die anfälligen Pflanzen nur mit massivem Einsatz von Kunstdünger, Technologie und Chemiegiften am Leben gehalten werden.

Der Prozess, in dem sich Pflanzendevas Zugang zur menschlichen Kultur verschaffen, intensivierte sich im Neolithikum, er ist aber noch keineswegs abgeschlossen. Noch immer nähern sich Pflanzenarten dem Menschen, für die er bisher noch wenig Nutzen hatte. Sie machen auf sich aufmerksam und bieten ihm an, bestimmte Wünsche zu erfüllen.

Die Brennessel zum Beispiel schreit förmlich nach Anerkennung und zieht mit heftigen Stichen unsere Aufmerksamkeit auf sich. Sie umringt Höfe und Siedlungen. Sie bietet sich uns als wahres Gesundheitselixier an. Ihr Grün ist ein eisen- und vitaminreiches Frühlingsgemüse, das die Ausscheidung von Harnsäuren fördert und sich bei Gicht und Rheuma hilfreich erweist. Sie bietet ihre Samen als Stärkungsmittel und ihre Wurzeln als Prostataheilmittel an. Inzwischen hat man erfahren, dass die Brennessel auch auf die Bauchspeicheldrüse einwirkt und den Blutzuckerspiegel senken kann.

Andere «lästige Unkräuter», wie Ampfer, Löwenzahn, Gänsefuss, Gundermann, Vogelmiere oder Giersch, benehmen sich ebenfalls recht aufdringlich in der Besiedlung der Äcker, Beete und Wiesen der Kulturlandschaften. Auch sie bieten dem Menschen etwas Wertvolles an: In einer Zeit der völlig denaturierten, überzüchteten, mit Giftrückständen durchsetzten und von Kunstdünger aufgepäppelten Agrarprodukte schenken sie uns etwas Gesundes, Reinigendes und Kräftigendes. Sie sind erstklassige Wildgemüse; sie übertreffen die Kulturpflanzen bei weitem an Mineral- und Vitamingehalt. Einige dieser Wildpflanzen, wie die Wegwarte (*Cichorium intybus*), haben bereits den Sprung in die völlige Domestizierung geschafft. Als Chicoree, «Brüssler Witloof» oder Zichoriensalat gehört dieses zartblau blühende Wegrandunkraut nun schon seit einigen Jahren zum Winterangebot der Supermärkte. Auch der Feldsalat oder Nüssler (*Valerianella*) gehört erst seit dem Ende des 18. Jahrhunderts zu den Kulturpflanzen.

Kräuterkundige berichten immer wieder von einem sonderbaren Phänomen. Plötzlich besiedelt ein neues «Unkraut» den Garten oder Rasen in der Nähe eines Hauses, in dem sich ein schwer erkrankter Mensch befindet. Beim näheren Hinsehen ist es gerade diejenige Heilpflanze, deren der Kranke bedarf. Schon Paracelsus hatte diese Beobachtung gemacht. *Ubi malum, ibi remedium*, «Wo die Krankheit, da auch das Heilmittel», lautete sein Kommentar dazu. Der grosse Arzt meinte, es seien dieselben *Aster* (Sterneneinflüsse), die einerseits die Krankheit oder Seuche verursachen und andererseits das korrespondierende Heilkraut zum Vorschein bringen. Beide sind durch dieselben Ursachen bedingt. Die schlechten, krankheitsbringenden Sterne brauchen nicht unbedingt am Himmel zu stehen, es können auch die «inneren Sterne», die «inneren Planeten» sein, die wir als Mikrokosmen in uns tragen und die sich gelegentlich zu ungünstigen Konstellationen zusammenfinden.

Mellie Uyldert, eine weise Frau aus der niederländischen Heide, bestätigt: «Wenn sich im Körper des Menschen unbemerkt eine Krankheit festsetzt, so keimt auch schon das dazugehörige Heilkraut im Garten.» (Uyldert 1974: 15) Ihrer Ansicht nach geschieht das nach dem Prinzip, dass Gleiches auf Gleiches wirkt. Wenn jemand ernstlich krank wird, dann sendet er Schwingungen aus, die in die Umwelt ausstrahlen und so die subtilen Bedingungen schaffen können, unter denen bestimmte Unkrautsamen, die vielleicht schon viele Jahre schlummernd in der Erde liegen, zum Keimen gebracht werden. Plötzlich ist die Pflanze da – hätten wir noch einen guten Instinkt, die Beobachtungsgabe oder die rechte Intuition, würden wir sie erkennen. Die Pflanzendevas, die unsere makrokosmischen Mütter sind, wollen uns helfen. Wir müssen nur gut hinhören.

Versklavte Tiere

Von den rund 400 000 Pflanzenarten, die diesen Planeten bevölkern, haben die Jäger und Sammler schätzungsweise nur ein Prozent genutzt – also um die 4000 Arten. Landwirtschaftlich angebaut wurden sehr viel weniger, insgesamt nur etwa 500 Arten. (Herbig 1988: 120) Neunzig Prozent der Weltbevölkerung ernährt sich jedoch von nur 20 Pflanzenarten. (Steiger 1990: 26) Es sind also relativ wenige Pflanzendevas, die sich auf ein inniges Abhängigkeitsverhältnis zum Menschen eingelassen haben.

Etliche Arten bevorzugen weniger den Menschen, dafür aber bestimmte Tiere. Lockere symbiotische Verbindungen zwischen Pflanze und Tier lassen sich überall ausmachen. Die Gabelböcke (Antilopen) und die bitteren Beifussarten (*prairie sage*) in den Karststeppen der Rocky Mountains sind aufeinander angewiesen. Die riesigen, trampelnden, fressenden, kotenden Büffelherden und die zwei Meter hohen Präriegräser gehören zusammen. Ohne die Büffel sind diese Gräserarten praktisch ausgestorben. Die Symbiose Büffel–Gräser hat jene metertiefen schwarzen Humusböden geschaffen, auf denen die Farmer noch heute Jahr für Jahr Rekordernten hervorbringen. Karibu und Rentierflechte bilden in den Tundren ein symbiotisches System, in das sich die nomadischen Jäger eingeschaltet haben. Und der deutsche Wald kann ohne Hirsche auf die Dauer nicht gesund bleiben; der in Bayern praktizierte Totalabschuss der Hirsche, die angeblich für das «Waldsterben» mitverantwortlich sein sollen, ist unsinnig und erfüllt lediglich eine Alibifunktion. Die Tiere in diesen Ökotopen wirken als Regulatoren. Unter anderem stellen ihre Ausscheidungen für die Pflanzengesellschaften eine Art externes Drüsensystem dar: Kot und Urin enthalten wertvolle Bio-Informationen.

Einige Pflanzenarten stellen noch intensivere Verbindungen zu den Tieren her. Manche Blütenpflanzen machen Insekten süchtig nach dem Nektar, der einer überschüssigen Zuckerproduktion entstammt. Ameisen beschützen jene Pflanzen, deren süsse Saftausscheidungen sie begehren, vor anderen Insekten. Das Schöllkraut spannt die fleissigen Tierchen bei der Verbreitung seiner Samen ein, indem es jeden Samen mit einem zuckersüssen Anhängsel versieht.

Wiederum andere Pflanzen gehen zwecks Fortpflanzung mit den Tieren, vor allem den Insekten, regelrechte Sexualgemeinschaften ein. Sie locken Bienen, Schmetterlinge und Hummeln mit Duft, Farbe und Nektar und lassen sich dabei bestäuben. Die meisten Hibiskusarten locken Kolibris mit knallroten Blütenkelchen. Diese Vögel umschwirren die Blüten und führen ihre langen Schnäbel zum Nektartrinken tief in den Kelch ein, wobei Blütenpollen auf die Kopffedern abstäubt und anschliessend zur nächsten Blüte getragen werden. Sogar Säugetiere werden gelegentlich eingespannt: Bananenblüten laden Fledermäuse zum nächtlichen Rendezvous. Die australische Banksia hält ihren Nektar und ihre Pollen ausschliesslich für ein kleines Beuteltier, den Honigbeutler, bereit. Die Alocasia, ein Aronstabgewächs, lässt sich sogar von der Raspelzunge einer Schnecke liebkosen, um sich zu befruchten. Ein anderer Aronstab ahmt die Ausdünstung warmblütiger Säuger nach, um durstige Stechmücken anzulocken.

Orchideen, die fortgeschrittensten der Einkeimblättrigen, entwickeln in der Partnersuche erstaunliche Raffinesse. Einige Orchisarten erzeugen Sexuallockstoffe und gestalten ihre Kelche zu perfekten Nachbildungen weiblicher Insektenhinterleiber, so dass männliche Käfer oder Wespen in der Hoffnung auf Befriedigung angelockt werden. Bei der Paarung der Zungenorchis und dem Ichneumon-Wespenmännchen kommt es sogar zum Orgasmus der Wespe. Die Kübelorchidee verströmt einen Duft, den Bienen mögen. Das nichtsahnende Tierchen fällt in den Kübel hinein, wobei es sich am Saft berauscht und herumtorkelt. Sofort schaltet die Pflanze ihre Duftproduktion ab. Nach einer halben Stunde ist die Biene wieder nüchtern und kriecht durch einen Schlitz hinaus, wobei ihr Rücken mit Blütenstaub bedeckt wird. (Bristow 1986: 68)

Die grossblütigen, schwerduftenden Orchideen wirken auch auf Menschen aphrodisierend. Bei der amerikanischen High-School-Prom, dem öffentlichen Ball, der das Mündigwerden und zugleich die ersten Sexualkontakte sanktioniert, heften die Boys ihren Tanzpartnerinnen eine knallige Orchidee ans Kleid. Zu deutsch heissen diese faszinierenden Pflanzen Knabenkräuter, da ihre beiden Wurzelknollen an die Hoden junger Männer erinnern. Diese Knollen galten in der Antike als Lieblingsspeise der lüsternen Satyrn, und sie werden noch heute zum Liebeszauber verwendet. Im Denken der Anthroposophen ist die Orchidee lediglich eine «der Wollust verfallene Lilie».

Bei einigen Pflanzen–Tier-Symbiosen ist die Verbindung so innig, dass man die Partner durchaus als «verheiratet» betrachten darf. In monogamer Ehe lebt die *Yucca*, eine Palmlilienart, mit einer Motte (*Tegiticula yuccasella*) zusammen. Das Mottenweibchen legt ihre Eier in den Fruchtknoten und trägt zugleich den Pollen auf die Narbe. Die ausschlüpfenden Larven sind auf die unreifen Samen als Nahrung angewiesen. Damit erweisen sie der Pflanze einen Dienst, denn sie fressen nur die überschüssigen Samen, so dass die anderen genug Platz haben, sich zu entwickeln. Ohne die Yucca gäbe es keine dieser Motten, und umgekehrt müsste die Palmlilie ohne die Motte aussterben.

Ähnlich bei der Feige. Ohne eine kleine Gallwespe gäbe es keine Feigen. Die süss-saftige Feige ist keine Frucht, sie ist eigentlich ein stark verwandelter Blütenstand, der sich nie der Sonne öffnet, sondern stets in sich verschlossen bleibt. Das kleine Gallwespenweibchen zwängt sich am oberen Ende des Stengels in das dunkle Gemach hinein und legt seine Eier auf den winzigen, geschlechtsneutralen Blüten ab. Dann stirbt es. Wenn die Larven in diesem verschlossenen Blütenstand ausgebrütet sind, suchen sich die flügellosen Männchen die Weibchen, begatten sie und sterben ab. Die befruchteten Weibchen kriechen daraufhin durch eine kleine Öffnung aus der Kammer hinaus, werden dabei mit Pollen bestäubt und fliegen zu anderen Feigen, um dort ihre Eier zu legen. Für diese Gallwespe ist die Feige zugleich Wiege, Hochzeitsbett und Grab.

Einen tragischen Fall einer Ehe zwichen einem Baum und einem Vogel wollen wir zum Schluss noch anführen. Auf Mauritius, im Indischen Ozean, gab es einst eine flugunfähige Riesentaube, die Dronte. Da sie ein friedliches Wesen war und nicht vor den Menschen flüchtete, galt sie bei den europäischen Seefahrern, die diese Insel anliefen, als das dümmste Tier überhaupt. Die Portugiesen tauften es Duodo («blöd») und machten sich einen Spass und Zeitvertreib daraus, die wehrlosen Vögel zu erschlagen. 1681 wurde die letzte lebende *Dronte* getötet. Auf derselben Insel wuchs auch ein mächtiger Baum, der *Calvaria major*. Seit dem Verschwinden der letzten Dronte ist kein einziger Same des Calvarienbaumes mehr gekeimt. Nur ein Dutzend Bäume dieser Art gibt es noch, und alle sind älter als dreihundert Jahre. Erst vor einiger Zeit konnte das Geheimnis gelüftet werden. Um zu keimen, müssen die hartschaligen Samen mehrere Tage im Muskelmagen des schwanengrossen Vogels verbringen. Nun ist dank der Mordlust der Seeleute der schöne Baum verwitwet und lebt seine letzten Tage auf der Erde. (Inzwischen versuchen engagierte Botaniker den Calvarienbaum zu retten, indem sie die Samen durch den Verdauungstrakt von Truthähnen zwingen – mit Teilerfolg.)

Lassen wir nun die Beziehung der Pflanzendevas zu den Tieren beiseite, auch wenn es noch viel Interessantes zu berichten gäbe, und wenden wir uns der Rolle zu, welche Pflanzen in allen Kulturen in der Kunst, der Medizin, dem Aberglauben, dem Liebeszauber, der Geschichte und der Symbolik spielen. Wir werden sehen, es ist nicht übertrieben, von ihnen als geradezu göttlichen Mächten zu sprechen.

DIE HEIMLICHEN HERRSCHER

Aus der Perspektive, die wir hier vertreten, nimmt sich die Kulturgeschichte wie der Spielplatz der Devas aus. Die Erde ist ihr Schachbrett, die Menschen die Figuren. Ganze Gesellschaften sind darunter, Bauern, Türme, Reiter, Bischöfe, aber auch Könige und Königinnen. Unser kollektives Ego schmeichelt sich in narzisstischer Selbstbespiegelung mit dem Gedanken, wir seien die Krone der Schöpfung, die einzig intelligenten Lebewesen. Dem ist aber nicht so.

Wer macht Weltgeschichte?

Nehmen wir nur einmal das Beispiel eines eher schmächtigen Kletterpflänzchens, das den Botanikern als *Piper nigrum*, den Eingeborenen als *Mirch* bekannt ist. Im Schatten der Baumriesen der feucht-heissen Monsunwälder Südasiens kriecht es mit efeuartigen Haftwurzeln über Boden und Gebüsch und bedeckt sich mit herzförmigen, dunkelgrün glänzenden Blättern. Die unscheinbaren Blütenkätzchen reifen zu roten Beeren heran, die getrocknet ein scharfes Gewürz abgeben. Die südindische Volksmedizin benutzt die Beeren unter anderem als Schwitzmittel und Verdauungstonikum.

Der typische Tourist auf Safari-Urlaub an der Malabarküste würde diesen mit der Brennessel weitläufig verwandten Kriecher wohl kaum wahrnehmen. Wie sollte er auch ahnen, dass einst die Römer die Partherkriege führten, um die Handelswege offen zu halten, auf denen Karawanen säckeweise die verschrumpelten schwarzen Samenkörner dieser Liane transportierten? Woher soll er wissen, dass sich die Römer später mit einigen Säcken dieser kostbaren Beeren freikauften, als der Hunnenkönig Attila mit der Plünderung und Einäscherung der Ewigen Stadt drohte? Die einmalige Architektur Venedigs, Genuas, Florenz' oder Pisas, auch die Kunstwerke des Michelangelo oder Leonardo da Vinci sind unserem Reisenden sicherlich ein Begriff, aber weiss er, dass diese Städte erst durch den Pfefferhandel zu ihrem Reichtum kamen und dadurch die Renaissance finanzieren konnten? Oder, dass sich wegen dieser schmächtigen Liane waghalsige Unternehmer wie Vasco da Gama oder Magellan auf das unerforschte Meer hinauswagten? Weiss er, dass ihretwegen Kolumbus aufbrach und unverhofft einen neuen Erdteil entdeckte, dass durch sie die Schiffahrt aufblühte, das Zeitalter der Entdeckungen begann und die flache Erdscheibe zur Kugel wurde? Dass dadurch unverhofft das mittelalterliche Weltbild einstürzte, da die Bibel weder zur Neuen Welt noch zu den Rothäuten eine passende Aussage bereit hatte? Wie sähe es heute in der Welt aus, hätten Kolonialismus, Säkularisierung, Welthandel und die bürgerliche Neuordnung ohne den Sog, den diese Pflanze ausübte, überhaupt stattgefunden?

Nehmen wir als weiteres Beispiel ein Riesengras, dessen Saft dermassen köstlich süss und verführerisch schmeckt, dass es die Inder, die es zuerst kennenlernten, als Verkörperung des Liebesgottes Kama verehren. Dieser erotische Jüngling zieht im Frühling mit einem Zuckerrohrbogen aus und schiesst seine Pfeile auf Menschen, Götter und Tiere ab, was zur Folge hat, dass sie nur noch an die sinnliche Liebe zu denken vermögen. Die Mythe erzählt, wie sich Kama, den Zuckerrohrbogen zur Hand, an den aschebedeckten Asketen Shiva heranschlich, um auch in ihm süsse Liebesträume zu erwecken. Der meditierende Gott öffnete jedoch sein Drittes Auge und vernichtete den Verführer mit einem Blitzstrahl.

Der aus dem Rohr gewonnene Zucker (von Sanskrit *Sakara*, «Kieselsteinchen») galt den alten Indern als mineralgewordenes Licht. Von Indien aus eroberte das tropische Rispengras die Welt. Im 7. Jahrhundert erreichte es Ägypten, im 8. Jahrhundert wanderte es nach Spanien und im 16. Jahrhundert gelangte es nach Amerika.

In kleineren Dosierungen ist der Zucker ein guter Energiespender und eine Gaumenfreude. Das ist aber nur die eine Seite. Hinter der Lust, die dieser Deva bereitet, steckt auch unermessliches Leid. Hauptsächlich für den Zuckeranbau wurden die Indianer der Karibik ausgerottet und Afrika mit Chaos überzogen. Schätzungsweise zwanzig Millionen Afrikaner wurden als Arbeitstiere auf karibische Plantagen verschifft – Dreiviertel davon auf Zuckerrohrplantagen. Pro Tonne Zucker wurde ein Sklave «verschlissen». Für die Menge Kandis, die 250 aufrichtige christliche Engländer pro Jahr zum Süssen ihres Tees und ihrer Kekse brauchten, musste jeweils ein schwarzer Arbeiter sein Leben lassen. (Hobhouse 1992: 95) Trotzdem wurden die Karibischen Inseln wegen diesem süssen Deva so schwarz wie Afrika. Wir könnten uns fragen, ob wir ohne diese Pflanze Calypso oder Reggae, Bob Marley oder Peter Tosh hätten. Hätte es einen Fidel Castro gegeben und eine Raketenkrise, welche die Menschheit knapp an den Rand eines nuklearen Holocaust führte? Was wäre mit den Seeleuten ohne den aus Zuckermelasse gebrannten Rum? Wie stünde es um die Zahnärzte? Die Karieskatastrophe fing in England mit dem zunehmenden Zuckerkonsum an. Auch Rheuma, Arthritis und einige Krebsarten lassen sich auf übermässigen Zuckerkonsum zurückführen. Kinder mit zu hohem Zuckerkonsum werden missmutig und aggressiv. Die Pflanze von «strahlender Lichthaftigkeit» – so bezeichnete sie Rudolf Steiner einmal – erweist sich als gefährliche, leidenerzeugende Droge. Sicherlich hatte Shiva recht, diesem verführerischen Deva Einhalt zu gebieten.

Wir könnten noch viele Pflanzendevas anführen, die unsere Kulturgeschichte und das Geschick des einzelnen mit göttlicher Macht bestimmt haben. Da ist die Kartoffel, ein Nachtschattengewächs aus den Anden, welches die Inkas mit dem grausamen Jaguargott in Verbindung brachten. Die absoluten Herrscher im Europa des 18. Jahrhunderts entdeckten in der Knolle ein billiges Nahrungsmittel für Sklaven, Fabrikarbeiter und Soldaten der Massenarmeen. Die Kartoffel erzeugt mehr Nährwert pro Hektar als irgendeine andere Kulturpflanze und das mit weniger Arbeitsaufwand: pro Hektar 750 Millionen Nahrungskalorien; ein Hektar Weizen dagegen bringt nur 450 Millionen Kalorien. (Weatherford 1988: 67). Wegen dieser Knolle oder, genauer gesagt, wegen dem Ernteausfall in der Mitte des 19. Jahrhunderts wanderten mehrere Millionen halbverhungerte europäische Bauern und Handwerker nach Amerika aus. In Irland zum Beispiel wurde die Bevölkerung infolge der Kartoffelfäule halbiert. Die Nachkommen dieser «Kartoffelflüchtlinge» machen die grosse Mehrheit der heutigen US-Bürger aus. Auf diese Weise hat der Kartoffel/Jaguardeva den durch das Abschlachten der Ureinwohner entstandenen Bevölkerungsverlust in der Neuen Welt wieder wettgemacht.

Wie stünde es mit dem Automobilzeitalter ohne den «Baum-der-weint»? So nennen die brasilianischen Indianer den Gummibaum (*Hevea brasiliensis*), der die Kautschuksammler in die Urwälder des Amazonas lockte.

Hätten sich bornierte Kolonialbeamte und Missionare in die feucht-heissen Tropen gewagt, und gäbe es den heutigen Tropentourismus ohne den Chinarindenbaum (*Cinchona succirubra*)? Der Cinchonadeva besiegte das Wechselfieber (Malaria), welches im 17. Jahrhundert weltweit als die häufigste Todesursache grassierte, und ermöglichte es den Weissen überhaupt erst, ungestraft den Dschungel zu bereisen und zu bewohnen, ohne dem Fieber zu erliegen.

Und wo wäre unsere Zivilisation ohne einen nahen Verwandten des Chinarindenbaumes, nämlich den Kaffee, der ebenfalls ein Rötegewächs (*Rubiaceae*) ist. Ohne die aus den gerösteten Kaffeebeeren gewonnene zerebral stimulierende Droge wären diese Zeilen nicht geschrieben worden, und mancher Zeitungsredakteur müsste die Feder aus der Hand legen. Was wäre der Buddhismus ohne den ständigen Einfluss des Devas des Teestrauches, dessen überbrühte Blätter immer wieder die «guten Geister» wecken? Wäre es ohne den Mais und die Bohnen aus Amerika, welche die Spanier und Portugiesen in Afrika und Asien verbreiteten, zur weltweiten Bevölkerungsexplosion gekommen? Und was haben die Devas der Baumwolle, des Tabaks, der Zuckerrübe, des Hanfs, der Korkeiche, der Erdnuss – die Liste kann beliebig verlängert werden – unter den Menschen alles bewirkt!

Aber nicht nur solche illustren Weltstars, sondern auch unscheinbare, unbedeutende Unkräuter, die Mauerritzen, verlassene Gartenbeete oder Wegränder besiedeln, besitzen eine kaum vermutete Macht. Geht man ihnen nach, entdeckt man, dass auch sie gelegentlich das Geschick ganzer Völker verändert haben.

Philanthropen

Nehmen wir das oben Geschilderte zur Kenntnis, dann ist es nicht mehr befremdlich, wenn Eingeborene, Schamanen und Mystiker von den Pflanzengeistern als machtvollen, selbstbewussten Persönlichkeiten sprechen. Wie der Mensch hat auch der Deva ein ansprechbares Ich. Jeder Deva hat seinen Willen, seine Aufgaben, seine Ziele und ein Schicksal, das er oft mit seinen Familienmitgliedern teilt.

Es ist zwar Bildsprache, aber keineswegs bloss Fantasy-Erzählung oder Science Fiction, wenn man von Familien, Sippen oder ganzen Völkern der Pflanzendevas spricht. Der empirische Spiegel solcher Gruppierungen ist die natürliche Taxonomie, wie sie Carl von Linné (Linnaeus) festlegte. Die genetischen, entwicklungsgeschichtlichen Verwandtschaften unter den Devas finden ihr Abbild in der wissenschaftlichen Aufgliederung in Arten, Gattungen, Familien, Ordnungen und Klassen. Die Pflanzensoziologie spricht von Sympathien und Antipathien, von Freundschaften und Feindschaften unter den Pflanzen. Manche, wie die Buche und der Waldmeister, wachsen gerne beieinander, andere wiederum, wie die Kartoffel und die Sonnenblume, meiden einander. Jeder Deva hat seine Charaktereigenschaften in Bezug auf Standort, Klima und das Verhältnis zu anderen Lebewesen. Am meisten interessiert uns in diesem Zusammenhang die Beziehung dieser Pflanzenengel zum Menschen.

Einige der Devas scheinen eine ganz besondere Zuneigung zum Menschen zu haben. Es sind die wenigen Gattungen der echten Heilpflanzen und die noch geringere Zahl der Nahrungspflanzen. Erlauben wir uns einen kurzen Überblick über die wichtigsten Familien dieser Philanthropen:

1. *Süssgräser* (*Gramineae*) wie Roggen, Weizen, Gerste Hafer, Reis, Mais und Hirse. Selbstlos opfern sie sich dem Menschen und geben ihm Kraft und Inspiration.

2. *Nachtschattengewächse* (*Solanaceae*): Ihnen verdanken wir Nahrungspflanzen wie Kartoffeln, Tomaten, Eierfrucht (Aubergine), Gewürze wie Paprika und Cayennepfeffer und auch Genuss- und Rauschgifte wie Tabak, Bilsenkraut, Stechapfel oder Tollkirsche. Letztere sind richtige Zauberpflanzen. Ohne Tabak wagte kein Indianer, den Geistern nahezutreten. Bilsenkraut und Tollkirsche, bekanntlich Bestandteil der Hexensalben, lockern die Seele vom Leib und lassen sie, wie es die Walpurgisnachtgeschichten schildern, in der Astralwelt herumflattern. Dieser Familie wurde der Name Nachtschatten gegeben, weil die giftigsten unter diesen Pflanzen der Seele Augen verleihen, mit denen die Schatten oder Schratten der Nacht sichtbar werden.

3. *Rosenblütler* (*Rosaceae*): Wie keine andere Pflanzenfamilie überschütten uns die Rosengewächse mit einem Füllhorn süsser, vitaminreicher Früchte. Die fleissigen Bauern des neolithischen Persien machten es sich zur quasi religiösen Aufgabe, aus dornigen Büschen und Bäumchen edle Obstsorten hervorzubringen. Es war der diesem Volk innewohnende Geist Zarathustras, der sie beflügelte, die ihrer Ansicht nach vom Widersacher verdorbene Natur zu befreien und zu veredeln. Äpfel, Aprikosen, Birnen, Kirschen, Mandeln, Mispeln, Quitten, Pflaumen, Pfirsiche und Zwetschgen entsprangen dieser Fürsorge. Auch Beerenobst wie Himbeeren, Brombeeren und Erdbeeren gehören zum Rosendeva.

4. *Kreuzblütler* (*Brassicaceae*, früher *Cruciferae*): Dieser Deva schenkt uns Radieschen, Raps, Steckrüben, Senf, Meerrettich, die vielen Kresse- und Kohlsorten – Blumenkohl, Kohlrüben, Rosenkohl, Brokkoli, Kohlrabi, Weisskohl, Wirsing. Kreuzblütler, ausgerüstet mit feurigen Schwefelölen, vermögen dort zu wachsen, wo die Tage kühl

und trübe sind, wie etwa in Mittel- und Nordeuropa. Die Deutschen haben eine besonders gute Beziehung zu diesem Deva. Das viele Kohl- und Sauerkrautessen hat ihnen bei den Angelsachsen sogar den Spitznamen «Krauts» eingebracht. Und was wäre die Rostbratwurst oder die Wienerwurst ohne eine gehörige Gabe Senf, oder die bayrische Mass Bier ohne geraspelten Schwarzrettich.

5. *Korbblütler* (*Compositae*): Wieder ergiesst ein Deva ein Füllhorn der Güte über unsere Gärten, Wiesen und Felder. Salate, Zichorien und Endivien schenkt er uns, Öle, wie die der Sonnenblume und der Färberdistel, und Gemüse, wie Artischocken, Kohldisteln, Topinambur, essbare Klettenwurzeln (*Lappa edulis*), Schwarzwurzeln und Haferwurzeln. Dazu kommen unzählige Prachtblumen (Dahlien, Strohblumen, Kosmeen, Ringelblumen, Tagetes, Astern) und die allerbesten Heilpflanzen (Schafgarbe, Kamille, Frauenmantel, Beifuss, Kunigundenkraut, Löwenzahn, Arnika und viele andere). Korbblütler stellen die höchstentwickelten zweikeimblättrigen Pflanzen dar, sie sind sozusagen die «Primaten» der Pflanzenwelt. Sie bündeln viele Einzelblüten zu einer harmonischen «Oberblüte» – für die Utopisten und Spiritisten des 19. Jahrhunderts ein treffendes Symbol einer differenzierten, aber zugleich harmonischen Gesellschaft.

6. *Schirm- oder Doldenblütler* (*Apiaceae*, früher *Umbelliferae*): Auch diese Doldengewächse schenken uns feine Gemüse (Karotte, Sellerie, Pastinake, Petersilienwurzel, Fenchel, Zuckermerk), Gewürze (Kümmel, Anis, Koriander, Dill, Kerbel, Liebstöckl, Petersilie u.a.) und wertvolle Heilmittel, die vor allem auf die Drüsen und den Wasserhaushalt des Körpers einwirken. Einige wie die Engelwurz regen die Drüsen an, andere wie der gefährliche Schierling unterbinden ihre Tätigkeit.

7. *Schmetterlingsblütler* (*Papilionaceae* oder *Leguminosae*): Die Devas der stickstoffgierigen Schmetterlingsblütler geben uns die wertvollen Hülsenfrüchte (Bohnen, Erbsen, Kefen, Linsen, Soja, Erdnüsse, Johannisbrot). Diese Samen enthalten so viel Aminosäure, dass sie in Kombination mit Getreide das Fleisch auf dem Speisezettel ersetzen können. Für die Massen der armen Bauern in den Drittweltländern sind die Hülsenfrüchte die wichtigste Eiweissquelle; Bohnen und Maistortillas halten die lateinamerikanischen Campesinos am Leben, in Indien sind es Linsen (*Dal*) mit Reis oder Weizen, in China ist es die Sojabohne, in Anatolien die Kichererbse.

8. *Liliengewächse* (*Liliaceae*): Lilien, Zwiebeln, Knoblauch, Lauch (Porree) und Schnittlauch sind vitaminreich und stärken unsere Ab-

wehrkräfte. Zudem sollen sie böse Geister vertreiben: Wie jeder Drakula-Fan weiss, hält Knoblauch die Vampire fern, und wer zu Walpurgis eine kräftige Bärlauchsuppe isst, dem wird keine Hexe ein Leid antun können.

9. *Gänsefussgewächse* (*Chenopodiaceae*): Die Gänsefussdevas, zu denen Spinat, Rote Bete (Rande), Mangold und Zuckerrübe gehören, waren ursprünglich vor allem in den alkalischen Steppen Asiens zuhause, doch fühlen sie sich auch in unseren Gärten und Äckern recht wohl. Sie enthalten, wie etwa die Melde, soviel Salz, dass man gar nicht mehr zu salzen braucht, wenn man sie als Gemüse kocht, oder sie enthalten besonders viel Zucker wie die Zuckerrübe. Der Spinatdeva hat sich in der Gestalt des Popeye einen festen Platz in der amerikanischen Psyche erobert. Die Rote Bete dagegen hat sich als Hauptzutat des Borschtsch mit der russischen Seele verbündet.

10. *Kürbisgewächse* (*Cucurbitaceae*): Die Devas dieser Familie erscheinen in den aufgedunsenen, wässrigen Gestalten der Kürbisse, Gurken, Wasser- und Zuckermelonen. Für die Indianer ist der Kürbis neben Mais und Bohnen eine der «drei Schwestern», die durch ein Loch vom Himmel herabfielen und auf der Erde pflanzliche Gestalt annahmen.

11. *Rautengewächse* (*Rutaceae*): Eine zunehmend wichtige Rolle spielen die Rautendevas in den nördlichen Breiten. Zitrusfrüchte wie Orangen, Zitronen oder Grapefruits stärken unsere Immunkräfte und helfen uns, ohne Skorbut durch den Winter zu kommen.

Natürlich liesse sich die Liste erweitern. Faserpflanzen, Färbegewächse, Duftpflanzen, Öl- und Baustofflieferanten wären genauso zu erwähnen wie andere exotische Nahrungspflanzen. Ethnobotaniker schätzen die Zahl der Nahrungspflanzen, die den jagenden und sammelnden Frühmenschen zur Verfügung standen, auf drei- bis sechstausend Arten. Sie hatten also, wie auch die wenigen verbliebenen Wildbeuter unserer Tage, eine reichlichere Auswahl und eine umfassendere Diät.

Genien der Völker

Es gibt auch Devas, die sich nicht mit der gesamten Menschheit, sondern eher mit bestimmten Völkern und Kulturen verbinden. Man denke zum Beispiel an die überragende Rolle, die der Bärlapp, die Mistel oder das Eisenkraut in Kult, Mythos und Heilkunde der Kelten spielte. Im Mittelmeerraum war es vor allem der Ölbaumdeva, der – nach Ansicht der Urgeschichtler – dazu beitrug, dass die dort herumschweifenden Wildbeuter sesshaft wurden. So heilig war der silberblättrige Baum den mediterranen Völkern, dass sie mit seinem Öl ihre Könige, Götterbilder, Steinfetische und sogar die Sterbenden salbten. Die Bezeichnungen Christus (griech. *khristos*) und Messias (hebr. *mashiah*) haben beide dieselbe Bedeutung: «der (mit Baumöl) Gesalbte».

Vor 2500 Jahren drang der aus Asien kommende Weindeva in den gleichen Kulturkreis ein. Er erschien als Gegenbild des milden Gesalbten in der Gestalt des Dionysos, des wilden Weingottes. Da er das Volk in Raserei und Ekstase versetzte und den Wahnsinn zu verkörpern schien, wurde sein Kult mit allen Mitteln der staatlichen Macht bekämpft. Aber kein Verbot konnte ihn aufhalten. Inzwischen ist er gezähmt und hat seinen festen Platz an jeder Fürstentafel und auf jedem Bauerntisch.

Die Identität der Huitchol-Indianer der Sierra Madre (Mexiko) ist wiederum geprägt durch den ständigen Kontakt mit der Grossmutter *Tatei-Hikuli*, dem Deva des *Lophophora*-Kaktus. Diese, als Peyote bekannte Wüstenpflanze, die sich gelegentlich in der Gestalt eines Hirschs zeigt oder sich im Feuer verkörpert, ist der Lehrer dieses Indianerstammes.

Die australischen Ureinwohner wiederum haben eine besondere Beziehung zum *Piturideva* (*Duboisia hopwoodi*). Während den meisten Weissen beim Kauen dieses Nachtschattengewächses speiübel wird, öffnet die Pflanze den Aborigenes das Tor zu den Urbildern der ewigen Traumzeit.

Die Zigeuner sehen sich als Kinder des Stechapfeldevas. Viele Ethnobotaniker glauben, der Stechapfel (*Datura stramonium*) sei im Mittelalter mit den Zigeunern nach Europa gelangt. Der Pflanzenkenner Ritter von Perger vertritt die Ansicht, dass alle Künste der Zigeuner auf der genauen Kenntnis der Säfte des Stechapfels beruhen. (Perger 1864: 183) Eine vom Zigeunerforscher Heinrich von Wliskocki wiedergegebene Sage erzählt vom Ursprung der Zigeuner:

«Einst heiratete ein heilkundiger Zauberer eine Frau unter der Bedingung, dass sie ihm ohne Widerspruch gehorche. Ständig war der Mann unterwegs, um den Kranken zu helfen. Einmal kehrte er spät in der Nacht erschöpft von einem Krankenbesuch heim. Er bat seine Frau, ihn am nächsten Morgen rechtzeitig zu wecken, da er einen weiteren Patienten besuchen wollte. Da er aber besonders tief schlief, brachte es die Frau nicht übers Herz, ihn zu wecken, sondern liess ihn bis Mittag ausschlafen. Dieser Ungehorsam erboste ihn so sehr, dass er sie verfluchte und mit diesen Worten in eine Stechapfelpflanze verwandelte: ‹Werde nun eine Pflanze, die von Tieren und Menschen gemieden in ihrer Frucht so viele Körner enthält, als du Kinder auf die Welt gebracht hast. Deine Kinder sollen die ganze Welt durchwandern und dich überall hinführen!› Hierauf verschwand der Magier, und aus der Frau entstand der Stechapfel, den ihre zahlreichen Kinder mit sich in die Welt führten und überall verbreiteten. Man sagt, die Zigeuner stammen von den Kindern dieses Ehepaares ab.» (Senger 1987: 36)

Der Igel ist den Zigeunern heilig, weil er stachelig wie ein Stechapfel ist. Er ist der Daturadeva in Tiergestalt.

PERSÖNLICHE FREUNDSCHAFTEN

Nicht nur mit der Menschheit insgesamt oder mit einzelnen Völkern gehen die Pflanzendevas eine Verbindung ein. Sie befreunden sich gelegentlich auch mit einzelnen Personen. Eine Lieblingsblume, das Lieblingsgemüse oder die Heilpflanze, zu der man immer wieder greift, können Ausdruck einer solchen Beziehung sein.

Der hochgebildete polnische König Stanislaus I. Leszcynski (1677–1766) beteuerte immer wieder, er verdanke seine Schaffenskraft und seine Gesundheit dem Waldmeister (*Galium odoratum*). Täglich nahm er eine Tasse des krampflösenden, durchblutungsfördernden, leber- und gallewirksamen Tees zu sich.

Waldmeistergebräue wurden seit heidnischen Zeiten getrunken. Vor allem zum Maienfest mischte man das Kraut in die berauschenden Getränke, denn dann feierte man zusammen mit den Naturgeistern das Vermählungsfest der Göttin mit dem Sonnengott. Dieser Deva ist wahrlich ein «Meister des Waldes»! Wer meditativ die Wirkung des Waldmeistertrunks verfolgt, wird erkennen, dass er die Waldgeister, die Elfen und die Elementarwesen spürbar näher herantreten lässt. Vielleicht war es auch die Inspiration dieser übersinnlichen Waldwesen, die den polnischen König zum eifrigen Patron der Kunst und Wissenschaft machten.

In unseren Tagen, in denen man kaum mehr etwas von Waldgeistern wissen will, gerät auch diese hübsche Waldpflanze in Verruf. Ihr Cumaringehalt, der ihr beim Trocknen den angenehmen Duft gibt, soll angeblich Leberkrebs verursachen. Die von den Kindern einst so geliebte Waldmeisterbrause ist deswegen vom Markt genommen worden. Inzwischen zeigen Versuche mit Kaninchen, dass sich dieser Verdacht nicht bestätigen lässt, sondern eher auf Panikmache durch die Presse und Interessen der pharmazeutischen Industrie zurückgeht. (Weiss 1982: 38)

Im Jahre 1685 wurde das erste Kaffeehaus in der weltoffenen, liberalen Messestadt Leipzig eröffnet. War es Zufall, dass im selben Jahr Johann Sebastian Bach geboren wurde? Die zahlreichen Choräle, Messen und Klavierkonzerte des Thomaskantors verraten eindeutig die Inspiration des Kaffeedevas, einer abessinischen Pflanze, die wir hauptsächlich in der Form ihrer aromatisch duftenden gerösteten Bohnen kennen. Bachs geniale Kompositionen kann man eigentlich erst dann richtig geniessen, wenn man dazu ein Schälchen guten Bohnenkaffee trinkt. Der Kaffee macht wach und geistig rege, so dass die Fugen und Tokkaten zum reinen Vergnügen werden und man die musikalischen Höhenflüge mit Engelsschwingen begleiten kann. Der Grossteil seiner Kantaten ist von christlicher Spiritualität geprägt, und dennoch liess er es sich nicht nehmen, eine Kantate zum Lobe seines Lieblingsgetränks zu komponieren. Da singt die kaffeesüchtige Heroine:

«Ei, wie schmeckt der Coffee süsse
lieblicher als tausend Küsse
milder als Muskatenwein.
Coffee, Coffee muss ich haben,
und wenn jemand will mich laben,
ach so schenkt mir Coffee ein!»

Auch wenn wir es heute eher amüsant finden, zeugt die Kaffee-Kantate von einer recht progressiven Gesinnung. Denn nicht nur herrschte derzeit das Bier als Hauptgetränk unangefochten in deutschen Landen, auch die Obrigkeit hatte bezüglich des schwarzen Gebräus ihre Bedenken. Zuviel Geld floss für Kaffeeimporte ins Ausland, und in den Kaffeestuben kam es zu animierten Diskussionen, in denen auch gelegentlich die absolute staatliche und kirchliche Autorität in Frage gestellt wurde. Das unerlaubte Rösten von Kaffee sollte durch ein ganzes Heer von staatlich besoldeten «Kaffeeriechern» verhindert werden. (Schulze 1985: 63) Der Kaffeedeva hat natürlich gesiegt. Bald erlag die ganze Welt dem Getränk. In Sachsen wurde der Kaffee sogar so etwas wie ein «heiliges Getränk», zum Inbegriff der Gemütlichkeit. Eine ganze Porzellanindustrie widmete sich dem nötigen Zubehör. Das Gerücht geht um, dass es vor allem die horrenden Kaffeepreise waren, die die Sachsen aus ihrer Ruhe brachten und zum Sturz des DDR-Regimes führten.

Eine bemerkenswerte Freundschaft entwickelte sich zwischen dem Schöllkraut (*Chelidonium major*) und einem armen Kräuterheiler aus der Gascogne. Eines Tages beobachtete Camille Mességué, wie eine Schwalbenmutter ihren Jungen einen Schöllkrautstengel ins Nest trug. Er nahm sich die Zeit, ihr genauer zuzusehen und beobachtete zu seinem Erstaunen, dass das Kräutlein nicht etwa als Nahrung für die Jungen diente, sondern, dass sie ihnen den Kopf damit einrieb. Diese öffneten dann plötzlich die Augen und konnten sehen. Der Schöllkrautdeva belohnte seine Aufmerksamkeit reichlich. Er brachte der armen Landfamilie Ruhm und Reichtum. Könige, Kanzler und Kardinäle besuchen inzwischen den renommierten Nachfahren Maurice Mességué.

Der alte Camille lernte von der Pflanze, dass er mit ihr alles heilen konnte. Er sagte seinem Sohn: «Beim Schwalbenkraut kannst du alles benützen, das Blatt, die Blüte, die Stengel, die Wurzel; es heilt alle Leiden!»

Als der Vater starb, wurde der kleine Maurice in ein Internat gesteckt. Eingekerkert hinter den hohen Mauern des Schulhofs, wurde ihm bange. Nur drei Bäume gab es da, «sie waren Gefangene wie ich, Prügelknaben der Buben; voll von Rissen, mit Füssen getreten, sahen sie aus wie kranke Kettenhunde (...) der Boden war steinhart, misshandelt von den Schuhen der Schüler; hier konnten keine Pflanzen wachsen!» Aber da – es war ein Wunder! – in einer Mauerritze sah der verzweifelte Junge ein winziges Schöllkraut wachsen: «Die Fee meines Vaters!» Sie gab ihm wieder Hoffnung und wurde sein Talisman während der qualvollen Schulzeit.

«Niemand hat das Schwalbenkraut je so viel verwendet wie mein Vater oder ich», erzählt der französische Kräuterheiler, «allgemein benützt man seinen Saft äusserlich gegen Warzen, Augenleiden, skrofulöse Tumore, skorbutische und atonische Geschwüre. Ich hingegen habe es in all meinen Mixturen.» (Mességué 1988: 19)

Von einer sonderbaren Freundschaft mit einer Pflanze erzählte mir ein Jazz-Musiker aus New Orleans. Er kann die schrägsten und sahnigsten Töne aus seiner Klarinette hervorzaubern – ein echter Voodoo-Mann, obwohl er weisser Hautfarbe ist. Als sein Geheimnis vertraute er mir an, dass er täglich eine oder mehrere Portionen Okra (Abelmoschus, *Hibiscus esculentus*) esse. Er habe das Gefühl, das schleimige Gericht aus den unreifen Schoten dieser Hibiskusart bringe ihn «in the groove», auf die richtige Wellenlänge; es mache seinen Sound geschmeidig. Nun ist es eine bekannte Tatsache, dass viele Künstler, Schamanen oder Mitglieder bestimmter Kulte sich an oft recht eigentümliche Nahrungsvorschriften halten, um den von ihnen erwünschten Bewusstseinszustand zu erhalten. Und so war es sicherlich auch bei diesem Musiker.

Wie alle Malvengewächse zeichnet sich Okra oder Gumbo durch reichliche Schleimbildung aus. In der ganzen Welt finden deswegen Hibiskusarten medizinische Anwendung. Der Schleim ist ein Emolliens, das Gewebeentzündungen lindert und Verhärtungen entgegenwirkt. Es findet Anwendung bei Erkrankungen des Verdauungstraktes und der Lungen. Gesunde Lungen sind für einen Blasinstrumentalisten, der in verrauchten Nightclubs spielt, besonders wichtig. Die schleimvermehrende Wirkung der Hibiskusarten soll nach indischer und afrikanischer Auffassung aber auch den Schleim und den Samen in den Genitalorganen vermehren können. Etliche Hibiskusarten werden als sexuelle Stärkungsmittel eingesetzt. Vom *Hibiscus moschatus* heisst es, er gebe selbst einem Achtzigjährigen seine Manneskraft wieder.

Okra oder Gumbo ist – wie schon die Namen verraten – eine ursprünglich afrikanische Gemüsepflanze. Sie ist Bestandteil des *soul food* der Afroamerikaner. In den Südstaaten wird ein Schwarzer gelegentlich noch immer als «Gumbo» betitelt. Auch der Jazz ist ursprünglich aus afrikanischer Musik hervorgegangen. Jazz, eine Abwandlung des englischen Wortes *jizz* oder *jizzum*, ist ein Vulgärausdruck für das Ejakulat, für den lebenstragenden Schleim, aber auch für das rhythmische Kopulieren.[14]

Mit Hilfe des Okradeva bleibt dieser Jazz-Klarinettist, wie er selber zugibt, auf jener Wellenlänge, die es ihm erlaubt, heisse und coole afrikanische *riffs* herauszublasen. Mit Hilfe des Deva ist er selber ein «Gumbo», ein Voodoo-Musiker geworden.

Wenn man solchen Dingen nachgeht, tun sich merkwürdige Zusammenhänge auf. In Aigues Vertes, der anfangs erwähnten Dorfgemeinschaft für geistig Behinderte, lebte ein Kleinwüchsiger namens Eric. Er konnte sich über Heideggers Existenzphilosophie ebenso wie über Nuklearphysik unterhalten und spielte virtuos Klavier – wegen seiner zierlichen Hände aber hauptsächlich die Partituren, die einst Vater Mozart für den kleinen Wolfgang Amadeus geschrieben hatte.

Erics schmächtiger Leib konnte den Genius, der in ihm lebte, kaum verkraften, was oft zu Jähzornausbrüchen und Asthmaanfällen führte. Seine grösste Leidenschaft war das Sammeln von Silberdisteln (Eberwurz, *Carlina acaulis*). Förmlich geifernd, riss er die geschützte Wildpflanze aus dem Boden, wo immer er sie antraf. Als Sohn eines Ordinarius für Physik meinte er, er könne sich das erlauben. Mit den silberglänzenden Wetterdisteln schmückte er die Wände und Regale seines Zimmers. Seine Pfleger fanden das recht drollig. Er schien ihnen selber wie eine menschgewordene Eberwurz, ein stacheliges Rühr-

14 In Indien wird der Elefantengott Ganesha, der im untersten Chakra im Unterleib seinen Sitz hat und dessen Rüssel als Penis aus der Leibeshöhle herausragt, mit roten Hibiskusblüten verehrt. Auch in Indien gilt Okra als ein Schleim und Samen vermehrendes Gericht.

mich-nicht-an. Wie die Wetterdistel, die ihren Blütenkopf bei Sonnenschein öffnet und an trüben Tagen verschliesst, leuchtete seine Seele auch gelegentlich hervor, verschloss sich aber ansonsten in Eigenbröteleien. Auch physisch glich er der kurzstengeligen Pflanze. Die Bezeichnung der Art, *acaulis* («ohne Hals», stengellos) könnte ohne weiteres zu Eric passen, denn sein Kopf schien unmittelbar am Rumpf befestigt.

Es ist oft so, dass die Lieblingspflanze eines Menschen diesem auf verblüffende Art und Weise ähnelt. Kakteenzüchter sind nicht selten sensible, misanthrope Dickschädel, die sich mit unsichtbaren Stacheln umgeben. Orchideenliebhaber sind oft Erotomanen. Unter den Beinwell- oder Comfreyfreunden befinden sich ungewöhnlich viele alternativ gesinnte Alt-Hippies. Begonienliebhaber sind meist zarte, empfindsame, liebe Seelen. Bei Eric schien es aber mehr zu sein.

Einst glaubte man, mit der Eberwurz liesse sich die Kraft anderer Lebewesen abzapfen. Schon Albertus Magnus (1193–1280), der dominikanische Magier, beschrieb, wie man mit Hilfe dieser Distel die Stärke eines Pferdes auf einen Menschen übertragen kann.[15] Paracelsus berichtet von der Eberwurz: «... wenn sie am Wirken ist, worin sie dem Mond gleicht, so zieht sie von einem anderen die Kraft aus und gibt sie demjenigen, der sie während dieser Zeit trägt.» (Paracelsus 1988: 52) Er selber habe einen Mann gesehen, der ein drei Zentner schweres Fass von Ruffach nach Sulz im Elsass trug. Die zwölf Männer, die ihn begleiteten, konnten nicht mithalten und blieben schliesslich erschöpft liegen, denn die Wurzel, die der Fassträger bei sich hatte, hatte ihnen alle Kraft genommen. Ähnliches erwähnt Hieronymus Bock, Autor des *New Kreutterbuch* (1539): «Man gibt dieser Wurzel zu, so jemand sie bei ihm trag, und mit einem anderen übers Feld gehe, demselben soll die Kraft entzogen werden durch diese Wurzel. Glaube es wer da will!»

War etwa der kleinwüchsige Eric ein Genie, das von okkulten Zusammenhängen wusste, die die anderen nicht einmal erahnen konnten? Eric war ein schwieriger Fall, der viel Geduld und Energie forderte. Seine oft erschöpften Pfleger hätten diesen Gedanken, hätten sie davon gehört, sicherlich nicht ohne weiteres von der Hand gewiesen.

15 Albertus Magnus schreibt: Man nehme den Samen eines Hengstes, der in einer Stuterei leicht zu erhalten ist, und vermische denselben mit guter Erde. In diese pflanze man schwarze Eberwurz und lasse sie aufwachsen. Ein Mensch, der hiervon gegessen, auch davon bei sich trägt und sich eine Zeitlang im Stalle, wo starke Pferde befindlich sind, aufhält und darin schläft, benimmt den Pferden von ihrer Kraft und eignet sie sich zu. (Bächtold-Stäubli II 1987: 530)

Noch ein kurzes Beispiel dieser Art ist der Erwähnung wert. In unserem Garten in Aigues Vertes kamen gelegentlich Vagabunden, Hippies und reisende Studenten vorbei. Oft blieben sie einige Monate, um ihre Arbeitskraft gegen Brot und Bett einzutauschen. Eines Tages klopfte ein langhaariger Schotte an die Tür des Gartenhauses. Der junge Mann aus Glasgow war geckenhaft bunt gekleidet und stets zum Scherzen aufgelegt. Er machte sich nützlich, indem er jeden taufrischen Morgen die Nacktschnecken einsammelte und mit seiner lustigen Art die Gärtner immer wieder zum Lachen brachte. Er sei fahrender Künstler, beteuerte er. Eigentlich jedoch – das gestand er mir später – sei er, wie auch sein Vater und Grossvater vor ihm, ein Dieb.

Eines Tages säten wir ein grosses Beet Petersilie ein. Wir teilten das Beet in zwei Hälften, wovon ich die eine und er die andere Seite einsäte. Von der Petersilie heisst es, sie fahre zur Hölle hinab und wieder hinauf: So lange dauert es, bis die Saat keimt. In katholischen Landen sagt man, die Petersiliensamen reisen erst zum Petersdom nach Rom, um sich vom Papst die Erlaubnis zu holen aufzugehen. Als die Petersilie endlich keimte, stellte ich enttäuscht fest, dass seine Beethälfte gesund und ebenmässig aufkeimte, derweil es auf meiner recht mickrig aussah. Eine alte Französin sagte mir, dass Petersilie von einem Narren oder einem Lügner gesät werden müsse, damit sie gleichmässig aufläuft und gut gedeiht. Nun verstand ich – oder glaubte wenigstens zu verstehen. Andererseits besagt der Aberglaube, wenn die Petersilie schlecht aufgehe, dann zeuge das vom losen Mundwerk der Person, die ihn gesät habe. (Bächtold-Stäubli, Bd. VI, 1987: 1528) Aber zum losen Mundwerk würde ich mich nicht bekennen.

Wir sehen also, einige Pflanzendevas scheinen auf bestimmte Persönlichkeitstypen anzusprechen. Das ist übrigens auch der Grundsatz, von dem Edward Bach ausging, als er 38 Wildpflanzen mit 38 archetypischen «Seelenprogrammen» in Beziehung brachte. Durch eine Art innere Resonanz werden positive Informationsimpulse von der jeweiligen Blütenessenz auf den entsprechenden Typus übertragen. Diese Pflanzen, aus denen die Blütenmittel hergestellt werden, haben sozusagen die Fähigkeit, den jeweiligen Menschentypus auf eine ihm entsprechende höhere Schwingungsfrequenz zu bringen. (Scheffer 1993: 26)

DER ALTE MEDIZINMANN UND DAS GRÜNE VOLK

Eines Tages stellte mir eine Studentin einen alten Indianer vor. Die junge Frau sagte, sie sei eine adoptierte Cheyenne und Besitzerin eines Medizinbeutels. Sie hatte dem Ältestenrat des Stammes von meinen Vorlesungen über Heilkräuter am Sheridan College berichtet, und nun schickten sie einen der ihren, den Sonnentanzpriester und Ältesten der Dog Soldiers Bill Tallbull, um mich über die fremden Kräuter und Sträucher zu befragen, die mit den weissen Siedlern ins Land gekommen waren und nun hier und da neben den einheimischen Arten wuchsen.

Tallbull, beileibe kein Bilderbuchindianer, war nicht allzu gross, eher rundlich, und eine fettige Brille sass auf einer knolligen Nase, die sein von schweren Zeiten gezeichnetes Gesicht zierte. Wir mochten einander sofort. Bald kam er öfter zum Mittagessen oder zum *ranch breakfast*, wo wir uns an Brathühnchen, Elchsteak oder Wapitihirschbraten gütlich taten. Die Vegetarier unter den Lesern mögen erschaudern, aber aus Erfahrung wussten wir, dass die Prärieindianer als Nachfahren der Grosswildjäger Fleischgerichte über alles mögen und als Freundschaftsgeste entgegennehmen.

«Deswegen halten wir uns so viele Hunde, die träumen nämlich vom Fleisch. Ihre Träume werden wahr. Dann ist auch Fleisch für uns da», sagte er und fügte augenzwinkernd hinzu, «und wenn kein Fleisch kommt, dann kochen wir Hundesuppe!»

Nach solchen Mahlzeiten machten wir uns auf in die Wildnis. Wir durchwanderten die mit würzig duftenden Beifussarten, hell leuchtenden Sonnenblumen, stacheligen grauen Gänsefussgewächsen und dürren Gräsern bewachsene Karststeppe. Manchmal führte unser Weg in die mit Gelbkiefern (*Pinus ponderosa*) bewaldeten Vorgebirge der Big Horn Mountains und in die Täler, in denen Erlen, Espen und mächtige Cottonwood-Pappeln die Anwesenheit von Quellen, Bächen und Biberkolonien verrieten. Dabei achteten wir auf jene Pflanzen, die einst als blinde Passagiere im Saatgut oder in den Mantelsäumen der Weissen mit eingewandert waren. Ich erläuterte ihm ihren Gebrauch in der europäischen Volksheilkunde.

Er probierte Baldrianwurzeln und stellte zu seiner Zufriedenheit fest, dass er nach dem Trinken eines Kaltwasserauszugs tief und gut geschlafen hatte. Auch Kenntnisse über den herzwirksamen Weissdorn, über Königskerze und Spitzwegerich als Lungenheilkräuter und über das Kunigundenkraut (*Eupatorium cannabium*) zur Vorbeugung gegen Grippe nahm er gerne entgegen, denn diese Leiden – Herzbeschwerden und Erkältungen – seien auch erst mit den Weissen erschienen. Er war froh, seinem Stamm damit im Winter helfen zu können.

Meine Frau durfte ihm Gerichte aus Wildgemüse und Gartenunkräutern, wie Melde, Wegerich oder Burzelkraut (*Portulaca oleraceae*), vorsetzen. Bei der Brennesselsuppe wurde er stutzig. «Wo sind die Nadeln geblieben?» fragte er, nicht ohne eine Spur Misstrauen in der Stimme.

Als Gegenleistung sozusagen für mein eifriges Dozieren erwartete ich, dass er mir seinerseits die magisch-medizinischen Anwendungen der einheimischen Pflanzen offenbare, war aber zunehmend enttäuscht, wie wenig er enthüllte. Erst allmählich erinnerte ich mich daran, dass die Indianer nicht gern ihr Wissen preisgeben. Das Wissen um die Pflanzen ist Privatwissen, es wurde ihnen persönlich von einem Pflanzengeist in der Vision oder von einem anderen Schamanen geschenkt. Von materiellen Gegenständen, Werkzeugen, Tassen und Tellern, trennen sie sich leicht – man kann sich sogar ohne weiteres in ihr Auto setzen und damit wegfahren. Aber das von ihren Schutzgeistern offenbarte Wissen wird selten geteilt, schon gar nicht mit neugierigen Weissen. Trotzdem lernte ich viel. Wir kauten das geronnene, alte Harz der Ponderosa-Kiefern wie Kaugummi. Es duftete nach Mandarinen und schmeckte würzig. Er zeigte, wie man aus dem Saft des Eschenahorns (*Acer negundo*) Zucker gewinnt, aus der Rinde der Traubenkirsche (*Prunus virginiana*) ein starkes Abführmittel bereitet und aus der pfeffrigen Pferdeminze (*Monarda fistula*) einen schweisstreibenden Tee kocht. Letztere werden zur Vorbereitung für das Schwitzbad benutzt.

«Wenn die blasentreibende Hitze in der Schwitzhütte zu stark wird, kann man zur Erleichterung diese Wurzel kauen», erklärte er, während er mit einem spitzen Stein eine Lakritzenwurzel (*Glycyrrhiza lepidota*) aus der Erde buddelte. Vier Hitzegrade gibt es in der Schwitzhüttenzeremonie. Die jüngere Generation, meinte er eher abschätzig, sei da viel zu verweichlicht, sie kaue schon bei den ersten Hitzegraden verzweifelt an der Wurzel herum. Auch Wacholder- und Beifussarten, die man zum Ausräuchern von bösen Geistern benutzen kann, oder duftende Kräuter, die man im Schwitzzelt auf die glühend heissen Steine legt, zeigte er mir.

Allmählich merkte ich auch, dass er mit meinem eifrigen Botanisieren nach der linnaeischen Methode, mit dem Aufzählen von Staubblättern, Stempeln und Blütenblättern, und erst recht mit der lateinischen Doppelbenennung, überhaupt nichts anzufangen wusste. Er nahm die Pflanzen ganz anders wahr als jemand, der sich sein Wissen aus Büchern oder im Botanikstudium angeeignet hat. Langsam begriff ich, dass die Indianer mit den Pflanzen reden, nicht nur *über* sie. Sie sehen die Pflanzen als beseelte Wesen, nicht als Dinge.

An einer Stelle stiessen wir auf einige blühende Schierlinge (*Conium maculatum*). Ich war mir sicher, diese ausgeprägte Giftpflanze würde ihn beeindrucken. Die unangenehm nach Mäuseharn riechende Ausdünstung, die kränklich anmutenden, rötlich-lila gesprenkelten Stengel und die entvitalisierten, weisslichen Blätter tragen die Signatur von Siechtum und Tod. Ich war erpicht darauf, ihm zu erzählen, dass ein auf die Hoden appliziertes Pflaster aus den Blättern einer Kastration gleichkäme, dass der Philosoph Sokrates mit dem Saft dieses Doldenblütlers umgebracht wurde, dass Schierlingssamen in den Hexensalben Verwendung fanden. Tallbull hörte gar nicht zu. «Wir Cheyenne meiden diese Pflanze. Einer aus unserem Volk hat einmal ein Stück Wurzel gekostet, seither ist er teilweise gelähmt und nicht mehr richtig im Kopf!» Das war sein einziger Kommentar.

Ein anderes Mal stiessen wir auf eine grüne Schlingpflanze, die schlangenähnlich über die benachbarten Büsche und niedrigen Äste der Bäume kroch. Die herzförmigen Blätter der Liane lagen wie die Schuppen eines Reptils übereinander. Erfreut ging ich auf die seltene Stechwinde (*Smilax*) zu und wollte sie untersuchen. Der Indianer jedoch sprang einige Schritte zurück, als habe er eine wahrhaftige Giftschlange gesehen, und schwieg. Er war sichtlich erleichtert, als wir weitergingen. Am selben Abend träumte meine Frau, die uns bei dieser botanischen Exkursion begleitet hatte, von dieser Pflanze. Das Gewächs verwandelte sich tatsächlich in eine Schlange, eine giftgrüne Riesennatter. «Hier, wo ihr wohnt, lauert Gift!» zischte das Reptil ihr ins Ohr. Wir wohnten zu der Zeit in einer alten Blockhütte, einem Relikt aus der Pionierzeit. Tatsächlich hatte man die Balken eifrig mit DDT und anderen Holzschutzmitteln getränkt, damit die Termiten den Bau nicht in einen Haufen Sägemehl verwandeln würden. Es stimmte, seit wir in diese Hütte gezogen waren, fühlten wir uns von Tag zu Tag unwohler. Auch bei schlechtem Wetter hatte sich unser Hund geweigert, drinnen zu schlafen – das hätte uns ein Zeichen sein sollen. Nachdem wir ausgezogen waren, ging es uns gesundheitlich allmählich wieder besser.

Das Erlebnis öffnete mir die Augen. Ich hatte mir eingebildet, der alte Indianer sei gekommen, um von mir, dem weissen College-Professor zu lernen. Langsam beschlich mich die Vermutung, dass ich eigentlich der Lehrling war. Ich liess ab von meinen ethnozentrischen Vorurteilen und liess es gelten, wenn er sagte, dass Pflanzen «green people», ein grünes Volk, seien, dass sie ebenfalls in Stämme gegliedert sind, dass sie nicht nur botanische Objekte darstellen. Unser Geplauder führte mich in neue Dimensionen.

Ebenso wie Menschen und Tiere, erklärte er mir, haben die Pflanzen eine, aus vier Teilen bestehende «Seele» (*Hematasuma*), die ewig ist, aber zeitweise in Erscheinung treten kann. Das gilt vor allem für wildwachsende Pflanzen. Die Hematasuma der domestizierten Gewächse der weissen Farmer seien dagegen schwächlich und verkümmert. Ihnen fehlen Seelenteile. «Der hochgezüchtete Hybridmais hat vielleicht nur noch zwei Seelenteile», mutmasste Tallbull, «er kann nicht mal mehr ohne Hilfe, ohne Dünger und Pflanzenschutzmittel, wachsen. Solche Pflanzen haben keine Kraft, sie können keine Kraft geben, und wer sich nur von ihnen ernährt, wird selber Seelenteile einbüssen, bis auch er nur noch aus zwei oder drei Teilen besteht.» Ein gewisses Unbehagen beschlich mich. Unwillkürlich musste ich an die Pläne der Nahrungsmittel-Multis denken, die im biotechnologischen Wettlauf Milliarden ausgeben, um genmanipulierte Nutz- und Kulturpflanzen zu erzeugen.

«Die Pflanzen-Hematasuma geben sich selber von sich aus zu erkennen und enthüllen dem Medizinmann ihre Heil- und Zauberkräfte. Sie ‹adoptieren› den Medizinmann gewissermassen als ihren Sohn oder Neffen. Nicht der Mensch, sondern die Pflanzen selber sind es, die das Ritual des Sammelns und Heilens bestimmen!»

Ich konnte nur staunen, denn bis dahin hatte ich die Pflanzen als völlig passive Wesen betrachtet, als willenlose Träger zufällig nützlicher Molekularkombinationen und als Produkte der natürlichen Auslese. Was ihre Rolle in Mythe und Sage betrifft, sah ich sie als willkürlich gewählte Versatzstücke im Spiel des Symbolisierens.

«Die Pflanzengeister erlegen dem Medizinmann Speise- und Verhaltensvorschriften auf, die er unbedingt beachten muss, wenn er sie nutzen will.» Bei diesen Worten begriff ich, dass die wahre Pflanzenkunde eigentlich gar nicht von einem anderen Schamanen, geschweige denn aus einem Buch erworben werden kann, sondern nur vom Pflanzengeist selber oder von einem anderen Maiyun, einem machtvollen Geistwesen. Es handelt sich in der Beziehung zur Pflanze um ein ganz persönliches Verhältnis.

Bill Tallbull unterschied verallgemeinernd zwischen den oberen Geistern (*Maiyun*), die hoch oben am Himmel wohnen, wo die Adler fliegen, und den unteren Geistern, die unmittelbar auf der Erde leben. Will sich ein solcher Geist einem Menschen zeigen, dann kann er beispielsweise in eine Sonnenblume schlüpfen und einen blauen Lichtstrahl aussenden. «Viele erschrecken, wenn sie so etwas sehen», sagte der alte Sonnentanzpriester, «aber der Geist will nur mit ihnen in Verbindung treten. Wer dieses Leuchten wahrnimmt, dem möchte der Geist etwas von seiner Kraft schenken. Als Dank muss man ihm immer etwas Tabak geben. Ein Päckchen Bull Durham oder einige Züge von der Zigarette genügen im Notfall auch. Man kann den Geistern auch Decken schenken, kleine Stoffstreifen, damit sie schön warm haben.»

Wieder begriff ich etwas, was ich noch nie zuvor bedacht hatte, nämlich, dass ein wahrer Pflanzenkundiger hellsichtig sein muss. Tallbull erklärte, dass diese Hellsichtigkeit, falls nicht von Geburt an vorhanden, in der Visionssuche in der Wildnis erworben werden kann. Aber das ist nicht leicht. Vier Tage und vier Nächte sollte der Visionssucher allein in der Wildnis ausharren, ohne zu essen, ohne zu trinken, ohne zu schlafen. Falls sich am letzten Tag noch kein helfendes Geistwesen – oft in der Gestalt eines sprechenden Tieres – eingestellt hat, kann er etwas Blut oder ein Fingerglied opfern und wie ein armes verlassenes Kind um Mitleid flehen. Vielleicht werden dann die Geister gnädig und offenbaren sich.

Um die einmal erlangte Vision neu zu beleben und ihre Kraft zu steigern, muss der Medizinmann in gewissen Zeitabständen fasten, meditieren, im Schwitzbad schwitzen oder sich gar den Martern am Sonnentanzbaum zur Mittsommerzeit verpflichten. «Eigentlich», fuhr Tallbull fort, «wäre es angebracht, mit dem Geist eine Friedenspfeife zu rauchen, wie man es sonst bei Vertragsabschlüssen oder Adaptionen tut. Aber heutzutage sind zu viele chaotische Energien, zu viele Störungen in der Luft. Da geht das kaum mehr. Schon ein überfliegendes Flugzeug kann einen aus dem Kontakt mit den Geistern herausreissen. Wir wagen es gar nicht mehr, die heilige Pfeife aus dem Beutel zu nehmen. Man sollte den Geistern Wildtabak opfern und diesen vermischt mit den Blättern der Bärentraube (*Arctostaphylos uva-ursi*), des Sumachs (*Rhus glabra* oder *R. aromatica*) und der getrockneten weissen Innenrinde des roten Hartriegels (*Cornus stolonifera*) in der Pfeife rauchen. Das ist ein guter *Ho a tō o nuts*, ein Rauchhervorbringer.»

«Was für eine Wirkung hat das auf die Psyche?» wollte ich wissen. Man fühle sich beim Rauchen dieses *Kinnikinnik*[16] sehr wohl, versicherte mir Tallbull. Seinem verschmitzten Lächeln glaubte ich zu entnehmen, dass es sich dabei um eine Art Rauschdroge handelt. Später wurde mir jedoch klar, dass dieses Gemisch ebensoviel Rausch oder Halluzination erzeugt wie der Schluck Wein beim christlichen Abendmahl. Die Wirkung ist lediglich eine meditative. Die heilige Pfeife steckt voller Symbolik. Die vier Kräuter repräsentieren die heilige Vierfaltigkeit des indianischen Universums. Die Pfeifenkräuter enthalten viel Rot, die Farbe des Lebens, des Bluts und des Zaubers (auch unser Wort «Zauber» entstammt dem roten «Zinnober», mit dem seit der Steinzeit gezaubert wurde): Rot ist die Aussenrinde des Hartriegels, korallenrot die Beeren der Bärentraube, und die Blätter des Sumachs färben sich im Herbst scharlachrot. Ob der benutzte Tabak auch rot blüht, kann ich nicht sagen, da mir die betreffende *Nicotiana*-Art unbekannt ist. Auf jeden Fall malen sich die Cheyenne-Medizinleute rot an, und Rot ist auch die Farbe des heiligen Hüters der Wölfe.

Die Kräuter werden in der Sonne getrocknet und dann im Nierenfett eines Büffels geröstet, bis sie dunkel und krümelig sind. Auf diese Weise sind dann das Tierreich und das Pflanzenreich in der Pfeife repräsentiert, und der steinerne Pfeifenkopf steht für das Mineralreich.

Ist einmal der Kontakt mit dem Pflanzengeist hergestellt, dann bleibt der Medizinmann zeitlebens mit der Pflanze verbunden. Die Kraft wird über viele Jahre wirken, manchmal über Generationen hinweg. Es ist nämlich die geistige Kraft, nicht der Stoff, wie die Weissen glauben, die beim Heilen oder Zaubern eine Rolle spielt. Deswegen braucht die Medizin nicht einmal eingenommen zu werden, sondern kann als Amulett getragen werden. Aber nur eine Pflanze, die sich durch das besondere Leuchten offenbart, hat diese Macht.

Falls man nicht weiss, wie man mit dem Geist und seiner Kraft umgehen soll, können es einem die Alten, besonders die Grossmütter, sagen, denn ihre Erinnerungen reichen sehr weit zurück. Falls auch sie es nicht wissen, kommt der Geist in der Stille der Nacht und erscheint

16 *Kinnikinnik* ist die Bezeichnung der Ojibwa für die Rauchmischung, die in den heiligen Pfeifen geraucht wurde. Das Wort ist Bestandteil des amerikanischen Sprachschatzes geworden.

Pfeifenrauchende Indianer bei einer Heilséance

im Traum. Er teilt die Tabus, die Tanzschritte und das Kraftlied mit, die seine Medizin erst wirksam machen. Dabei offenbart er auch seinen Namen. Im Namen liegt Macht. Solche Namen sind weder allgemein bekannt, noch werden sie willkürlich gegeben wie etwa die Art- und Gattungsbezeichnungen im linnaeischen System. Die Pflanze nennt sich selber.

Es wäre gefährlich, die Vorschriften, die einem der Pflanzengeist gibt, nicht einzuhalten. Das käme einem Wortbruch gleich. Die Pflanze würde sich rächen. In einem unbedachten Augenblick kann der erzürnte Pflanzengeist zuschlagen und den Menschen schwer verletzen oder gar töten. In der Gestalt eines in einer gefährlichen Kurve über die Fahrbahn rollenden *tumbleweed* kann er den Autofahrer einen Moment ablenken, und schon ist es geschehen![17] Bill Tallbull war schon öfter Zeuge derartiger «Zufälle».

17 Unter «Tumbleweed» versteht man das Salzkraut (*Salsola kali*). Dieses Gänsefussgewächs wächst zu einer kugeligen Form von etwa einem Meter Durchmesser heran. Mit der Samenreife trocknet es vollständig aus. Ein leichter Windstoss lässt den Stengel abbrechen, und die federleichte Kugel wird über die Steppe getrieben, wobei sich die Pflanze aussamt. Dem Autofahrer können diese rollenden Bälle gefährlich werden.

SICH DEM VEGETATIVEN POL DES LEBENS ANVERTRAUEN

Wir werden noch mehr vom alten Sonnentanzpriester hören und ähnlichen Geschichten von anderen Schamanen über Pflanzen lauschen. Aber auch bei uns gibt es alte Weise, die erkannt haben, dass die grünen Mitbewohner unserer Erde nicht nur passiv empfinden, sondern von sich aus mit uns kommunizieren wollen und gelegentlich auch nicht gerade sanft mit uns umgehen.

Pflanzen als autonome Macht

Vor dem inneren Auge eines Ernst Jünger, der immerhin auf ein ganzes Jahrhundert intensiver Lebenserfahrung und Erforschung der Natur zurückblicken kann, erscheinen diese stillen Genossen als mit nahezu göttlichen Kräften ausgestattet. Obwohl selber kaum beweglich, schreibt Jünger, zwingt die Pflanze das bewegte Leben in ihren Bann. «So wie die Pflanze Geschlechtsorgane bildet, um sich mit den Bienen zu begatten, vermählt sie sich auch mit dem Menschen – und die Berührung schenkt ihm Zugang zu Welten, in die er ohne sie nicht eindränge.» (Jünger 1990: 43) Einige Pflanzen nähren, kleiden und wär-

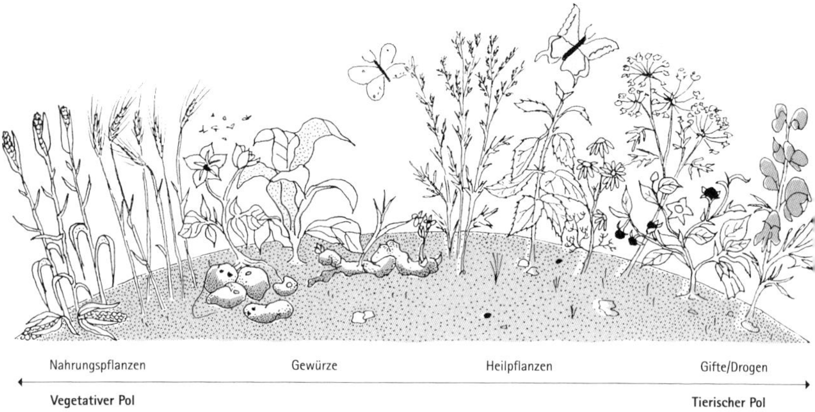

Der animalische und der vegetative Pol des Pflanzenreichs

men den Menschen wie fürsorgende Mütter, andere aber erobern sich den Menschen, verführen ihn, nehmen ihn gefangen wie eifersüchtige Liebhaber. Jünger sieht den Rausch, den der Mohn, das Cocablatt oder der Hanf entfesselt, als «einen Siegeszug der Pflanze durch die Psyche. (...) So nährt uns die gewaltige Familie der Nachtschatten nicht nur physisch, sondern auch im Traum.» Und weiter: «... wenn wir die Pflanze als autonome Macht erkennen, die eintritt, um Wurzeln und Blüten in uns zu treiben, entfernen wir uns um einige Breitengrade von der schiefen Perspektive, die wähnt, der Geist sei das Monopol des Menschen und existiere nicht ausser ihm.» (Jünger 1990: 40) Jünger stellt fest, dass die Zeit am animalischen Pol schneller, am vegetativen langsamer verläuft.

Unter den Pflanzen selber gibt es solche, die mehr zum animalischen Pol tendieren, und solche, die abgesehen vom gelegentlichen Blühen und Fruchten ganz im dumpfen, grünen vegetativen Seinsmodus verharren. Die animalischsten Pflanzen bezeichnet Rudolf Steiner als «astralisierte» Pflanzen.[18] Es sind jene mit oft absonderlichen Düften, bizarren Wachstumsgesten und atypischen, vom Sonnenrhythmus abgekoppelten Biorhythmen. Oft erregen ihre knallig bunten Farben und befremdenden geometrischen Muster die Aufmerksamkeit von

18 Unter den Pflanzenarten gibt es einerseits solche, die mehr im vegetativ-ätherischen Seinsmodus verharren und ihren Schwerpunkt in den ewig wachsenden, rhythmisch sich entfaltenden, chlorophyllösen Lebensprozessen des Blatt- und Stengelhaften haben. Andererseits gibt es solche Arten, die ihren Schwerpunkt zum Blütenhaften hin verschieben. In der Vegetation stellt die Blüte jene Schwelle dar, an der die dumpfe Vitalität in den Bereich des animalisch Empfindsamen übergeht. Im Blütenkelch empfängt die Pflanze, sanft umhüllend, die beseelten Insektenwesen, die Bienen und Schmetterlinge. In der Blüte macht die Pflanze den Ansatz, das flache grüne Blatt zu überwinden und einen Hohlraum zu bilden. Nur in der Blüte entwickelt die Pflanze messbare Eigenwärme (im Aronstab bis zu 15° über der Aussentemperatur) und Eigenbewegung (sich plötzlich krümmende Staubfäden, bewegliche Griffel, sich öffnende und schliessende Blütenpetalen). Hohlorgane, Beweglichkeit und Eigenwärme sind charakteristisch für jene Lebewesen, die man als «beseelt» betrachten kann. Anders gesagt, die Pflanzenseele macht in der Blüte den Ansatz, sich physisch zu inkarnieren. In den zarten, duftenden, bunten Blütengebilden dringt das umschwebende, makrokosmische Seelische (das *Astralische*) der Pflanze bis in die materielle Ebene ein. Sogar die Chemie der Pflanze wird hier animalischer. Einige Blüten produzieren rein tierische Hormone und andere Substanzen, die man sonst nur in animalischen Organismen findet: Östrogene, Nebennierenhormone wie Noradrenalin und Überträgerstoffe wie Serotonin. Wenn nun diese «tierischen» Stoffwechselprodukte der Blüte, die Blütenfarben, die Hohlraumbildung und so weiter sich im Blatt- und Stengelbereich oder gar in den Wurzeln manifestieren, wenn sie sozusagen vom Blütenpol «hinunter rutschen», dann ist es ohne weiteres angebracht, von *astralisierten* Pflanzen zu sprechen. Solche Pflanzen versorgen die Menschheit mit den stärksten Heil-, Gift- und Rauschpflanzen. (Scheffer/Storl 1994: 92; Storl 1993: 295)

Mensch und Tier. Sie werden von «tierhaften» Signaturen geprägt, indem sie ansatzweise Hohlorgane, etwa tiefe Kelchschlünde, bilden und eine Fähigkeit besitzen, Substanzen zu synthetisieren, die der Stickstoffsynthese des tierischen Stoffwechsels ähnelt. Wenn man sie einnimmt, greifen diese Substanzen schnell in die menschliche Physis oder Psyche ein. Die animalischen Pflanzen kommunizieren ihr Wesen schneller als der Grossteil der Vegetation. Sie sind meist stark giftig, oder sie dämpfen, verwirren oder illuminieren Gedanken und Sinneswahrnehmungen. Viele nichtwestliche Völker, vor allem in Südamerika, haben solche «schnellen» Pflanzen in den Kult oder die Rituale der Visionssuche integriert. (Storl 1993: 295)

Die meisten Pflanzen sprechen jedoch viel langsamer zu uns. Vom modernen Zeitgenossen, der seinen Lebensrhythmus an Maschine und Elektronik anpassen muss, werden sie kaum vernommen. Er weiss gar nicht einmal, dass Pflanzendevas sprechen können. Aber sie tun es. Jahrzehnte unserer Zeit können vergehen, ehe wir auch nur einen Satz in ihrer Sprache verstanden haben.

Die Botschaft eines Himmelschlüssels, welches vor dem Eingang der Höhle am Rhoneufer blühte, in der ich mit meiner jungen Freundin lebte, verstehe ich erst jetzt, nach zwei Jahrzehnten. Das zarte, hellgelbe Blümlein, das so mutig der Kälte trotzte, leuchtete auf eine Art und Weise, wie es Bill Tallbull beschreibt. Es war tatsächlich ein «Schlüssel des Himmels», der nicht nur das Tor zum Frühling des Jahres aufschloss, sondern auch zum Frühling des Lebens. Die alten Germanen hatten es einst der Liebesgöttin Freya geweiht, und eine Sage erzählt von einem Hirtenjungen, der eine Schlüsselblume findet, die ihm das Felsentor zu einer geheimen Schatzhöhle öffnet. Eifrig füllte er seine Taschen mit Gold und Edelsteinen, vergass aber trotz einer warnenden Stimme, die ihm zurief, «Vergiss das Beste nicht!», die Zauberblume.

Jeden Frühling erinnern mich die Schlüsselblümchen, dass auch ich einen Schatz – wenn auch keinen materiellen – in der Höhle gefunden hatte. Es heisst auch, dass die Primel von Seiltänzern getragen oder ihre Wurzel gekaut wird, um in grossen Höhen schwindelfrei zu laufen. Woher sollte ich damals wissen, dass von da an das Leben ein schwindelerregender Seiltanz werden sollte?

So können uns die Pflanzen von unserem Schicksal weissagen. Sie können es, weil ihre Seelen sich ausserhalb der engen Raum- und Zeitgrenzen befinden, in denen wir uns bewegen. Sie können es, weil sie an der Ewigkeit teilhaben. Um ihre Worte zu verstehen, müssen wir still sein können, offen und voller Hingabe, wie es die Pflanzen selber sind. Das können nur wenige, wie etwa der Schuhmacher Jakob Böhme, dessen monotone Arbeit ihn dazu befähigte, lange pflanzenartig still zu sitzen und zu meditieren. Dieser schlesische Mystiker, so heisst es, konnte sich selber in die Pflanzen hineinversetzen. Das können auch einige Gärtner beim stundenlangen monotonen Hacken oder Schamanen beim Trommeln. Das kann auch ein alter *Sadhu*, der jahrelang unter einem *Pipal* sitzt und praktisch mit dem Baum eins wird. Siddhartha Gautama erlangte so seine Erleuchtung und wurde zum Buddha. Vierzig Tage lang sass er unter einem solchen Baum, bis seine Schwingungen derart verlangsamt waren, dass er eins wurde mit dem mächtigen Wesen, dessen Grün mit Sonne, Mond und Sternen und dessen Wurzeln mit den chthonischen Tiefen der Erde in Kommunion stehen. Er hatte sich dem vegetativen Pol dermassen genähert, dass ihm die Welt der Devas offen stand.

Erkenntnis ist Übereinstimmung, sagte einmal Ernst Jünger. Erleuchtung ist demnach die vollkommene Übereinstimmung mit dem Sein. Die dem kosmischen Licht und den Erdentiefen hingegebenen Bäume sind erleuchtete Wesen; wenn wir uns ihnen öffnen, können sie auch uns zur Erleuchtung führen. In diesem Zusammenhang möchte ich auch die Worte Friedrich Schillers verstehen:

«Suchst Du das Höchste, das Grösste?
Die Pflanze kann es Dich lehren.
Was sie willenlos ist, sei Du es wollend – das ist's!»

Pflanzenheilige

Heilige, die ihre wahnhafte Ichsucht abgelegt haben, vermögen bei vollem Bewusstsein mit den Devas zu kommunizieren. Heilige sind Heiler, da sie am Heilsein der Devas teilhaben. Solche Weltüberwinder werden überhaupt «pflanzenhafter». Sie tragen die Ruhe der Bäume in sich und öffnen sich wie diese dem Makrokosmos. Sie fürchten den Tod nicht, da sie das «Jenseits» kennen. Daher heisst es, dass Heilige, wenn sie sterben, keinen tierischen Verwesungsgestank von sich geben, sondern eher wie Blumen duften. Der Leichnam Marias – so eine mittelalterliche Legende – habe sich in der Gruft in lauter herrlich duftende Blumen verwandelt.

Eine indische Legende spricht von einem solchen Heiligen namens Mankarnaka. So stark waren seine Bussübungen geworden, so nahe war er dem vegetativen Pol gekommen, dass grüner Pflanzensaft statt rotem Blut aus der Schnittwunde floss, die er sich aus Versehen mit dem scharfen Blatt eines Kusha-Grashalmes zugefügt hatte. Aus lauter Freude darüber begann er zu tanzen. Die Tiere und Pflanzen des Hains freuten sich ebenfalls und tanzten mit ihm. Da kam ein Fremder des Weges und fragte ihn: «Warum die Aufregung?»

«Siehst du nicht, werter Brahmane», erwiderte der Heilige, «grüner Saft fliesst aus meiner Wunde! So stark ist meine Läuterung!»

Da lachte der Fremde und schnitt sich ebenfalls in den Finger. Asche, weiss wie Schnee, rieselte heraus. Da erkannte Mankarnaka seinen Meister; er erkannte Shiva, der sogar jenseits der Welt der Pflanzendevas west und der die Weisheit der Minerale und des Kristallhimmels, die Asche des ausgebrannten Weltenfeuers, in sich trägt. (Storl 1988: 207)

Traumbotschaften

Die wenigsten von uns sind Heilige, denen es vergönnt ist, bei klarem Bewusstsein mit den Devas zu kommunizieren. Dennoch können die Devas auch uns notwendige Botschaften zukommen lassen. Sie tun das, wie Bill Tallbull erklärt, indem sie uns im Traum erreichen. Wenn wir schlafen, sind wir am pflanzenähnlichsten. Wir liegen, als seien wir festgewurzelt. Wie bei der Pflanze sind alle vitalen Funktionen – Atmung und Stoffwechsel – intakt, aber das bewusste Wahrnehmen, Fühlen, Denken ist ausgeschaltet: Unser Geist und unsere Seele befinden sich in anderen, nicht mehr physischen Regionen.

Wenn sich unsere Seele im Schlaf vom Leib löst, kann sie durchaus in eine Pflanze hineingehen, kann sich mit ihr austauschen, kann Botschaften aufnehmen. Vielleicht dulden aus diesem Grund viele Menschen keine Zimmerpflanzen im Schlafzimmer oder Blumensträusse am Krankenbett. Andererseits kannte ich Hippies in Oregon, die sich gerade deshalb ein riesiges Gewächshaus als gemeinsamen Schlafplatz auswählten, weil sich ihnen dadurch seltsame Astralerlebnisse auftaten.

Jede Nacht, derweil wir ohnmächtig im Bett liegen, besuchen wir also die «Innenseite der Natur». Wir durchwandern Elfenwelten und klettern die Planetenleiter, den Schamanenbaum, zu den Sternen empor, wo wir den Devas begegnen. Auf der langen Reise durch die «Anderswelt» wird die Seele sehr durstig – es ist der Durst nach dem diesseitigen Leben. Auf dem Weg zurück überqueren wir Lethe, den Fluss des Vergessens, der das Diesseits vom Jenseits trennt. Unweigerlich wird da die dürstende Seele trinken. Bis auf einige konfuse Traumfetzen, mit denen das Tagesbewusstsein wenig anzufangen weiss, wird dieser Trunk alle Erinnerungen an das geistige Abenteuer löschen. Nur ein grosser Yogi oder Schamane ist fähig, die Traumbotschaft der Götter und Pflanzendevas im Bewusstsein zu bewahren. Geübt in wirklicher Askese, wird er die Stärke haben, sich diesen Labtrunk zu verweigern. Falls er dann überhaupt spricht, wird es ihm schwerfallen, seine Visionen in Worte zu fassen. Er wird das Erlebte in die Sprache der Mythologie seines Stammes einkleiden müssen. Und was er sagt, wird den meisten Menschen wie ein Märchen oder eine Fabel vorkommen. Und dennoch, in uns allen schlummern schamanistische und seherische Fähigkeiten. Viele einfache, unverdorbene, unverbildete Menschen werden hier und da mit einem Traum von einem Pflanzendeva gesegnet, der sie oder ihre Familienmitglieder von einem Leiden befreien kann.[19] Wenn wir ernsthaft krank sind und das Bett hüten müssen, werden wir in einem gewissen Sinn ebenfalls pflanzenähnlicher. Oft ist die Krankheit eine Gelegenheit, tief in sich hineinzugehen. Der Kranke zieht sich zurück, seine mentale Geschäftigkeit und seine energetischen Schwingungen verlangsamen sich, werden vegetativer. In diesem Sinn gleicht der Kranke unwillkürlich dem Yogi, der seinen Geist von der äusseren, sinnlichen Welt ablöst. *Pratyahara*, so nennt der Yogi diesen

19 Persönliche Erfahrungen: Es war im Winter, ein Rachengeschwür plagte mich. Da träumte ich eines Nachts von einer blühenden Zaubernuss (*Hamamelis*). Dem haselnussähnlichen Strauch war ich schon als Kind begegnet: Im tief verschneiten Winterwald in Ohio stand er, der Kälte trotzend, in strahlendem, hellgelbem Blütenkleid. Am selben Tag, an dem ich den Traum hatte, sah ich im Stadtpark einen blühenden Hamamelisbusch. Ich grüsste den alten Freund und wusste sofort, dass hier die Heilung zu finden war. Ich kaute an den adstringierend wirkenden Zweigen und war das Geschwür los.
Vor vielen Jahren packte mich eine Lungenentzündung. In der Nacht erschien mir ein gelbes Blümlein im Traum, das so hell wie die Sonne strahlte. Als ich am nächsten Tag in einen dicken Mantel gehüllt vors Haus trat, um mich an der Februarsonne etwas zu kräftigen, entdeckte ich an einer Stelle, wo der Schnee weggeschmolzen war, tatsächlich einige solcher Blüten. Auf schuppigen, kahlen Stengeln ragten sie aus der nackten Erde empor. Wieder im Haus, schlug ich nach und fand ihren Namen: Huflattich, lateinisch *Tussilago* («Hustenlinderer»)! Als ich einen Tee aus den Blüten machte, schien es, als komme wärmende Sonne in die erkälteten Lungen. Nach drei Tagen war ich geheilt.

Vorgang, der zur Kontemplation, zur Versenkung in jene inneren Tiefen führt, in denen sich die Devas mitteilen können.

Das Erträumen des Heilkrauts war in den Isistempeln im alten Ägypten und in den asklepischen Kultstätten im alten Griechenland lange vor Hippokrates zur erfolgreichen Therapie ausgebaut worden. In den Tempeln, die an heiligen Quellen oder Grotten errichtet wurden, opferten die Patienten zuerst einen Hahn. Dann wurden sie gebadet, mit duftenden Kräutern massiert und schliesslich unter dem Bildnis der Göttin von dem Zaubergesang der Priester in einen dreitägigen Schlaf versetzt. Hunde und Schlangen, die dem Äskulap geweiht waren und sich frei im Tempelgelände bewegten, hielten böse Einflüsse fern. So konnte die Seele des Kranken ungehindert in die Geistigkeit, die die Natur durchflutet, eintauchen und das heilende Mittel im Traumgesicht empfangen.

Es ist wahrscheinlich, dass den Patienten auch schlafinduzierende Getränke eingeflösst wurden. Diese wurden aus der Wasserlilie (*Nymphaea* spp.), vermutlich unter Beimischung von Alraunensaft und dem Saft des Schlafmohns, hergestellt. Die blaue Wasserlilie war dem Osiris heilig und symbolisierte seinen Tod, seine durch Isis bewirkte magische Transformation und Auferstehung. (Rätsch 1992: 182)

Berichte von heilenden Träumen, in denen sich spontan eine Pflanze offenbart, sind keine Seltenheit. Bekannt ist die Geschichte von Aspasia von Milet, der schönen Gattin des Perikles von Athen. Als junges Mädchen plagte sie eine schreckliche Geschwulst im Gesicht. Da die Familie arm war, weigerten sich die Ärzte, sie zu behandeln. Doch in der Nacht erschien dem traurigen Kind eine weisse Taube, die sich in eine wunderschöne Frau verwandelte. Die Frau ermutigte sie, die raffgierigen Ärzte zu vergessen: «Nimm die vertrockneten Rosenkränze, mit denen die Statue der Venus geschmückt ist. Zerreibe sie zu Pulver und tue das auf die Geschwulst!» Sie tat es und wurde geheilt. Es war Venus, die Göttin der Rosen – der Rosendeva selber –, die zu ihr gesprochen und sie gesegnet hatte. (Schrödter 1981: 206)

In der Gestalt eines schnaubenden Drachen, der eine Wurzel im Rachen hielt, erschien ein Deva dem Welteroberer Alexander dem Grossen, als dieser traurig und ratlos am Lager seines von Giftpfeilen verwundeten Freundes Ptolomäus sass. Mit dieser Pflanze, die ihm im Halbschlaf offenbart wurde, rettete er den Freund, der die letzte ägyptische Dynastie gründen sollte.

Als das Heer von Kaiser Karl dem Grossen von der Pest heimgesucht wurde, erschien ihm ein Engel und sagte, er solle einen Pfeil in die Luft schiessen und jene Pflanze, die das Geschoss treffen würde, als Heilmittel nehmen. Er nahm den Bogen und schoss ohne Ziel. Die Pfeilspitze bohrte sich in eine Silberdistel (Eberwurz). Mit diesem Hinweis des Silberdisteldeva konnte er seine Krieger retten. Der Botaniker Linnaeus gab der schönen, stengellosen Distel in Erinnerung an die Vision des Kaisers den Gattungsname *Carlina*.

Beispiele dieser Art gibt es bis zum heutigen Tag. Immer wieder berichten Ethnologen von Schamanen und Medizinmännern, die die wunderbare Fähigkeit zum Träumen haben oder sich, wie die südamerikanischen *Curanderos*, mittels ausgeklügelter Kombinationen bewusstseinserweiternder Pflanzen mit den Devas in Verbindung setzen können. In unserem Kulturkreis erlangten «Somnambule», wie der Gründer der spiritistischen Bewegung, Andrew Jackson Davis (1826–1910), oder der «schlafende Prophet» Edgar Cayce (1877–1945), mit ihren medial erfahrenen Heilmitteln einen gewissen Ruhm.

Berufungen

Bei besonders schweren Erkrankungen, die den Menschen in Todesnähe führen, kommt es gelegentlich vor, dass die Devas nicht nur Heilmittel offenbaren, sondern den Betroffenen als «Vermittlungskanal», als *Channel* oder Botschafter zwischen den Menschen und den jenseitigen Bereichen auserwählen. Es handelt sich dabei um echte Berufungserlebnisse. Schmerz, Verzweiflung und Todesnähe wirken wie ein läuterndes Feuer, welches den Berufenen vom unnötigen Ballast sozialer Fehlprogrammierung und ungesunder Vorstellungen befreit und seine Seele hellhörig macht.

Derartiges geschah meinem Nachbarn, Dr. rer. nat. Gerhard Orth, einem führenden Chemiker in einem Grosskonzern und mit Herbert Gruhl Mitbegründer der Grünen Partei. Vom Gehirnfieber heimgesucht, lag er dem Tode nahe im Krankenhaus. Der Chefarzt sagte zu ihm: «Herr Kollege, wir haben alles gemacht, was menschenmöglich war. Jetzt bist du an der Reihe! Überleg dir was, es liegt nur noch an dir!» Ihm fiel tatsächlich etwas ein: der Apfelessig des Dr. Jarvis, ein Volksheilmittel aus Vermont. (Jarvis 1961) Die ganze Nacht blieb Orth auf, trank und wusch sich mit Apfelessig und erfuhr nicht nur eine sofortige, mirakulöse Heilung, sondern zugleich seine Berufung als Heiler. Der Apfel, seit der Steinzeit ein Lebenssymbol, hatte ihn gerettet. Nun, da er den Tod geschmeckt und seine Furcht vor ihm verloren hat, arbeitet er mit Aids- und Krebspatienten. Mit abenteuerlichen Kräutermischungen und einer gehörigen Portion Ermutigung hat Dr. Orth bei Patienten, die längst schon von den Ärzten aufgegeben waren, regelrechte Wunder vollbracht.

Auch die grosse Kräuterfrau Maria Treben musste Schicksalsschläge erleiden, ehe sie die Stimmen der Pflanzen vernehmen konnte. Halb verhungert und lebensgefährlich an Typhus erkrankt, war die Heimatvertriebene ihrem Ende nahe, als eine alte Frau sie mit bitteren Schwedenkräutern wieder auf die Beine brachte.

Der «Wasserdoktor» Pfarrer Kneipp, der viele alte Heilkräuter wiederentdeckte, erfuhr seine Genesung und Berufung, nachdem er an Lungentuberkulose – zur damaligen Zeit ein sicheres Todesurteil – erkrankt war.

Auch Edward Bach galt als toter Mann, als er mit einem Blutsturz zusammenbrach und bei ihm Milzkrebs diagnostiziert wurde. Bach, ein etablierter Arzt und Chirurg, Entdecker der Nosodentherapie, wandte sich nach dieser «Einweihungskrankheit» der Homöopathie zu. Schliesslich verbrannte er alle seine früheren Schriften und Forschungsergebnisse, zertrümmerte sein Labor und durchwanderte die Wiesen, Wälder und Berge von Wales, dem Heimatland seiner Ahnen. Dort suchte er Heilpflanzen, die seine giftigen Nosoden ersetzen konnten. Er näherte sich den Pflanzen immer mehr, bis er, wie er selber zugab, ihre «Gedanken» verstehen konnte. Er bereicherte die Heilkunde mit 38 völlig neuartigen Heilmitteln, die trotz heftigstem Widerstand der Ärzteverbände und Chemiekonzerne immer beliebter werden. (Scheffer/Storl 1992: 19)

Schamanen brauchen nicht unbedingt erst von einer schweren Krankheit überwältigt zu werden, um Vermittler der Devas zu werden. Sofern die Überlieferung intakt ist, verfügen sie über traditionelle Techniken, die sich bis in die Altsteinzeit zurückverfolgen lassen. Es sind Techniken, die viel Mut, Hingabe und Fähigkeit zum Leiden erfordern. Bill Tallbull erlangte seine Begabung durch Fasten und Selbstkasteiung in der Wildnis. Die Geister hatten Mitleid und erschienen ihm. Nordeuropäische und asiatische Schamanen kannten ähnliches. Oft hingen sie tagelang in einem Baum, ehe die Geister erschienen und die Brücke hergestellt war. Die *Edda* erzählt von der Selbsteinweihung des nordischen Schamanengottes Odin, dem Vorbild der Zauber- und Heilkundigen. Er sagt von sich:

«Ich weiss, dass ich hing am windigen Baum neun Nächte lang
Mit dem Speer verwundet, geweiht dem Odin,
Ich selbst mir selbst,
An jenem Baum von dem keiner weiss,
Aus wessen Wurzel er sprang.
Sie spendeten mir nicht Speise noch Trank.
Nieder neigte ich mich, nahm ächzend auf die Runen.»

Die *Runen* sind das schwer zu erlangende schamanistische Wissen, sind das «Raunen» der Geistwesen, der Devas.

Diese archaische Tradition der Selbstbezwingung und der Offensprengung der Tore zur Anderswelt hat sich in Indien allmählich zur Yogatradition hin entwickelt. Auch diese führt zur Hellsichtigkeit und befähigt zur Kommunikation mit den Devas. Auch sie ist keineswegs einfach. Wir werden uns später noch näher mit dem Schamanismus und der Yogatradition befassen.

Naturverbundene, hellsichtige Völker gewahren in den grün belaubten Lebewesen zeitliche Manifestationen erhabener Geister – Geistwesen, deren Bereich sich vom Sternenzelt bis in die Unterwelt erstreckt. So fielen nach indianischer Überlieferung der Mais, die Bohnen und der Kürbis als drei Schwestern vom Himmel herab und nahmen auf der Erde unter den Menschen Wohnung. Die alten Chinesen sahen in den Sternenkonstellationen gleichsam die Heimstätte verschiedener Pflanzengottheiten. Die Ginseng-Gottheit strahlt zum Beispiel vom Sternbild Orion herab. Der Stechapfel ist nach Ansicht der taoistischen Weisen einer der Polarsterne, der auf die Erde herabstieg. Paracelsus verlangte, dass ein Arzt zugleich ein guter Botaniker und Astrologe sein sollte, da jede Pflanze mit einem bestimmten Stern verbunden sei. Und mein Lehrer, der Bauernphilosoph Arthur Hermes, verblüffte seine Zuhörer immer wieder mit bildhaften Schilderungen, in denen er die Menschen mit Mikroben verglich, die sich, wenn sie im Wald oder auf der Wiese spazieren, durch die riesigen unsichtbaren Astralleiber der Pflanzen bewegen.

Solche bildhaft visionären Aussagen versuchten die im Okkultismus bewanderten Gelehrten der Renaissance wissenschaftlich zu untermauern. Für sie galt die irdische Vegetation als Abbild oder eher Projektion bestimmter engelhafter Wesenheiten, die den Sternenkosmos bevölkern. Die Geister der Pflanzen, lehrten sie, leben in den «Sphären der himmlischen Harmonie»; die geometrischen Muster und die Wachstumsrhythmen der Vegetation folgen musikalischen Gesetzmässigkeiten und sind der konkret gewordene Ausdruck der Musik, den die Chöre der zweiten Engelshierarchie hervorbringen.

Diese vom Neoplatonismus beeinflusste christliche Lehre sucht das Wesentliche der Pflanze in einem übersinnlichen Geistreich. Das eigentliche Blümchen oder der Strauch, der sichtbar auf dem Erdboden wächst, wird dabei zum Schatten, zur Projektion eines erhabenen, Raum und Zeit überdauernden Urbildes. Es hat kein wirkliches Sein an sich.

Oberflächlich betrachtet, scheint dies dasselbe zu sein, was die Indianer sagen. Dem ist aber nicht so. Die Pflanze in ihrem sinnlichen Dasein ist für die Indianer und andere Naturvölker nicht bloss ein Schemen, sondern ist ganz und gar wirklich, nur hat sie auch Dimen-

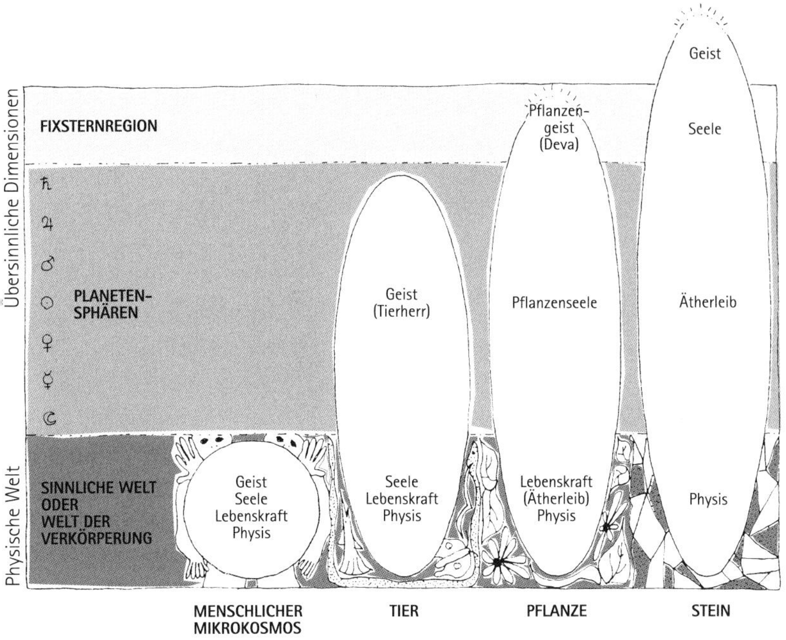

Die sinnlichen und übersinnlichen Wesensglieder von Mensch, Tier, Pflanze und Mineral

sionen, die über die gewöhnliche, alltägliche Wahrnehmung weit hinausgehen.

Engelschöre

Die Engelslehre, auf die sich die Gelehrten beriefen, geht auf den Kirchenlehrer Dionysius Aeropagita zurück, der im 5. Jahrhundert in Athen lebte. Der fromme Ekstatiker wurde einst in den dritten Himmel entrückt und schaute neun Engelschöre, welche lobpreisend die göttliche Trinität umkreisten. Es waren weder die putzig molligen Engelchen, wie sie Rubens auf die Leinwand bannte, noch waren es die in weisse Nachthemden gekleideten braven Harfenspieler der Cartoonzeichner, die Aeropagita gewahrte. Es waren von unbeschreiblichem Lichtglanz umgebene Göttermächte.

Der Kirchengelehrte teilte die neun Chöre (griech. *khoros*, «singende, tanzende Schar») in jeweils drei Hierarchien auf. Der Heiligen Trinität am nächsten tanzt, feurigen Schlangen gleich, der Chor der

Seraphim. Etwas weiter vom göttlichen Zentrum entfernt, bewegen sich die *Cherubim*. «Voller Augen hinten und vorne» (Offenb. 4,6) seien diese Wächter Gottes. Ihnen wiederum folgen, als dritter Chor, die *Throne*. Sie erschienen dem Seher als mächtige, rollende Feuerräder.

In der zweiten Hierarchie machte er die Chöre der *Kyriotetes* (Herrschaften), der *Dynameis* (Mächte) und der *Exousiai* (Tugenden) aus. Unterhalb von ihnen gewahrte er die dritte Hierarchie, die *Archai* (Urbeginne), die *Archangeloi* (Erzengel) und die *Angeloi* (Engel). Der Dichter Alighieri Dante (1262–1321) versuchte, wie auch andere mittelalterliche Gelehrte, diese Engelsreiche mit den sichtbaren Sternen des Nachthimmels in Beziehung zu setzen. Dante lokalisierte die Seraphim im «Kristallhimmel» jenseits der Fixsterne. Die Cherubim liess er die Fixsterne bewohnen. Der äusserste Rand der sichtbaren Planetenbahnen, die Saturnsphäre, galt dem italienischen Dichter als der Ort, von dem aus die Throne auf die Erde herabwirken. Die Chöre der zweiten Hierarchie, die Kyriotetes, Dynameis und Exousai, nehmen die Sphären des Jupiter, des Mars und der Sonne ein. Die Archai, die als Zeitgeister das Menschheitsgeschick bestimmen, wirken nach Dante von der Venussphäre auf die Erde herab, die Erzengel wirken von der Merkursphäre und die Angeloi vom Mond. (Keller 1979: 177)

Es ist nicht schwer zu erkennen, dass die Himmelsleiter mit den neun Engelschören, wie sie Dante in seiner *Göttlichen Komödie* beschreibt, eigentlich eine Metamorphose des uralten Weltenbaumes der Schamanen ist. Das Bild steht ganz in der Tradition indogermanischer und asiatischer Mystik, in denen der kosmische Baum, auf dem die Schamanen auf- und absteigen, ebenfalls neun Äste besitzt oder neun Welten zugänglich macht.

Die Engelwesen gelten in der christlichen Mythologie als reine Lichtnaturen, die im Flammenglanz erstrahlen. Sie werden als Augen Gottes, als Morgensterne, als Feuerfackeln und himmlische Lichter beschrieben. Es ist nicht schwer, in ihnen die Devas, die «Leuchtenden», wiederzuerkennen. Maria als Herrin der Engelsscharen lässt sich leicht mit Devi, der Herrin der Devas, identifizieren.

Die himmlischen Heerscharen sind Boten und Verkünder des Willens des Allmächtigen. Ihr Sein ist wie das der Sonne, die unablässig ihr Licht und ihre Wärme ausstrahlt, fortdauerndes Liebesopfer. Sie brauchen nichts zu nehmen, denn sie sind dank ihrer Gottesnähe zum unaufhörlichen Geben befähigt, das heisst, sie sind schöpferisch. Sie gelten als «Architekten» der Schöpfung, als Beschützer, Führer und

Helfer der Geschöpfe. Die Engel auf der untersten Rangstufe der Hierarchie fungieren als Schutzengel der einzelnen Menschen. Die Erzengel gelten als Hüter der Tierarten; sie können durchaus mit den «Herren der Tiere», wie sie die Naturvölker kennen, verglichen werden. Die höchsten drei Chöre wirken dagegen als die Schutzgeister der Steine, Mineralien und Kristalle. Die Edelsteine, die die Fürsten aller Völker horten, stellen, richtig verstanden, die Verbindung zu diesen höchsten weisheitsvollen Geistern dar.

Hier interessieren uns vor allem die Chöre der mittleren, der zweiten Hierarchie, denn sie gelten in der christlichen Engelslehre als die Schutzgeister oder Gruppenseelen der Pflanzen. Ihre Gedanken schaffen den Raum, in dem sich die Gewächse auf Erden entfalten können. Gemäss der mittelalterlichen Anschauung wirken die Kyriotetes über das Element *Luft*; sie regen die Pflanzen an, mit Hilfe der Sylphen (Elementarwesen der Luft) zu blühen und zu fruchten. Die Dynameis wirken über das Element *Wasser*, sie befähigen die Elementarwesen des Wassers, die Nixen und Nymphen, die Blatt- und Stengelbildung voranzutreiben. Die Exousai wirken bis in den steinigen *Erdboden* hinab, wo sie den Gnomen Anleitung geben, an den Wurzeln zu schaffen. Wir sehen also, die zweite Engelshierarchie spiegelt sich in der Dreigliedrigkeit der Pflanze, in Blüten-, Blatt- und Wurzelbereich, wider.

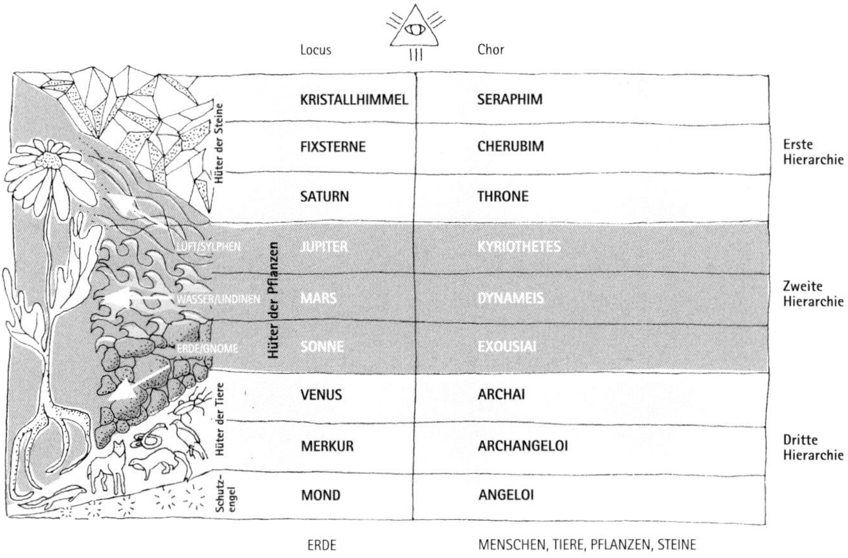

Soweit die mittelalterliche Lehre. Mit der Aufklärung zerfiel dieses komplizierte metaphysische Gebäude zu Staub. Das Licht der Engel verblasste in den Gedanken der Gelehrten. Hier und da hielten einige verschrobene Esoteriker und Okkultisten, die sich für «Eingeweihte» hielten, an der Engelslehre fest und bastelten weiter an dem System. Was dabei herauskam, war oft nicht sonderlich erspriesslich.

Die Lehren des Bio-Dynamikers

Erst mit den Theosophen und Anthroposophen gewinnen die Engelschöre, Planetenkräfte und Pflanzengeister für die Neuzeit wieder ein wenig an Gewicht und Farbe. Rudolf Steiner (1866–1928), der über echte seherische Fähigkeiten verfügte und zudem naturwissenschaftlich gebildet war, veranlasste seine Schüler, bewusst mit den Hierarchien zu arbeiten. In der von ihm entwickelten biologisch-dynamischen Methode geht es nicht nur um einen ökologisch vertretbaren, giftfreien Garten- und Ackerbau. Das «Dynamische» bezieht sich vor allem auf die bewusste Zusammenarbeit mit den *Dynameis*, den Engeln, welche die Sonnensphäre bevölkern. Aber nicht nur mit ihnen.

Pflanzen lassen sich nicht nur als Summe von Zellen, Säften und genetischen Bausteinen erklären, sagt Steiner, sie werden aus den Lichtkräften des ganzen Weltalls gebildet. (Steiner 1980: 129) Die irdischen Augen sehen zwar den Sonnen- und Mondschein und das Sternenfunkeln als gewöhnliche Lichtstrahlen, dem erweiterten Bewusstsein jedoch erscheinen sie als Krafteffekte. Jedes Blatt ist ein auf den Kosmos gerichteter Empfänger dieser Energien. So bewirken die formativen Energien der Fixsterne die harmonische Pflanzengeometrie; die Wachstums- und Bewegungsgesten werden von den beweglichen Planeten und der Stoffwechsel von der unmittelbaren Erdatmosphäre angeregt. (Steiner 1961: 119) Jede Pflanze ist also ein Abbild des Himmels. Was die Sterne und Planeten tun, bilden die Pflanzen getreulich nach.

Stärker als alle Einflüsse wirkt die Sonne. Ohne Sonne kann man sich weder die einzelne Pflanze noch die Vegetation als Ganzes vorstellen. Die Vegetation tanzt förmlich mit der Sonne: Der warme Kuss der Frühlingssonne weckt die Keime, öffnet die Knospen und bedeckt das Land mit frischem Grün. Ungebändigt und rauschhaft wächst das Grünzeug im Einklang mit der erstarkenden Sonne. Wenn sie dann zu

Mittsommer ihren Höhepunkt erreicht hat, stockt auch das Pflanzenwachstum und geht zusehends dazu über, Früchte und Samen zu bilden. Im Gleichschritt mit der Sonne, die sich dem Wintersonnenwendepunkt zubewegt, zieht sich die Vegetation wieder von der Erdoberfläche zurück.

Wenn man das Wachsen der Pflanze mit Hilfe der Zeitrafferkamera beobachtet oder sich die Blatt- oder Blütenanordnung, etwa einer Sonnenblume, genau betrachtet, erkennt man, dass das Wachstum nicht nur ein Sich-in-die-Länge-Strecken ist, sondern ein wahrhaftes Emporwirbeln, ein Sich-Hinaufwinden entlang einer senkrechten Achse. Diese «Spiraltendenz», wie Goethe sie nannte, ist auch in den suchenden Kreisbewegungen der Ranken und dem Schlingen der Lianen zu beobachten.[20] Das spiralige Wachstum lässt sich nicht aus irgendwelchen Spannkräften erklären, sondern hat mit der relativen Bewegung der Erde zur Sonne zu tun. Wären da nicht andere Kräfte am Werk, würde sich die Spirale bis ins Unendliche weiter nach oben schrauben. (Steiner 1961: 120) An diesem Punkt aber kommen die Planeten zum Zuge. Die erdfernen Wandelsterne (Mars, Jupiter, Saturn) stauen – nach Ansicht Steiners – diese Spiralkräfte zurück, verändern ihre Richtung, ihren Modus, so dass es zum Blühen, zum Fruchten und zur Samenbildung kommt. Sie bewirken die Bildung von Duft, Aroma, Farbe und anderen imponderablen Eigenschaften. So kommt es, wie Arthur Hermes sagt, dass man in der Erdbeere durchaus den Mars schmecken und in der blühenden Hanfpflanze den Saturn riechen kann. Die erdnahen Planeten (Mond, Merkur, Venus) wirken dagegen mehr nach unten zu den Wurzeln hin. Sie veranlassen die Stoffbildung, die wägbaren Quantitäten. Der dicke Kürbis hat demnach viel mehr Mond in sich als etwa das würzige Dillkraut.

20 Im Grunde genommen werden alle Lebenserscheinungen – von den mikroskopischen bis hin zu den galaktischen – durch ein ständiges Wirbeln und Strudeln charakterisiert. Die Sonne und die Planeten schrauben sich lemniskatisch durch den Raum. Die Erbmoleküle formen eine rechtsdrehende Wendelstruktur (DNS-Doppelhelix), um sich zu verdoppeln. Das Blut zirkuliert wirbelnd durch den Körper. Der Wasserforscher Theodor Schwenk stellt überzeugend dar, dass die Grundformen des organischen Lebens – auch unsere inneren Organe – quasi verdichtete, mit Materie aufgefüllte, erstarrte Wirbel sind. Lebewesen sind vorübergehende Wirbel, sind Strudel im Meer der für uns unsichtbaren Lebenskräfte. (Schwenk 1976)

Differenzierte Sonnenkräfte

Man braucht wirklich kein Mystiker zu sein, um zu erkennen, dass die Sonne je nach ihrem Stand im Tierkreis unterschiedliche Qualitäten aufweist. Im tiefen Winter, wenn sich das Himmelsgestirn in den horizontnahen Tierkreiszeichen befindet (Skorpion, Schütze, Steinbock), ist seine Wirkung entsprechend schwächer als im heissen Sommer, wenn es sich durch die hohen Zeichen (Zwilling, Krebs, Löwe) bewegt.

Kurztagpflanzen, wie etwa Reis, Hirse, Baumwolle, Dahlien, Wucherblumen oder Sojabohnen, blühen, wenn die Sonne den Herbstpunkt in der Jungfrau erreicht und die Tage kürzer werden als die Nächte. Langtagpflanzen, wie Möhren, Bohnen, Rüben, Salat oder Spinat, brauchen dagegen mehr als zwölf Stunden Sonnenschein pro Tag, um zum Blühen zu kommen. In tropischen Breiten, wo die Tages- und Nachtlänge ungefähr gleich ist, bringen die Langtaggewächse deshalb keine Blüten und Samen hervor.

Aber nicht nur der solare Jahreszyklus, sondern auch die Tageszeit ist für die Pflanzen von Bedeutung. In den frühen Morgenstunden hat die Sonne eine andere Wirkung als am Mittag oder am Abend. Das wussten die alten Kräutersammler und richteten sich genau danach. Und auch der grosse Botaniker Linnaeus erkannte dies. In seinem Garten in Uppsala schuf er eine «Blumenuhr», auf der er am Öffnen und Schliessen der Blüten die genaue Tageszeit ablesen konnte. Je nach Stand der Sonne verändert sich das Lichtspektrum und gibt den Blumen Signale, die Blütenknospen zu öffnen und zu schliessen. Breitengrad und Längengrad, die sich auf den Einstrahlungswinkel auswirken, haben ebenfalls ihren Einfluss. Goethe erkannte das auf seiner italienischen Reise, wo ihm altbekannte Pflanzen in ganz anderer Ausgestaltung zu Gesicht kamen. Konjunktionen, Oppositionen, Trigone und andere Aspekte des Mondes und der Planeten modifizieren die Sonneneinwirkung ebenfalls und lassen sich nicht nur am Wetter, sondern auch am Wachstumsverhalten der Pflanzen ablesen. (Storl 1992: 182)

Obwohl orthodoxe Wissenschaftler lieber von «endogenen», also im Erbgut verankerten Verhaltensmechanismen der Pflanzen ausgehen, kommen immer wieder Aussenseiter zu Wort, denen diese kosmischen Zusammenhänge nicht entgangen sind. Maria Thun konnte in nunmehr vierzig Jahre andauernden Aussaatversuchen zeigen, dass der jeweilige Tierkreisstandort der Sonne und des Mondes beim Keimen der Samen eine wichtige Rolle spielt. Frank A. Brown, Professor an der

Northwestern University, zeigte, dass der Stoffwechselrhythmus einer Kartoffel pro Tag drei Höhepunkte aufweist: bei Sonnenaufgang, mittags und bei Sonnenuntergang. Dieser Rhythmus variiert je nach Jahreszeit und Mondstellung. Selbst die Kartoffel im dunklen Keller kennt die genaue Tages- und Jahreszeit, den Stand der Sonne und des Mondes.

Sieben Planetenpflanzen

Die Fixsterne senden den Pflanzen Botschaften, Informationen, Programmierungen oder, wie es Rudolf Steiner nennt, «Bildekräfte». Diese stellaren Einflüsse wirken nicht unmittelbar, sondern werden durch Interferenz der Planeten differenziert und modifiziert. Für die mittelalterlichen Pflanzenkundigen war dies eine solche Selbstverständlichkeit, dass sie die Pflanzen nicht wie Linnaeus nach ihrer Blütenanatomie klassifizierten, sondern vor allem anhand der *Signaturen* der Planeten, welche diese den Gewächsen wie «Siegelabdrücke» aufprägen. Entsprechend den sieben sichtbaren Wandelsternen teilten sie das Pflanzenreich in sieben Gruppen ein. Am äusseren Aussehen, der Physiognomie, dem bevorzugten Standort sowie an der Wirkung auf den Menschen konnten sie den jeweiligen Planeteneinfluss ablesen. Zwar ist jeder Planet in jeder Pflanze wirksam, aber immer dominiert der eine oder andere planetarische Einfluss, so dass sich typisierend folgende sieben Kategorien ergeben:

1. *Mondpflanzen* haben oft eine wässrige, aufgedunsene Erscheinung, wie etwa die Gurkengewächse. Oft sind sie milchhaltig. Sie keimen, wachsen und vergehen schnell. Viele Nachtblütler und Sumpfbewohner befinden sich unter ihnen. Beim Menschen wirken sie auf das Hirn – sie machen «lunatisch» – und auf die Fruchtbarkeit.

2. *Merkurpflanzen*, wie etwa die Aloe vera oder das Springkraut, sind oft Heilpflanzen von grosser Vitalität. Sie enthalten viel Schleimstoff und bilden kein Holz. Unter ihnen befinden sich Schlingpflanzen und Kriecher. Im Menschen wirken sie im allgemeinen auf die Lunge und die Lymphe.

3. *Venuspflanzen* blühen zart grünlichweiss bis rosa. Ihr Geschmack geht ins Säuerliche. Beim Menschen wirken sie auf die Nieren und Drüsen, sind kühlend und reizlindernd. Viele Aphrodisiaka und Frauenpflanzen gehören zu dieser Gruppe.

4. *Sonnenpflanzen* sind stattliche Gewächse, die sich in synchronem Einklang mit dem Sonnenrhythmus entfalten. Sie blühen weiss und gelb, wie etwa Kamillen oder Margeriten. Viele sind Herzheilpflanzen, die auch der Seele Mut geben.

5. *Marspflanzen* haben oft rote Blüten, Pfahlwurzeln, Stacheln oder Dornen und einen beissend scharfen Geschmack. Im Menschen wirken sie blutbildend und regen die Galle an. Viele sind adstringierende Wundheilkräuter.

6. *Jupiterpflanzen* enthalten viele Aromastoffe, Zucker, ätherische und fettige Öle. Ihre Blüten sind meist goldgelb bis purpur. Im Menschen wirken sie auf die Muskeln und insbesondere auf die Leberfunktion.

7. *Saturnpflanzen* sind zähe, ausdauernde Gewächse. Meistens haben sie unscheinbare Blüten oder blühen in blauen Schattierungen. Das Laub trägt eine dunkle bis hellgraue Signatur. Der Geschmack ist bitter, salzig oder harzig. Im Menschen wirken die Saturnpflanzen hauptsächlich auf die Knochen und die Milz.

Selbstverständlich kann man diese «Botanik» nicht an den strengen Kausalitätsmassstäben der modernen Wissenschaft messen. Bei den planetarischen Signaturen handelt es sich eher um eine imaginative, ganzheitliche Schau, die dem Einfluss der ständig wechselnden kosmisch-astrologischen Kräfte auf die Vegetation gerecht werden will. Dass man ohne kosmische und «jenseitige» Parameter die Pflanzenwelt nicht verstehen kann, ist wohl die wertvollste Einsicht dieser Anschauungsweise.

HERZ UND LEBER DER DEVAS

Die Planeten beziehungsweise die Kräftewirkungen, die von ihnen ausgehen, sind nicht die Devas selber. Es verhält sich eher so: Die Planetengötter statten die Pflanzendevas mit Organen und Lebenschakren aus. Die Planeten selber funktionieren als «Leber», «Lunge», «Milz», «Galle», «Herz» oder «Niere» der Pflanzendevas. Wie das sein kann, wollen wir nun versuchen zu erklären.

Mikrokosmos und Makrokosmos

Wir Menschen sind winzige Miniaturausgaben des grossen Makrokosmos. Noch archaischer formuliert: Wir sind die Samen des hermaphroditischen Urmenschen. In uns befindet sich alles, was im Univer-

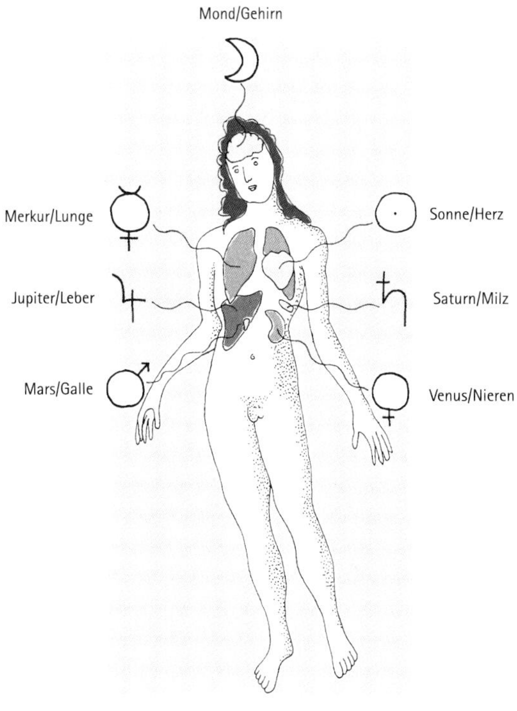

Planeten im Mikrokosmos Mensch

sum existiert. Folglich befinden sich in unseren Körpern sämtliche Planeten. Nur sind sie in uns zu Lebensorganen oder Lebenszentren (Chakras) geworden. Das äussere Sonnensystem ist in uns zum inneren Organkosmos mutiert. So schufen etwa die Mondkräfte, indem sie im Körper Eingang fanden, die Anlagen für das Hirn und unsere Fortpflanzungsorgane. Die Sonne hat sich im Herzen ein mikrokosmisches Organ geschaffen, das uns den Lebensrhythmus schlägt. Die Leber ist der Planet Jupiter im leiblichen Mikrokosmos. Venuskräfte offenbaren sich in den Nieren und im endokrinen Drüsensystem. Ebenso wie sich Merkur ständig in Sonnennähe hin und her bewegt, mal oberhalb, mal unterhalb der Ekliptik, so bewegt sich die ständig atmende Lunge in Herznähe. Mars offenbart sich in der Galle und im Blutkreislauf, Saturn in der Milz und in den Knochen. Wir kennen alle diese Bezüge aus den Bauernkalendern oder alten Holzschitten, in denen der «Kalendermann» samt Organen und Planeten abgebildet ist.[21]

Die inneren Organe des Menschen haben nicht nur physiologische Aufgaben wie Stoffwechsel oder Fortpflanzung. Sie sind zugleich Grundlage der Seelenfunktionen, der Gefühle und Emotionen, der Zu- und Abneigungen. Wenn sich die innere Sonne verdunkelt, bricht es dem Menschen das Herz. Wenn der innere Mars zürnt, dann läuft einem die Galle über. Wenn der innere Saturn schlecht aspektiert ist, dann wird der Betroffene «spleenig» (lat. *splen*, «Milz»). Der Mond, der im Makrokosmos wie ein Spiegel das Licht der Sonne auf die Erde wirft, wirkt im menschlichen Mikrokosmos als ein Spiegel, der die inneren Zustände ins Bewusstsein hinein reflektiert. Wenn das nicht richtig funktioniert, sprechen wir von einer lunatischen Persönlichkeit. Der Sprachgebrauch kennt auch merkuriale Persönlichkeiten, venerische

21 Die Darstellungen des «Kalendermanns» bringen die Körperregionen mit den zwölf Tierkreisbildern in Zusammenhang: den Widder mit dem Kopf, den Stier mit dem Hals, die Schultern mit den Zwillingen und so weiter bis hinunter zu den Füssen, die den Fischen zugeordnet sind. Ebenso werden die Hauptorgane mit den sieben Planeten in Verbindung gebracht. Die unsichtbaren Planeten Uranus, Neptun und Pluto werden im Kalendermann nicht berücksichtigt; sie stellen nach Aussage vieler Astrologen lediglich eine neue Oktave dar. Der Kalendermann repräsentiert den Makrokosmos, den Urriesen, ebenso wie den Mikrokosmos, den einzelnen Menschen. Da der Mikrokosmos aus dem Makrokosmos hervorging, bestehen zwischen beiden Korrespondenzen. Diese Korrespondenzen spielten einst in der Heilkunde eine wichtige Rolle. Sie fanden ihren Niederschlag in den Regeln, durch welche der beste Zeitpunkt für das Pflanzen, Säen, Ernten, Holzschlagen, Haareschneiden und vieles andere bestimmt wurde. Das Landvolk schaut gelegentlich noch heute nach dem Stand des Planeten, um zu bestimmen, wann das Heilkraut gepflückt, der Kohl gesetzt oder ein krankes Tier behandelt werden soll.

Gelüste und joviale (jupiterhafte) oder martiale (marshafte) Gemütszustände.

Bei den Tieren, die sich noch nicht ganz zu Mikrokosmen entwickelt haben, spielen die äusseren Planeten noch eine grosse Rolle in der Verhaltensregelung. Als Instinktsicherheit bezeichnen wir das. Die Brunftzeiten sind oft noch ganz an die Mondrhythmen gekoppelt. Beim Menschen dagegen ist es anders, da wirken die inneren Planeten stärker.

Nach Auffassung der esoterischen Tradition, zu der auch Rudolf Steiner gehörte, ist der Mensch ein voll inkarniertes Wesen. Das Seelenhafte befindet sich nicht irgendwo draussen, sondern wirkt von innen her. Der Mensch hat seine eigenen, persönlichen Sterne, das macht ihn zum Individuum. Er ist aber ätherisch als Lebewesen, astralisch als Seele und geistig als «Ich» stark an seine Körperlichkeit gebunden.

Die Pflanze, die im Garten oder auf der Wiese wächst, ist dagegen nur physisch und ätherisch gegenwärtig. Während wir das Seelische und Geistige mehr oder weniger in unserer Leiblichkeit eingeschlossen mit uns herumtragen, bleiben sie beim Gänseblümchen oder bei der Zimmerlinde ausserhalb der Physis. Ihr Seelisch-Geistiges bleibt ewig ungeboren und berührt, bewegt und gestaltet den physischen Leib nicht von innen, sondern von aussen, vom «Jenseits» her. Pflanzen haben keine inneren Organe und entsprechend auch kein inneres seelisches Leben – deswegen schreien sie nicht oder rennen weg, wenn man sie pflückt oder wenn sich eine gefrässige Raupe über sie hermacht.

Statt eines inneren Organkosmos wie der Mensch haben Pflanzen ausserleibliche Organe, und diese stehen mit den Planeten am Himmel in Verbindung. Deswegen kann man mit Recht sagen, das Pflanzenwesen ist im Gegensatz zu dem in sich abgekapselten Menschen weltoffen, makrokosmisch, gigantisch.

Diese Aussagen sind für den modernen Zeitgenossen ein recht starker Tobak. Um sie nachvollziehen zu können, muss er erst einmal den Wust des gewöhnlichen Schulwissens ablegen – vorübergehend wenigstens. Aber wie ist es mit dem vorgeburtlichen Menschen, dem Fötus im frühen Stadium, der noch keine inneren Organe hat? Entweder hat er noch kein Seelen- oder Geistesleben, wie die Materialisten behaupten, oder seine Seele und sein Geist befinden sich ausserhalb – wie bei der Pflanze – im Makrokosmos ausgebreitet. Das wenigstens sagen die Seher. Auch der Indianer Bill Tallbull weiss von Menschenseelen zu erzählen, die sich wiederverkörpern wollen. Für das äussere Auge unsichtbar, halten sie sich in blühenden Pflanzen, in Bäumen oder an Quellen auf. Wenn eine Frau gerade an einer solchen Stelle Beeren sammelt oder Wasser schöpft, kann eines dieser Geistkinder in sie hineinschlüpfen, und sie wird schwanger. Falls die Frau selbst seherisch begabt ist, kann sie dem Kind sagen, ob sie es haben will oder nicht. Selbstverständlich wissen die Indianer, welche Rolle der Koitus bei der Zeugung spielt – dieser Befruchtungsvorgang erklärt jedoch nicht die einzigartige Persönlichkeit des sich inkarnierenden Wesens.

Auch der Sterbende wird wieder makrokosmisch wie die Pflanze. Seher berichten, dass er, wenn er die Leibeshülle verlässt, zuerst Zuflucht in der Vegetation, besonders in grossen Bäumen sucht. Der Friedhofsbaum wird vorübergehend sein «Körper». Da der Baum aber mit den Erdtiefen und dem Himmel verbunden ist, wird er zugleich zur «Himmelsleiter» des Toten, auf der er in die kosmischen Weiten reist. In Indien ist die Leichenverbrennung Anlass zur Meditation über die tieferen Wahrheiten. Die Angehörigen nehmen einige Kugeln eines Hanfpräparats (*Bhang*) ein, um die Seele des Verstorbenen eine kurze Wegstrecke weit ins Jenseits zu begleiten. Sie erleben, wie sich im Feuer des Scheiterhaufens Seele und Geist vom Körper trennen und wie der Verstorbene dann in einen der mächtigen Pipal-Bäume eingeht. Wasser in einem ungebrannten Tontopf und ungesalzene Reiskugeln werden als Totenspeise in die Äste des Baumes gehängt. Der Tote durchwandert dann die Planeten- und Göttersphären und kehrt zum Urquell des Seins zurück. Wenn sein altes, noch ungesühntes Karma ihn wieder auf die Erde zurückruft, kommt er im Regen herab, wird von den Nahrungspflanzen aufgesogen und erlangt sozusagen mit dem Speisebrei wieder Zugang zu neuen Eltern und einer neuen Inkarnation.

Der Mensch als irdische Individualität hat sich weitgehend von seinem kosmischen Bezugsnetz emanzipiert. Er ist nicht mehr, wie etwa die Lilie oder der Lurch im Sumpf, unmittelbar den zirkadianischen, lunaren und solaren Rhythmen unterworfen. Er hat Kultur entwickelt, ein sozial geprägtes Verhalten, das ihn von seinen Instinkten abkoppelt. Er kann verquer/gegen die vorgegebenen Muster leben, die Nacht zum Tag machen, seine Sexualität zur Erotik, ja zur Perversion steigern, seinen Esstrieb zur Völlerei oder bis in die Anorexie verkehren. Dabei wird er oft krank. Der Mensch ist, was den kosmischen Seinsursprung betrifft, ziemlich dumm geworden.

Die Pflanzenwesen sind dagegen noch eins mit dem kosmischen Reigen. Das einzelne Blümlein oder Kräutlein hat noch keine ausgeprägte irdische Individualität – nicht einmal die «animalischsten» Pflanzen haben das. Es teilt seine Seele mit allen anderen Pflanzen seiner Art. Sein Selbst – von einem Ego kann eigentlich keine Rede sein – leuchtet ihm vom Sternenhimmel herab.

Und eben da sie kein gebrochenes Verhältnis zum Makrokosmos, zu Vater Himmel und Mutter Erde haben, sind die Pflanzen noch heil, noch mit dem Urquell verbunden. Daher können sie auch unsere Heiler werden, können dem kränkelnden menschlichen Mikrokosmos makrokosmische Urkräfte, Harmonie und Gesundheit vermitteln.

Der Pflanzenforscher Wilhelm Pelikan fragt sich aber, wieso einige Pflanzen ganz und gar organspezifisch wirken? (Pelikan 1977: 137) Warum wirkt der Weissdorn speziell auf die Herzkranzgefässe, das Schöllkraut auf die Leber, die Goldrute auf die Niere? Worauf gründen diese geheimnisvollen Beziehungen? Die Antwort liegt auf der Hand. Obwohl alle Pflanzen die gleichen sieben Planeten als Organe haben, sind einige dennoch mehr vom Mars geprägt, andere mehr von Venus, Merkur oder einem anderen Planeten. Oft wirken mehrere Planeten in besonderer Intensität in einer Pflanzenart. Nach dem homöopathischen Prinzip, «Heile Gleiches mit Gleichem», versucht der Heiler die heilen pflanzlichen Planeten den erkrankten, geschwächten mikrokosmischen Organen zukommen zu lassen.

Nun endlich, nach diesem recht schwierigen Exkurs, können wir uns zusammenfassend ein genaueres Bild von der «Anatomie» eines Pflanzendevas machen: Sein geistiges Urbild wirkt nicht von einem leiblichen Mittelpunkt her, sondern von der Sternenperipherie. Die Planetensphären sind die «Seelengewänder», in die sich der Deva kleidet, es sind auch seine «Organe». Sein Herz ist die Sonne. Dieses hellste der Himmelslichter ist die Mitte seines Wesens. Diese Erkenntnis veranlasste den Dionysius Aeropagita auch, die Sonnensphäre zum Hauptwohnort der Pflanzenengel zu erklären. Auch unser Mittelpunkt, so lehren es die Weisen, sollte das Herz sein. Christus, im esoterischen Christentum als Sonnengeist gefeiert, nimmt im Herzen seinen Sitz. Auch wenn die Erleuchtung im Kronenchakra stattfindet – so der weise Sri Ramana Maharshi –, ruht Shiva als Wesensmitte dennoch im Herzen. Und nur wer den Weg zum Herzen gefunden hat, wird mit einem Pflanzendeva Kommunion halten können.

Der Pflanzendeva hat also seine «Organe» oben im Himmel. Sein

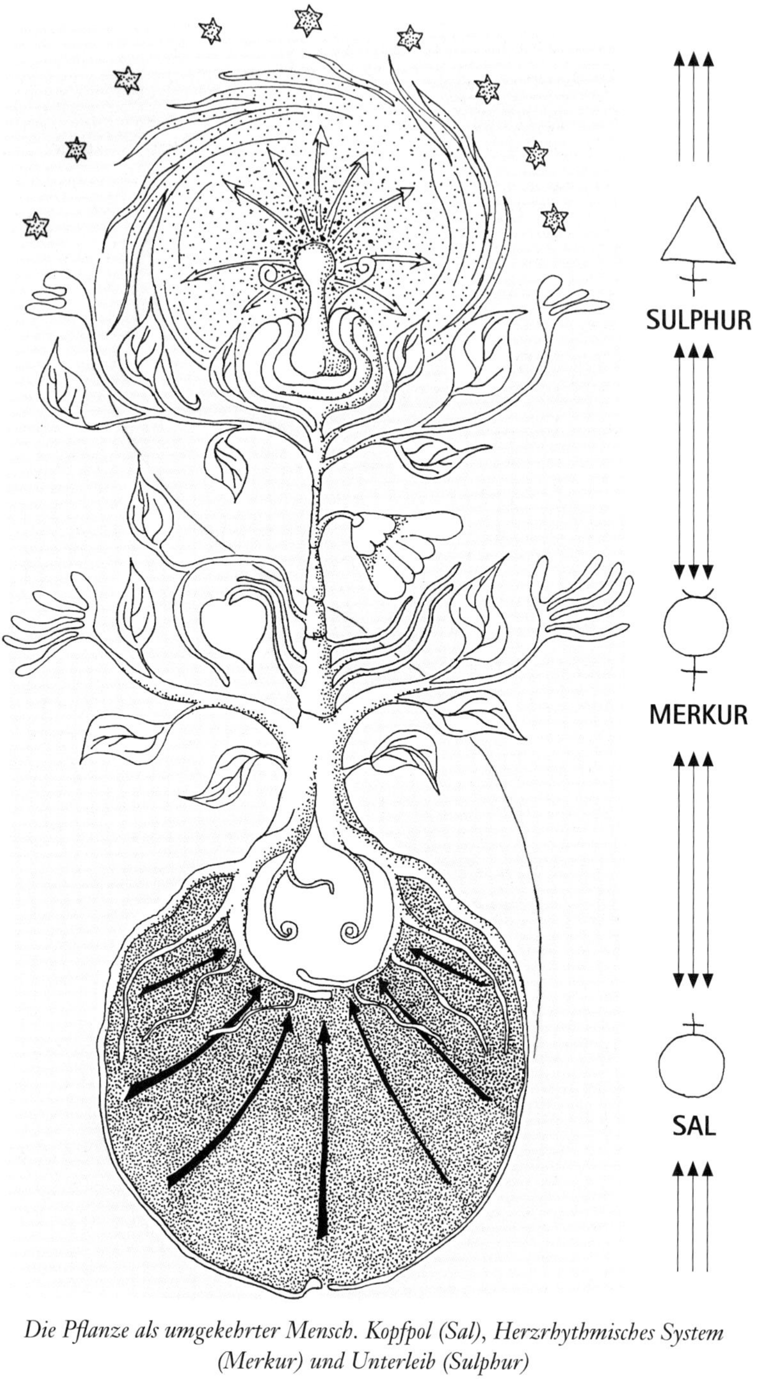

Die Pflanze als umgekehrter Mensch. Kopfpol (Sal), Herzrhythmisches System (Merkur) und Unterleib (Sulphur)

Schädel, sein Denkvermögen und seine Sinne sind jedoch, so Rudolf Steiner, mit der Erde verquickt. Wie der Mensch, so lebt und fühlt der Deva mit seinem ganzen Leib, aber im Kopf wird es ihm bewusst. Die Wurzeln der Pflanzen, durch Mykorrhizen (Wurzelpilze) über Tausende von Quadratkilometern miteinander vernetzt, stellen seine Nerven oder Hirnzellen dar. Die Pilze – sie bilden eigentlich ein eigenes Naturreich –, die pro Fruchtkörper bis zu 16000 Millionen Sporen bilden und diese bis zu 600000 Kilometer weit fliegen lassen, sind für lunare und andere kosmische Einstrahlungen sehr empfänglich. Sie regeln den Informationsfluss zwischen den Pflanzen und dem ganzen Ökosystem. In diesem Sinn bilden sie tatsächlich so etwas wie das Hirn der Vegetation. Aber auch die feinen Wurzeln an sich sind Ausdruck einer vegetativen Intelligenz. Mittels unzählbarer, ständig sich neu bildender Wurzelhärchen durchtasten sie wahrnehmend den Erdboden. Sie spüren Spurenelemente, Wassermoleküle und andere physio-chemische Informationen auf. Die Wurzelhärchen einer einzigen Roggenpflanze wachsen suchend, sinnend und tastend zusammengerechnet 90 Kilometer pro Tag. Das sind über 10000 Kilometer pro Wachstumssaison. Unglaublich, aber wahr! (Huxley 1974: 44)

Die Wurzelenergien wurden von Hellsehern als Heinzelmännchen und Gnomen wahrgenommen. In den Märchen werden diese Wichtel auch als entsprechend klug, aufmerksam und weise dargestellt. Sie sind viel weiser als die Menschen, denn sie sind Träger des ihnen vom ganzen Kosmos zugestrahlten Wissens. Dieses kosmische Wissen geben sie im Frühling an die keimenden Samen weiter, damit die Pflänzchen artgemäss und schön heranwachsen. Diese Elementarwesen verkörpern sozusagen das Kopfbewusstsein der Pflanzendevas.

Das Bild des typischen Pflanzendevas, der seine Glieder in den Kosmos streckt und seinen Kopf in die Erde, begegnet uns auf allen fünf Erdteilen im Symbol des umgekehrten Urbaumes: Es ist der im Himmel wurzelnde Urbaum der Australier und Sibirier, es ist der *Asvattha* der vedischen Seher, der Kraft und Licht aus kosmischen Regionen saugt und sie an die unzähligen Geschöpfe, die seine Samen und Früchte bilden, weiterleitet; es ist der umgestülpte Baum Platons und Dantes, der islamische Baum der Freuden und der kabbalistische *Sephiroth*.

Was das Bild unter anderem besagen will, ist, dass der Mensch im Gegensatz zur Pflanze in einem umgekehrten, einem verkehrten Verhältnis zum Kosmos steht. Will er mit den Pflanzendevas, mit den Göttern und Ahnen reden, dann muss er sich neu orientieren, muss sich selber umkehren ... «Was die Pflanze willenlos ist, sei Du es wollend – das ist's!»

Magische Präparate

Die vorangegangenen Ausführungen können uns helfen, die von Rudolf Steiner entwickelten spagyrischen Zaubermittel für Feld und Garten besser zu verstehen. Schon in den zwanziger Jahren dieses Jahrhunderts, als die durch unseren technologischen Wahn erzeugten Umweltschäden noch gar nicht offenkundig waren, erkannte Steiner, dass Boden und Pflanzen immer schwächer werden und dringender Hilfe bedurften. Die biologisch-dynamischen Präparate, die er entwickelte, helfen den Pflanzen, sich wieder stärker mit ihren Devas, mit den formativen Kräften des Kosmos zu verbinden. In gewissem Sinn ähneln sie den Blütenpräparaten Edward Bachs, die dem auf Erden inkarnierten Menschen helfen sollen, sich stärker mit seinem archetypischen Selbst zu verbinden.

Das erste bio-dynamische Mittel ist das *Hornmistpräparat*. Ein Kuhhorn wird mit frischem Rindermist gestopft. Das Horn wird über den Winter in gutem Humusboden vergraben. Dort nimmt es die kristallinen Sternenkräfte – «die kosmischen Gedanken» – auf, die sich im Frost und Schnee offenbaren. Das Horn wirkt dabei wie ein Kondensator dieser formgebenden Energien. Im Frühjahr wird das Horn dann ausgegraben. Jeweils eine Prise des gut verrotteten Inhalts wird in einem Eimer lauwarmem Regenwasser eine Stunde lang sorgfältig mit einem Birkenreisigbesen verrührt.[22] Dabei wird das Wasser rhythmisch abwechselnd linksdrehend, dann wieder rechtsdrehend gewirbelt, so dass sich jeweils ein tiefer Trichter, ein spiraliger Strudel, bildet. Das Rühren sensibilisiert das Wasser als Trägersubstanz für die im Präparat

22 Es ist nicht von ungefähr, dass der Besen aus Birkenreisig gebunden werden soll. Im gesamten indogermanischen und sibirischen Raum galt die Birke als Lichtbaum und Vermittler wunderbarer Kräfte. Heilige Orte wurden mit Besen aus Birkenzweigen gekehrt, der Schlag mit der Birkenrute zur Maienzeit vermittelte die aus der geistigen Welt einströmenden positiven Kräfte, er brachte Gesundheit und den Frauen und Haustieren Fruchtbarkeit. Birkensaft gilt als «blutreinigend», und in den traditionellen Schwitzbädern (auch in der Sauna) spielen Birkenruten eine wichtige Rolle. Für sibirische Schamanen ist der Birkenbaum schlicht der Schamanenbaum, auf dem der Seher in die anderen Welten steigt.

enthaltene Botschaft. Patrick Flanagan, ein amerikanischer Wasserexperte, meint dazu, dass sich die derart «gestressten» Wassermoleküle wie Gummibänder ausdehen und für die Planetenenergien empfänglich werden. (Tompkins/Bird 1991: 118) Das fertig potenzierte Hornmistpräparat wird anschliessend auf die jungen Saaten versprüht. Es erlaubt den Pflänzchen, die «Gedanken» der Devas besser aufzunehmen. Sie keimen, wurzeln und wachsen dann – wie Steiner sagt – auf «vernünftige» Art und Weise.

Ein weiteres Präparat wird folgendermassen hergestellt: Ein Bergkristall wird zermahlen, das Pulver in ein Kuhhorn gestopft und über den Sommer im Erdboden vergraben. Während das Hornmistpräparat vor allem das Wurzeln und Keimen unterstützt, hat das Hornkieselpräparat die Aufgabe, der Pflanze Licht-, Wärme- und Reifekräfte zu vermitteln. Das lichtsensitive Blattwerk, das pflanzliche «Auge», das in den Kosmos hinausspäht, soll mit diesem Kieselpräparat unterstützt werden.[23]

Nicht nur verbinden die Hornpräparate die Kulturpflanzen mit tellurischen und kosmischen Energien, sie beziehen auch den Gärtner oder Landwirt mit in das Geschehen ein. Das Rühren gleicht einem schamanistischen, bewusstseinsverändernden Ritual. Es ruft einen tranceartigen Zustand hervor, ähnlich wie ständiges rhythmisches Trommeln oder das Aufsagen von Mantren. Wenn der Landmann anschliessend mit der Rückenspritze oder einem feinen Besen das Präparat aussprüht, sieht er Feldfrucht und Ackerboden in einer ganz anderen Art und Weise, als wenn er sonst den alltäglichen Arbeitsgängen nachgeht. Manchmal öffnet sich der Vorhang seiner Seelenpforte dermassen, dass er die Regenwürmer flüstern hört, die Heinzelmännchen vorbeihuschen sieht oder gar – wenn er ganz tief in das Innere eingedrungen ist – das Raunen der Devas im Rauschen der Blätter gewahrt.

Für den Kompost entwickelte der Dornacher Magier noch weitere dynamische Präparate aus Kräutern. Ein Präparat wird aus Schafgarbenblüten (*Achillea millefolium*) hergestellt: Im Frühjahr werden die Blüten in eine Hirschblase gestopft, an sonniger Stelle aufgehängt und

23 Die Chloroplasten sind ebenso lichtsensitiv wie die Netzhaut unserer Augen. Sie empfangen dasselbe Spektrum der einstrahlenden Wellenlängen. Beide, die Chloroplasten und die Stäbchen, gehen entwicklungsgeschichtlich auf die ersten photosensiblen Einzeller der präkambrischen Meere zurück.

dann im Winter in der Erde vergraben. Ein weiteres besteht aus Kamillenblüten, die im Dünndarm eines Rindes in der Erde überwintern. Zur Herstellung eines Eichenrindenpräparats wird die Rinde der Stieleiche (*Quercus rubor*) abgeschabt und in den Schädel eines wiederkäuenden Haustieres gestopft. Der Schädel wird dann über den Winter dort vergraben, wo ständig Wasser durch den Boden rieselt – bei einer Quelle oder unter einer Dachtraufe. Beim Löwenzahnpräparat werden frische Löwenzahnblüten in Rindergekröse gepackt und über den Winter im Erdboden gelagert. Das Brennesselpräparat wird einfach so, ohne Hülle, ein Jahr lang im Boden vergraben. Und das letzte Präparat besteht aus dem Presssaft des blühenden Baldriankrauts (*Valeriana officinalis*).

Diese kuriosen Mittel werden in geringer Dosierung – eine Prise genügt jeweils – dem Komposthaufen eingepflanzt. Der Baldriansaft wird homöopathisch verdünnt (ein Tropfen pro Eimer), rhythmisch verwirbelt und mit einem Wedel wie Weihwasser über dem Kompost versprengt.

Fragt man die Biodynamiker nach dem Sinn des Ganzen, kann man sich auf recht verkrampfte, eher pseudowissenschaftliche Erklärungsversuche gefasst machen: Von «Kalziumwirkungen», «Eisenprozessen», chelatischer Aufschlüsselung von Mineralien, verbesserter Bodenstruktur, Vermehrung der Kleinlebewesen, Bodenbakterien und Aktinomyzeten, und von verbesserter Geschmacksqualität ist da die Rede. Dies mag stimmen. Aber die Wirkung ist umfassender als das!

Das Kompostieren ist im Grunde genommen eine Art Verdauungsvorgang. Alle Zutaten, die vergilbten Blätter, die alten Stengel und Halme, werden zersetzt und ihre Strukturen allmählich aufgelöst. Die geordneten Substanzen werden – wie die Alchemisten es nannten – in das «Chaos», in die *Prima Materia* zurückgeführt. Ätherische Energien werden freigesetzt und harren auf Neustrukturierung. Diese chaotisierte Substanz ist sozusagen der frisch gepflügte Boden, der die Saat der kosmischen Formkräfte erneut aufnehmen kann.

Die Kräuterpräparate lenken die Neustrukturierung durch ihre Resonanz mit den Planeten. Es stellt sich heraus, dass in den Präparaten jeder Planet vertreten ist: Die Schafgarbe trägt vor allem die Signatur der Venus. Die im Tierschädel präparierte kalkreiche Eichenrinde hat die Signatur des Mondes. In der Brennessel ist der Mars vertreten, der Baldrian gehört zum Saturn, die Kamille zum Merkur, und der Löwenzahn ist eindeutig eine Jupiterpflanze.

Der biodynamische Landwirt pflanzt nun diese planetarischen Präparate nach einem bestimmten Muster in die Kompostmasse ein. Er stattet den primitiven Lebenskloss mit «Organen» aus, so dass dieser besser mit den Planetenkräften mitschwingen kann. Der neu entstehende Humus wird dadurch empfänglicher für planetarische Einflüsse, die dann an die wachsenden Kulturpflanzen weitergeleitet werden.

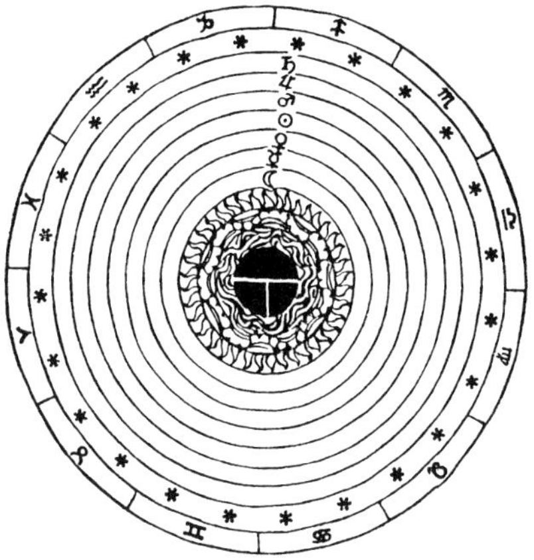

Das geozentrische Weltbild

FINDHORN UND DER ERBSENDEVA

Die äusserst komplizierten Zusammenhänge, die Rudolf Steiner seinen Schülern in den zwanziger Jahren dieses Jahrhunderts zumutete, waren nicht jedermanns Sache. Schon seine gewundene Ausdrucksweise, sein autoritärer Stil und noch mehr das geheimniskrämerische Getue seiner Anhänger verbaute vielen Interessierten den Zugang zum Verständnis seiner Vision. Bis auf einige Ausnahmen hatten diejenigen, die mit Pflanzen zu tun hatten, die Gärtner, Bauern und Botaniker, kaum Zugang zu dieser spirituellen Naturkunde. Auch wenn hier und da ein biodynamischer Garten Erstaunen hervorrief, blieb die Erklärung dafür für den Uneingeweihten ein nebelhaftes Durcheinander.

In den sechziger Jahren ging von den Devas selber ein neuer Impuls aus. Die Pflanzenengel suchten sich Medien, «Kanäle», unter den Menschen, die ihre Botschaft verbreiten konnten. Es war auch höchste Zeit! Eine Ideologie des unbeherrschten Verbrauchertums und eine ebenso zügellose Technologie, die sämtliche Konsumentenwünsche zu erfüllen versprach, hatte eine globale Umweltkatastrophe ins Rollen gebracht. Der massive Kunstdünger- und Herbizideinsatz vertrieb die zarteren Kräuter und Gräser von den Wiesen und Feldern. Pestizide töteten viele Insekten, die die Blütenpflanzen bestäuben, so dass viele Wildblumen vom Aussterben bedroht sind. Die Strassenbeleuchtung vernichtete ganze Populationen von nachtschwärmenden Insekten, die wiederum für andere Blütenpflanzen lebenswichtig sind. Die Entlaubung des ostasiatischen Dschungels durch *Agent Orange*, brennende Wälder im Amazonas, massive Kahlschläge in der sibirischen Taiga, Abgase, Bulldozer, Motorsägen ... – wir kennen die tragische Geschichte und spüren schon die klimatischen und soziologischen Folgen (etwa Massenabwanderung aus den betroffenen Gebieten, Verslumung der Megastädte). Schätzungsweise sind 25 000 Pflanzenarten und nahezu eine Million Tierarten ernstlich bedroht. Während das «Grosse Sterben» der Dinosaurier in einer Rate von einer Art pro tausend Jahre vor sich ging, ist die Rate des Rückzugs der Lebewesen in die geistige Welt in den siebziger Jahren auf eine Art pro Tag und in den Neunzigern auf eine Art pro Stunde gestiegen! (Hillary 1986: 125)

In den höheren Sphären blieb der Aufschrei der Geschöpfe nicht ungehört. «Wir werden euch nicht verlassen!» liessen sie die Erdengeschöpfe wissen und erschienen den Sensitiven in ihren Mediationen und Visionen. Uralte Geheimnisse der Naturvölker wurden zum ersten Mal gelüftet: Schamanen und Medizinleute fühlten sich veranlasst, geheime Rituale, die unsere verstockten Seelen wachrütteln können, zu offenbaren. Der mächtige Geist der Teonanacatl-Pilze, «diese kleinen Blumen der Götter», veranlasste die Mazateken-Schamanin Maria Sabina, sein seit 500 Jahren geheimgehaltenes Ritual auch den Weissen zu enthüllen. Der Peyote-Kaktus, das lang gehütete Geheimnis der Huitchol und anderer mexikanischer Indianer, suchte sich geeignete «Channels», wie etwa den New Yorker Brant Secunda, damit auch die Kinder der Technokraten ihrer Wesenstiefe gewahr werden konnten. Cannabis wurde auf Vermittlung indischer Heiliger (*Sadhus*), den Blumenkindern mitgegeben, die in den sechziger Jahren Indien als Flüchtlinge einer seelischen Hungerkatastrophe überfluteten. Der Deva der Ayahuasca-Liane (*Banisteriopsis caapi*), der es den Amanzonasindianern erlaubt, das kollektive Unbewusste in völliger Geistesklarheit zu durchwandern und dabei mit den Göttern und Ahnen zu reden, offenbarte sich den Ethnobotanikern der Harvard University. Auch andere Zauberpflanzen der Naturvölker wurden die Lehrer westlicher Sucher, die das «Sehen» wieder lernen wollten.

Dieser Schritt der Pflanzendevas war nicht ohne Risiko. Die traditionellen Schamanenpflanzen verursachten erhebliche Verwirrung unter denen, die nur an «cheap thrills» und ungewöhnliche hedonistische Kitzel dachten oder nur Ablenkung vom tristen Alltag suchten. Die Priester der Technokratieleisteten erbitterten Widerstand, denn für sie schien alles aufs Spiel gesetzt: der unnatürliche Luxus, das wildwuchernde Bruttosozialprodukt, die Macht! Eine heillose «Drogendiskussion», welche die altüberlieferten heiligen Pflanzen mit gesundheitsgefährdenden, oft tödlichen chemischen Substanzen (u.a. Amphetamine) und stark abgeänderten, industriell hochpotenzierten Pflanzenextrakten (u.a. Kokain, Morphium, Heroin) in ein und denselben Topf warf, brachte noch mehr Verwirrung. Derartige Chemieprodukte, vertrieben von einer gewissenslosen Mafia, brachten viel Leid und soziale Probleme mit sich – darunter die Tausenden von «Drogentoten», die in der Boulevard-Presse für weit mehr Sensation sorgen als die weltweit Abermillionen von Alkoholtoten oder die Opfer des Auto-Fetischismus.

Dennoch blieb dieser Eingriff der Devas nicht ohne Wirkung. Manch ein normaler Student ging aus einer vorübergehenden Berührung mit den Sakralpflanzen als offener und sensibler Mensch hervor. Ein neues, nüchterneres und verantwortungsvolleres Bewusstsein bahnte sich seinen Weg: eine ungiftige, unverfälschte Ernährungsweise, Ablehnung des Rüstungswahns und Völkerhasses, eine Ökologiebewegung und ein neues Interesse für spirituelle Lebensformen. Einige dieser Generation, wie Bill Gates, Gründer der Computer-Firma Microsoft, oder der Biologe Rupert Sheldrake, wurden durch den Kontakt zu besonderer Kreativität angespornt.

Andere Devas arbeiteten wiederum auf weniger dramatische Art und Weise. Sie offenbarten sich sanft in den Einsichten und Inspirationen, welche die Menschen aus Meditationen, Träumen oder Gedanken schöpfen.

Die Botschaft der Erbse

Ein Deva, der dabei eine wichtige Rolle spielte, ist der Erbsendeva. Er ist ein alter Freund der Menschheit. Die Erbse lässt sich schon in der Mittelsteinzeit (Mesolithikum) im Vorderen Orient nachweisen, wo sie als wildwachsende Pflanze gesammelt wurde. Als dann vor ungefähr acht- bis zehntausend Jahren die ersten Stämme sesshaft wurden, ihren Emmer und ihre Gerste anbauten, schlich sich dieser Schmetterlingsblütler als Unkraut in die Äcker und mutierte schnell zu einem wertvollen Eiweissspender. Die Erbse wanderte dann mit den Wanderfeldbauern das Donautal hinauf nach Norden und wurde von den Bandkeramikern, der ältesten mitteleuropäischen Ackerbaukultur, angebaut.

In der europäischen Volkskunde heisst es, dass die Zwerge ein Erbsengericht über alles lieben und dass sich mit Erbsen allerhand böser Zauber vertreiben lässt. Erbsen galten zudem als Symbol der Fruchtbarkeit. Eine bunt geschmückte Erbsengarbe, «Erbsenmutter» genannt, oder ein in Erbsenstroh gewickelter Bursche, der «Erbsenbär», galten bis in dieses Jahrhundert vielerorts als Verkörperung des Fruchtbarkeitsdämons. (Storl 1992: 73) Im Schwabenland wird an Adventsdonnerstagen eine Erbsensuppe gegessen, damit einem das Geld niemals ausgeht. Auch die Christen sahen in der Erbse noch eine heilige Pflanze, denn jeder Samen hat einen Abendmahlskelch – es ist das Hypokotyl – als Signatur eingraviert. Schliesslich entdeckte der Augustinermönch Gregor Mendel anhand der Erbsen das Vererbungsgesetz.

Gerade diese Pflanze war es, die sich in der empfindsamen Doro-

Die Gartenerbse

thy Maclean eine Vermittlerin ihrer Botschaft auserkor. Die ehemalige Sekretärin war mit Peter und Eileen Caddy nach Nordschottland gezogen, wo sie auf einem kargen, vom kalten Nordseewind umwehten Stück Land neben einem Luftwaffenstützpunkt ihren kleinen Wohnwagen aufstellten. Sie verstanden sich als spirituelle Sucher, zugleich aber hofften sie, irgendeine Anstellung zu finden, um ihren Unterhalt zu bestreiten. Da sie in ärmlichsten Verhältnissen von dürftiger Sozialunterstützung leben mussten, sollte ihnen wenigstens ein Gemüsegarten das Überleben sichern. Das rauhe Klima und ein Boden aus magerem Dünensand, auf dem nur Stechginster und Binsen zu gedeihen schienen, entmutigte sie nicht. Unverzagt und ohne gärtnerische Kenntnisse – mit echt britischer Sturheit – grub, säte und pflanzte Peter Caddy den Garten. Die Sachbücher, in denen er eifrig um Rat blätterte, schienen nicht für derartige Boden- und Klimaverhältnisse geschrieben zu sein. Die sensible Dorothy Maclean half ihm dabei. Zugleich fuhr sie mit ihrer Meditationspraxis fort. In einer Meditation empfing sie von einer inneren Stimme die Botschaft: «Naturkräfte müssen innerlich erfühlt, um äusserlich begriffen zu werden. Die Naturkräfte freuen sich, wenn freundliche Mächte sie empfinden!» (Maclean 1985: 64) Eine andere innere Stimme riet ihr: «Stimmt Euch auf die Naturgeister ein!»

Dorothy nahm sich die Botschaft zu Herzen und wählte die Erbsenranke, um sich einzustimmen. Sie meditierte und versuchte mit dem Geist der Erbse in Kontakt zu kommen. Das war nicht schwer für sie, denn seit ihrer Kindheit liebte sie die Pflanze, liebte, wie sie wuchs, blühte und duftete, liebte auch den Geschmack einer Erbsensuppe.

Ihre Intuition hatte sie richtig geführt. Liebe und Interesse sind die Schlüssel, wenn man mit Pflanzendevas kommunizieren will. Die Erbsenstaude schien ihre Gedanken zu lesen, schien zu wissen, dass im Augenblick gerade die Schnecken für die Amateurgärtner ein Problem waren. «Auch Schnecken sind kein Problem. Auch sie ernähren wir gerne – aber die Menschen nehmen uns als selbstverständlich hin, ohne zu danken! Wenn die Menschen nicht so dumm und böse wären, würden wir mit ihnen zusammenarbeiten, und wahre Wunder würden geschehen!» (Hawken 1976: 180)

Dorothy war von der Begegnung überwältigt. Sie wusste nicht, wer oder was mit ihr gesprochen hatte. War es ein Engel? Sie konnte kaum glauben, dass eine kleine Erbsenpflanze mit solcher Macht und Direktheit zu ihr sprechen konnte.

Peter waren solche Vorbehalte fremd. Er wollte nur wissen, ob diese Gemüsegeister auch konkrete Anleitungen geben könnten, etwa zu Saattiefe, Reihenabständen, Fragen der Düngung und Bewässerung. Er stellte eine Liste solcher Fragen auf und ermunterte Dorothy, sich damit an die Übersinnlichen zu richten. Meditativ peilte sie verschiedene Pflanzen an, und die Antworten kamen klar und deutlich zurück. Der Geist der Zwergbohne erzählte ihr von der Saattiefe, der Spinatgeist vom Abstand, den er benötigt, die Tomate wollte flüssige Düngung und Windschutz, und so ging es weiter.

Peter befolgte sorgfältig die übermittelten Botschaften, und der Garten gedieh nicht nur prächtig, er wurde zum Wunder! Zuerst kamen die nicht eben kontaktfreudigen schottischen Nachbarn auf ihren Sonntagsspaziergängen vorbei, um zu sehen, was da eigentlich los war. Sie staunten. Bald kamen die ersten Experten und Agronomen, die für das Phänomen keine rationale Erklärung finden konnten. Schliesslich machten sich immer mehr Schüler und Lernbereite auf den Weg nach Findhorn.

Inzwischen erkannte Dorothy das Wesen der Pflanzengeister klarer. Es waren Engel, Lichtwesenheiten von ungeheurer Reinheit, Freude und voller Lobpreisung! Da ihr der Begriff Engel zu theologisch belastet schien, wählte sie die Bezeichnung «Deva», die Leuchtenden. Sie erkannte bald, dass ein Deva nicht nur der Geist der einzelnen Pflanze ist, sondern ein die ganze Gattung «überstrahlendes» Wesen. Der Erbsendeva ist mit allen Erbsenpflanzen auf dem gesamten Planeten verbunden. Er hält das archetypische Muster der Erbsenpflanze in seinem Bewusstsein und kümmert sich um ihr Wohlergehen. Der Deva, erkannte sie, ist die eigentliche Pflanze, die Persönlichkeit oder Geistseele der Art. (Maclean 1985: 68) Die Devas, erfuhr sie, sind ohne Form, aber sie können für den Menschen Gestalt annehmen. Man soll sich also kein festes Bild von ihnen machen, das würde eine unnötige Begrenzung bedeuten.

Sie lernte, dass diese Wesenheiten telepathisch kommunizieren und mit den Menschen in freundliche Verbindung treten wollen. Auch erkannte sie, dass analytisches Denken, welches nur äusserlich und zergliedernd vorgeht, die Devas beleidigt, während positive Gedanken und Gefühle, Liebe und Bewunderung ihnen Freude bereiten. Diese sind so etwas wie Nahrung für sie, und sie bedanken sich mit besserem Wachstum und auch erhöhtem Nährwert. Manipulationen wie Gentechnologie, Chemikalien, Hybridisierung oder radioaktive Bestrahlung, um die Pflanzen zu höherer Produktivität zu zwingen, tun ihnen weh. Sie ziehen sich dann langsam zurück. Wäre es nicht besser, sie zu fragen und mit ihnen zu arbeiten, anstatt sie zu manipulieren? Würde das nicht eine völlig neue Landwirtschaft hervorbringen? Sie möchten frei mit uns mitarbeiten, nicht ausgebeutet und unterjocht werden. Sie wollen, dass die Menschen ebenfalls glücklich sind, und geben ihre Gaben als Nahrungs-, Heil- und Genussmittel gerne. Ihr Lebensfeld ist die Freude, die Wonne – sie wollen uns lehren, an der Freude teilzuhaben.

Vielerorts haben sich die Devas menschliche Kanäle für ihre Botschaften gesucht. Auch mein Lehrer, der alte Bergbauer Arthur Hermes, sprach mit den Pflanzengeistern, säte den Samen mit liebevoller Hand, bettete die Setzlinge wie kleine Wickelkinder in die Erde und gab ihnen Decken aus Mulch. Er liess die Sonne seines Herzens auf sie scheinen. Auch Hermes wusste, dass Bewunderung und Liebe die wichtigste Düngung ist. Ohne diese Düngung würden die Lebenskraft und die unwägbaren Qualitäten, wie Duft, Geschmack und Nährwert, schwinden. «Wenn die Wissenschaftler so weitermachen», pflegte er zu sagen, «wird die Menschheit am vollen Tisch verhungern!» Das aufgedunsene, geschmacklose Obst und Gemüse in den Supermärkten scheint seinen Prophezeiungen recht zu geben.

Es gab und gibt viele Menschen, denen die Devas keine Fremdlinge sind und die mit ihnen in Verbindung stehen. Durch Findhorn jedoch, durch die Botschaften Dorothy Macleans wurde der Begriff «Pflanzendeva» allgemein bekannt, wurde zum Wegweiser des neuen Bewusstseins, das uns aus der Zivilisationskrise führen wird.

ROC UND DIE NATURGEISTER

«Ihr seid noch da! Nein, das ist unerhört.
Verschwindet doch! Wir haben ja aufgeklärt!
Das Teufelspack, es fragt nach keiner Regel.
Wir sind so klug, und dennoch spukt's im Tegel.
Wie lange hab ich nicht am Wahn hinausgekehrt,
Und nie wird's rein; das ist doch unerhört!»
Goethe, *Faust I*, Walpurgisnacht

1966 gesellte sich ein älterer Schotte, ein Gelehrter namens Robert Ogilvie Crombie, zu den Gärtnern in Findhorn. Mr. Crombie, kurz Roc genannt, hatte eines Tages ein aussergewöhnliches Erlebnis. Beim Spaziergang durch den Royal Botanical Garden in Edinburgh ruhte er sich auf einer Bank unter einer grossen Buche aus. Da huschte tanzend eine kleine bocksfüssige Gestalt mit spitzen Ohren, spitzem

Pan

Kinn und Hörnern auf dem Kopf an ihm vorbei. Zuerst dachte er, es sei ein Junge, der da spiele. Aber nein! Es musste eine Sinnestäuschung sein, was sollte es sonst sein? Das eigenartige Wesen umtanzte einige andere Gartenbesucher, aber diese schienen es nicht zu sehen. Auf einmal sprang es zu Roc hinüber. Anstatt in Panik zu geraten oder das Ganze als Halluzination abzutun und dann einen Psychiater um Hilfe zu ersuchen, sagte Roc einfach: «Hallo.»

Erschrocken sprang der kleine Geist zur Seite. «Du kannst mich sehen?» fragte er erstaunt. «Normalerweise sehen mich die Menschen nicht.»

Die Begegnung war der Anfang einer freundschaftlichen Beziehung zu jenen unsichtbaren Geistern, die die Natur beleben. Erst allmählich ging es Roc auf, wer dieser bockshörnige Faun eigentlich war. Wäre Roc ein frommer Kirchgänger gewesen, hätte er ihn wohl für den Teufel gehalten und versucht, ihn mit Weihwasser und Stossgebet zu bannen. Doch der alte Schotte hatte Mumm, und das gefiel dem Waldwesen. Belesen in klassischer Mythologie, erkannte er, wer da vor ihm stand: Es war Pan, die personifizierte Energie der Natur. Der Berg- und Wald-*Daimon*, dessen plötzliche Flötenlaute Mensch und Tier in «*pan*ischen Schrecken» versetzen konnten.

Rocs Furchtlosigkeit und Unvoreingenommenheit wurden reichlich belohnt. Pan, der ja nicht aus grober Materie besteht, konnte in Roc hineinschlüpfen, so dass dieser die Blumen, Gräser, Bäume und Steine sehen konnte wie nie zuvor. Alles war klarer, heller, wirklicher und lebendiger als zuvor. Wenn Pan ihm seine Augen lieh, erkannte Roc ganze Scharen von Elementarwesen, Baumelfen, Teichnymphen, Faune und andere Naturgeister, die sich da tummelten.

Roc, nun selbst zu Pan geworden, tanzte leichtfüssig den Waldweg entlang, spielte die Hirtenflöte und brachte die anderen Naturgeister zum Tanzen. Die Vögel zwitscherten lustige Melodien dazu. Als ihm bewusst wurde, dass es den anderen Parkbesuchern recht albern vorkommen musste, wie da ein älterer Gentleman einfach so herumhüpfte, war das Erlebnis ebenso schlagartig vorüber, wie es gekommen war. Die eher langweilige, farblose Alltäglichkeit hatte ihn wieder eingeholt.

Was war es, was Roc da erlebt hatte? Der Materialist würde wahrscheinlich von einem schizophrenen Schub, von einem Exteriorisationsphänomen, einer Stoffwechselstörung im Hirn oder einem, durch ein unbewusstes Trauma ausgelösten temporären Realitätsverlust sprechen. Oder hatte sich der ehrbare Gentleman etwa an LSD oder DMT vergriffen? Ein Abergläubischer würde wohl Besessenheit herbeizitieren. Für Roc war es aber weder dies noch das, für ihn stellte das Erlebnis eine tiefere, wahrere Einsicht dar, die nur durch Einswerden mit der Natur zustande kommen kann. Er hatte unverhofft die Innenseite der Natur geschaut. Er hatte Pan erlebt. «Pan» bedeutet «überall»: Es ist die Energie, die überall die Natur belebt.

Heinzelmännchen, Gahongas und Kachinas

In heidnischen Zeiten wimmelte es nur so von solchen Kreaturen. Es war nichts Ungewöhnliches, diesem oder jenem Naturgeist zu begegnen. Unsere Märchen und Sagen sind Zeugen davon. Man achtete diese Geister, opferte ihnen und wusste im allgemeinen, wie man mit ihnen umzugehen hatte. Völkerkundler bestätigen, es gibt kein Volk, das sie nicht kennt, und viele Naturvölker verkehren noch immer mit ihnen. E. B. Tylor, der grosse Theoretiker der Ethnologenzunft, versuchte diesen universellen Glauben an die Beseeltheit der Natur unter dem Begriff «Animismus» zusammenzufassen. (Storl 1974: 6) Animismus entspreche einer eher kindlichen psychologischen Entwicklungsstufe der Menschheit. Für Sir James Frazer und Bronislaw Malinowski – beide führende Kulturanthropologen – war Animismus lediglich der spekulative, vorwissenschaftliche Versuch, die gesetzmässige Funktion der Natur zu erklären.

Sozialpsychologisch orientierte Ethnologen sahen in den Berichten von Zwergen und Elfen eher phantasievolle Projektionen der jeweiligen gesellschaftlichen Struktur der Stämme, also eine primitive Soziologie. Ihnen entging nicht, dass die Naturgeister der Indianer oder Afrikaner genau so aussehen und sich so verhielten wie die Indianer oder Afrikaner selber. Europäische Zwerge unterscheiden sich kaum von Bauern und Landleuten, es sei denn, dass sie etwas altmodischer angezogen sind. Und wenn ein greiser Theosoph auf der Grundlage seiner Geistesschau den Gnomen Klassendünkel, monogame Ehe, aber ohne Sexualität, Berufe als Beamte, Geistliche, Forscher und Professoren sowie Freude an der Mode und an Theaterbesuchen zuschreibt, dann kann der moderne Mensch wohl kaum sein Lächeln verbergen! (Spiesberger 1978: 33) Es sieht tatsächlich nach Projektionen aus, nach Ausgeburten einer überaktiven Phantasie.

Rocs Version von Pan fällt im Vergleich zu anderen Beschreibungen dieses Herrn der Naturgeister recht schmächtig aus. Andere, die dem bocksfüssigen Flötenspieler begegnet sind, sprechen von ihm als einem riesenhaften Wesen, das eher an einen Rübezahl erinnert. Und Michael J. Roads, ein visionärer Farmer aus Australien, erlebte Pan als schillerndes Zauberwesen, das gelegentlich phantomhaft wie aus dem Nichts heraustritt. Sein Schädel sei wie eine kahle, goldene Kuppel, er habe leicht nach aussen gebogene, spiralförmige Hörner, Augen wie Goldlametta und keine Geschlechtsteile.

Ehe wir das Ganze als einen schlecht geratenen Scherz abtun, sollten wir folgendes bedenken: Es handelt sich eben nicht um konkrete, materielle Wesen, denen man mit den Werkzeugen unserer empirischen Wissenschaft auf die Schliche kommen kann. Es handelt sich um trans-empirische Energieformen, um Entitäten ohne physischen Leib. Um sie überhaupt in den Griff zu bekommen, bedarf es unserer bildschaffenden Fähigkeit, unserer Imagination. Anders gesagt, die Naturgeister passen sich unseren gesellschaftlich geprägten Vorstellungen an. Deswegen erscheinen sie den Afrikanern als speerschwingende Pygmäen im Ledenschurz und den modernen Grossstadtmenschen als kleine Wissenschaftler mit Spitzohren, die den Beobachter gelegentlich mit einem UFO kidnappen, ihn mit Science-Fiction-Apparaten sorgfältig untersuchen, um ihn dann mit Warnungen oder guten Ratschlägen wieder laufen zu lassen. Einem klassisch belesenen Scholaren wie Robert Ogilvie Crombie erschienen sie eben wie in den klassischen Bilderbuchillustrationen der Viktorianischen Zeitepoche. Wer mit dem kollektiven Volksgeist der Mitteleuropäer in Verbindung steht, dem erscheinen diese hinter den Erscheinungen webenden Geschöpfe, wie sie etwa in Grimms Märchen beschrieben oder von einem Ludwig Richter gezeichnet werden.

Heinzelmännchen, Nymphen oder schwirrende Sylphen sind weder eindeutig objektiv noch subjektiv vorhanden. Sie erscheinen kaum dem Alltagsbewusstsein. Sie sind Zwischenwesen, die gelegentlich an den Nahtstellen unseres Weltbildes hindurchschimmern können. Wir gewahren sie, wenn wir uns selber im «Zwischenzustand» befinden, wenn wir zum Beispiel weder schlafen noch wachen, wenn sich unser Bewusstsein am äusseren Rand unserer «Welt» – unserer Vorstellung, wie die Welt ist – befindet. Sie können sich zeigen, wenn wir zwischen Leben und Tod schweben. Eine Bergbäuerin erzählte mir, dass sie als Kind an Lungenschwindsucht schwer erkrankt war. Eines

Tages stand ein kleines graues Männlein vor ihrem Bett und nannte ihr den Namen des Heilmittels, welches sie heilen würde. Sie liess sich die Medizin besorgen und wurde schnell wieder gesund. Für diese Bäuerin steht es ausser Zweifel, dass es sich nicht um eine blosse Halluzination handelte.

Die Erfahrung dieser Frau ist nicht einzigartig. Immer wieder wird von grauen Männlein, Waldweiblein, sprechenden Vögeln oder singenden Totenschädeln berichtet, die unverhofft erscheinen, wenn Hungersnot, Pest oder Seuche das Land in Schrecken versetzen. Unter solchen Umständen stossen die Menschen schnell an die Grenzen ihres Fassungsvermögens und ihrer Kräfte. Die Voraussetzung für ausserordentliches Wahrnehmen ist dann gegeben.

Bekannt ist das Beispiel einer alten Kräuterfrau aus der Zeit, als in Freiburg die Pest schrecklich wütete. Die Stadtärzte beauftragten sie, bestimmte Kräuter zu suchen, mit denen sie die Pest ausräuchern wollten. Tag und Nacht, ohne sich eine Pause zu gönnen, suchte das alte Weib im Wald nach den Pflanzen. Vor Erschöpfung sank sie auf den Waldboden nieder, da hörte sie plötzlich das Singen eines sonderbaren Vogels, der ihr sagte:

«Esst Wacholderbeeren und Bibernell,
So sterbet ihr nicht so schnell!»

Die Freiburger, die diesen Rat befolgten – so die Legende –, kamen mit dem Leben davon. Die Elementarwesen kennen eben die verborgenen Eigenschaften der Pflanzen. Noch immer gibt es hier und da Schamanen und Medizinleute, die ihr Heilwissen diesen Wesenheiten verdanken.

Ähnliche Geschichten hören wir aus anderen Kulturkreisen. Bei den Irokesen wird von einem Jungen erzählt, der sich einst im Wald verlaufen hatte. Er war fast verhungert und völlig erschöpft. Da sah er auf einmal ein Birkenrindenkanu vorbeifahren. Darin befanden sich *Gahonga* (Zwerge), die ihn einluden einzusteigen. Als er sich mit ihnen im Boot befand, hob es ab und schwebte durch die Lüfte, bis hinauf in die Höhle eines Berges. Das Zwergenvolk begrüsste ihn mit Tänzen. Der Junge blieb eine lange Zeit bei den Gahonga, lernte ihre Bräuche und auch die Zaubertänze und Zaubersprüche kennen, mit denen sie die Pflanzen zum Wachsen bringen. Schliesslich schickten die kleinen Geisterleute ihn wieder in sein Dorf zurück. Als Abschiedsgeschenk brachten sie ihm die Zauberlieder bei, mit denen das Wachstum der Bohnen und des Mais gefördert werden kann. Zuhause führte er das

Zwergenbundritual ein und lehrte die anderen die Tanzschritte und heiligen Gesänge. Seither betreiben die Irokesen mit Hilfe der «kleinen Leute» ihren Feldbau. (Lindig 1970: 202)

Die Irokesen unterscheiden drei Arten von Gahonga – sie ähneln unseren Nixen, Sylphen und Gnomen. Da sind zuerst die «Steinwerfer», kleine Zwerge mit der Kraft von Riesen. Sie leben in Flüssen und Grotten. Ihre Aufgabe ist es, die Fische zu beschützen und für genügend Regen für die Felder zu sorgen. Letzteres tun sie aber nur, wenn die Menschen ehrlich und gut sind.

Dann gibt es die «kleinen Sonnenscheinleute», die im Sommer durch die Felder wandern und mit ihren Gesängen das Obst, den Mais, die Kürbisse und die Bohnen reifen lassen. Den Winter über bleiben sie versteckt. Ihr erstes Geschenk im Jahr, mit dem sie den Menschen und Tieren Freude bereiten, sind die süssen Walderdbeeren. Oft erscheinen sie – besonders wenn sie gute Nachrichten bringen – in der Gestalt von Wanderdrosseln.[24] Kommen sie jedoch in Eulengestalt, handelt es sich um eine ernstzunehmende Warnung; wenn sie in Fledermausgestalt erscheinen, geht es um Leben und Tod.

Schliesslich kennen diese Waldlandindianer noch die «kleinen Leute der Dunkelheit», die tief unter der Erde oder tief im Wald wohnen. Sie hüten dort die «Tiere der Tiefe» und versuchen deren Ausbrechen zu verhindern, denn sie würden in der Oberwelt Seuchen verursachen. Gelegentlich, wenn die Nacht in Vollmondlicht gebadet ist, kann man sie tanzen sehen.

Für die Pueblo-Indianer im Südwesten der Vereinigten Staaten wäre die Landwirtschaft ohne Hilfe der Naturgeister, der guten *Kachinas*, gar nicht erst möglich. Das Land ist praktisch eine Wüste mit wenig Niederschlägen und extremen Temperaturschwankungen. Für den Nahrungsmittelanbau ist es ebenso ungeeignet wie Findhorn im hohen Norden Schottlands. Die Pueblo befolgen einen strengen Zeremonialkalender, wobei die Winter- und die Sommersonnenwende das Jahr in zwei gegensätzliche Hälften teilen. Zu diesen und anderen besonderen rituellen Anlässen kommen die Kachinas herab und zeigen sich den Menschen in den Maskentänzern. Dabei ist es nicht so, wie viele Ethnologen glauben, dass sich die Tänzer mit den Kachinas identifizieren. Es ist eher, dass sich diese Wachstumsgeister in den Tänzern

24 Die Wanderdrossel ist eine grosse, rotbrüstige Drossel, die oft fälschlicherweise als Rotkehlchen (*robin*) bezeichnet wird. Das Rotkehlchen ist in Nordamerika aber nicht heimisch.

inkarnieren. Etwas ähnliches musste Roc passiert sein, als er plötzlich selber Pan wurde und mit der Hirtenflöte durch den Park tanzte.

Nach Auffassung der Pueblo sind es die Kachinas selbst, die in den Zeremonien den notwendigen Regen, die Wärme, die Saatkeimung und die Reifung herbeitanzen. Sogar Pan ist dabei, als der kleine Paystamu, der mit seinem Flötenspiel die Blumen zum Blühen bringt und lüstern den Maisjungfrauen nachstellt. Der langanhaltende, monotone Rhythmus des Tanzes löst das alltägliche, oberflächliche Bewusstsein auf, so dass sich die Kachinas vor den Menschenaugen manifestieren können.

Elfenzauber

Unsere keltischen, germanischen, romanischen und slawischen Vorfahren kannten diese Zauberwesen, die Zwerge und Elfen, ebenfalls. Auch bei ihnen handelte es sich nicht um blosses theoretisches Wissen. Das jubelnde Herausströmen der Naturgeister im Frühling, besonders bei Vollmond nach der Tagundnachtgleiche, wurde ebenso wie ihr herbstlicher Rückzug in die Erde (oder in die fernen Berge) mit Sang und Tanz gefeiert. Das mit Bilsenkraut und Sumpfporst versetzte «Bockbier» steigerte den Rausch der Feiernden oft bis zur Raserei oder Entrückung. Unsere heutigen Maifeste und Erntefeste sind davon nur schwache Nachklänge.

Besonders bei den keltischen Völkerschaften lebten solche Bräuche noch lange. Aus den Zeiten der natursichtigen Druiden stammt die Einteilung des Jahres durch acht besondere Zeitpunkte, an denen ein Zeitraum in den anderen übergeht. Es sind die Sonnenwenden, die Tagundnachtgleichen und die «Hexenfeiertage», die genau dazwischen liegen: *Beltaine* (Anfang Mai), *Lugnasad* (Anfang August), *Samain* (Anfang November) und *Imbolc* (Anfang Februar). Hier, jeweils in den Fugen zwischen den Zeitblöcken, fanden die Übersinnlichen, die Wesen der «Anderswelt», Zugang zu unserer Welt. Besonders an Orten des Übergangs, an Schwellen, auf Brücken, in den Hecken zwischen Ackerland und Ödland, an Wegkreuzungen, auf Grabhügeln (wo die Welt der Lebenden die der Toten berührt), an Ufern und Quellen (wo sich Wasser und fester Boden begegnen) oder auf Bergeshöhen, wie dem Blocksberg (wo Erde und Luftreich einander berühren), konnten sie erscheinen. Und mancher – oft war es einer, der zuviel getanzt und gezecht hatte – wurde entrückt, sah ihre Paläste, ihre Geisterpferde, ihre Pracht. Wehe aber, wenn er mit ihnen den Becher teilte oder mit ihnen ass! Dann blieb er bei ihnen. Oder er kam verstört zurück und fand sich in der «normalen» Welt nie wieder zurecht. Oft glaubte ein derartig Entrückter, er sei nur eine Nacht bei den Elfen gewesen, dabei war er, nach irdischer Zeit bemessen, viele Jahre weg gewesen. In der Zeit war das Haus, in dem er gelebt hatte, verfallen, und der Bursche oder das Mädchen, das ihm begegnete, war sein damals noch nicht geborenes Enkelkind.

Diesen Elfen- und Zwergenwesen, die bekanntlich viel mit dem Gedeihen der Landwirtschaft und des Handwerks zu tun haben, opferte man und suchte sie freundlich zu stimmen. Man setzte ihnen etwas Brot, Milch oder Erbsenbrei beiseite; man liess einige Äpfel für sie am Baum hängen oder die letzten saftigen Beeren am Busch. Volkskundler berichten, dass hier und da noch bis in dieses Jahrhundert friesische Melkerinnen einige Tropfen Milch verschütteten, die dann von Kobolden in Krötengestalt aufgeleckt wurden. Dem Hofwichtel goss man etwas Bier oder Schnaps auf einen Stein oder eine Baumwurzel. Die Hausfrau schnippte für die Feuergeister einige Teigkügelchen in die Herdflamme. Auch der Nickel im Wasser bekam etwas Brot oder einen Kupferpfennig zugeworfen.

Die Kirche tat ihr Bestes, diesem abergläubischen Treiben ein Ende zu setzen und den Ernst des Lebens, die Schwere der Sünde und die Hoffnung auf Erlösung in den Blickpunkt zu rücken. Aber der Teufelsspuk erwies sich, trotz Weihwasser und Exorzismus, als recht hartnäckig.

Vom heiligen Collin (7. Jh.), einem tapferen Streiter für das neue christliche Weltbild, berichtet eine walisische Legende: Eines Tages erschienen zwei Fremde vor der Klause des frommen Einsiedlers und störten ihn beim Gebet. Sie gaben sich als Boten des Gwynn, des Königs der Feen, zu erkennen. Collin sei zur Mittagszeit zum Feenkönig geladen, an einem Fest auf dem Gipfel des Hügels teilzunehmen.

Der Heilige war misstrauisch, denn Mittag, die Zeit zwischen den Tageshälften, ist ebenso wie Mitternacht eine typische Geisterstunde. Also wappnete er sich mit Weihwasser und erklomm den Hügel. Zu seinem Erstaunen sah er dort ein prächtiges Schloss. Im Park begrüssten ihn stolze Ritter, Pagen, fahrende Sänger und in die feinsten Gewänder gekleidete Edelfrauen. Alle standen in der Blüte ihrer Jugend. Ein Ritter führte den Gast in die Halle, wo der König ihn herzlich willkommen hiess und zur Tafel lud.

«Sollte es etwas geben, was du nicht auf dem Tisch siehst, wonach es dich aber verlangt, so lass es mich bitte wissen. Was sich an Leckerbissen auch nur erdenken lässt, du sollst es haben. Und nenne uns auch das Getränk, nach dem es dich verlangt, man wird es dir in einer Schale aus Büffelhorn oder aus Gold reichen. Mit jedem Tag, den du bei uns bleibst, erweist du uns grosse Ehre, und wir wollen versuchen, es wettzumachen. Und verlangt es dich nach Unterhaltung, so lass es uns nur wissen. Am Tag deiner Abreise aber will ich dir kostbare Geschenke und Pferde mitgeben. Überhaupt wollen wir dich so behandeln, wie es einem Mann von deiner Weisheit entspricht. Nun iss, trink und lass es dir wohl sein.»

Der Mönch erwiderte jedoch keineswegs die ihm erwiesene Höflichkeit. «Ich will nicht essen die Blätter der Bäume», gab er verärgert zu verstehen, «ich will nicht trinken den Tau des Grases!»

«Dann schau auf meine Männer», sagte der König und deutete auf die Herren, die in Blau und Rot gekleidet waren und die Schüsseln auftrugen, «hast du je Männer gesehen, die besser gekleidet waren?»

«Nicht um allen Reichtum auf der Welt», antwortete Collin schroff, «würde man mich veranlassen können, diese Farben zu tragen!»

«Warum nicht?» fragte der König.

«Weil das Rot die Qualen des Verbrennens bedeutet, und das Blau auf das Erfrieren hinweist!» erwiderte er barsch, indem er seine Weihwasserflasche hervorholte und dem König einige Tropfen auf den Kopf sprengte. Sofort war alles verschwunden: Die stolzen Ritter und Rosse, die fahrenden Sänger, die schönen Frauen, der Prunksaal. Alles löste sich in Blätter, Gräser, Stengel, Pilze, Moose, Büsche und Steine auf. Collin stand allein in sengender Mittagssonne auf dem Gipfel eines Hügels und dankte Gott, dass der Spuk vorüber war. (Hetmann 1982: 167)

Die Flucht der kleinen Leute

Indem die Kirchenväter wie der heilige Collin die alten Götter und Naturgeister vertrieben, um ihrem einzigen Gott Raum zu schaffen, leiteten sie den Prozess ein, der allmählich zur Entzauberung der Natur führte. Auch wenn das Landvolk noch lange an die Andersweltlichen glauben sollte und bis heute hier und da eine Tiroler Bergbäuerin den Windgeistern eine Handvoll Mehl zuwirft, war doch die Axt an die Wurzel der «animistischen» Weltsicht gelegt worden. Die Folter der Inquisition, die Lohe des Scheiterhaufens, der Spott und die Schläge des Schulmeisters bahnten den Weg, der allmählich zur völligen Entseelung der Natur führte. Die «Aufklärung», die Alleinherrschaft der Vernunft und Wissenschaft, führte zur vollständigen Erblindung der modernen Menschheit, was die andersweltlichen Wesenheiten betrifft. Wer sieht denn noch die Elementarwesen, die im reifenden Kornfeld Stroh zu Gold spinnen? Überall, wo die Zauberer des neuen Weltbildes, die Priester und später die Aufklärer, auftauchten und ihre Schulen und Institutionen aufbauten, da flohen die Naturgeister aus dem Blick der Menschen.

Die Medizinmänner der Cheyenne, mit denen ich befreundet bin, bestätigen ähnliches. Sie erzählen von einem Missionar namens Josef de Smet, der im schwarzen Gewand eines Jesuitenpaters, bewaffnet mit Kreuz und Weihwasser, in den siebziger Jahren des vergangenen Jahrhunderts über die Prärie schritt. Die Indianer wussten nicht, ob sie ihn skalpieren oder ihn gewähren lassen sollten. Einige hielten ihn für einen Narren, andere für einen gefährlichen Zauberer. Ein Absarokee-Häuptling sagte zu ihm: «Wenn du wirklich Medizinkraft hast, dann gehe hinüber zur Büffelherde und berühre den Leitbullen.» Pater de Smet ging, Gebete murmelnd, und berührte den Bullen. Da liessen die Indianer ihn gewähren, glaubten aber seinen Geschichten von Moses und den Aposteln dennoch nicht. Der Priester – das erkannten sie später – war Vorbote kataklystischer Veränderungen.

Auf einer Kräuterwanderung durch die Big Horn Mountains mit Bill Tallbull begleitete uns ein hochgewachsener, weisshaariger Medizinmann namens Hirschschulter. Den ganzen Tag brachte er kein einziges Wort hervor. Das ist bei den traditionellen Indianern gar nicht ungewöhnlich, denn Sprechen ohne Grund gilt als Verschwendung spiritueller Kraft. Aber dann, als die beiden in ihren Pick-Up-Truck stiegen, um zum Reservat zurückzufahren, sagte der Alte: «Ein ganzes Volk kleiner Leute mit ihren kleinen Pferden und ihren Hunden, die Traggestelle mit den Bündeln zogen, sind unter dem Spiegel des Sees verschwunden, als der schwarze Zauberer kam!» Dann schwieg er.

Ich starrte ihn an, wollte Erklärungen, Erläuterungen, Details. Ich wusste nicht, dass seine wenigen Worte ein Geschenk für mich waren, dass er mir eine Vision vor die Augen malen wollte. Ein inneres, von seinen Vorfahren gesehenes Bild wollte er mich sehen lassen, so etwa, wie der indische Guru seinem Schüler ein *Darshana* (geistige Schau) vermittelt oder der japanische No-Meister mit einer Handbewegung ganze Landschaften vor das innere Auge zaubert. Als Hirschschulter meine geistige Blindheit gewahrte, sagte er mit der Würde und Autorität, die ihm als Häuptling zusteht, nur noch: «Es wurde gesehen!»

Der See, in den sich das Elfenvolk zurückzog, trägt nun den Namen des Jesuitenpaters. Ein überdimensionales Kreuz wurde auf einer Anhöhe oberhalb dieses Lake de Smet aufgerichtet, als gelte es, die Geister für ewig darin zu verbannen. Wie die Büffel, deren massige Gestalten man in der Meditation noch immer tief unter der Wasseroberfläche sehen kann, haben die «kleinen Leute» diese Welt verlassen und werden erst in einem anderen Zeitalter wieder hervorkommen. Die Weissen, die da angeln oder Wasserski fahren, können nicht ahnen, welche metaphysischen Tiefen dieser See hat.

Trotz allem, trotz der Motorsägen und Bulldozer, der Highways, des flächendeckenden Giftsprüheinsatzes der Luftwaffe, wenn das Heuschreckenvolk wandert, trotz Giftköder und Fallen für Bruder Koyote, trotz schiesswütiger Sportjäger und anderer Schrecken, die immer mehr Naturgeister vertreiben und das Ökosystem gefährlich belasten, trotz alledem suchen Bill Tallbull und Hirschschulter noch immer Kontakt mit den «Hütern des Landes». Jeden Frühling, wenn die Hügel sanft ergrünen, bieten sie ihnen Decken (kleine Stoffetzen), damit sie warm haben, und ein Säckchen gefüllt mit Pfeifentabak, damit sie etwas rauchen können. Die schwarzen Stoffstreifen sind Gaben an die Nachtgeister, die weissen an die Tagesgeister, die gelben sind für die Sonne, die grünen sind für die Pflanzen, die blauen für die Geister der Luft und des Wassers und die roten sind für alle warmblütigen Tiere. So, hoffen sie, werden unsere Verwandten, die Naturgeister, freundlich gestimmt und werden das Land weiterhin behüten.

DIE GEISTER DER VIER ELEMENTE

Wie unterscheiden sich Devas, Naturgeister und Elementarwesen voneinander? Wie verhalten sie sich zueinander? Diese Fragen lassen sich nicht eindeutig, wissenschaftlich exakt beantworten. Diese Wesenheiten sind eben keine Dinge. Es herrscht im Heisenbergschen Sinne eine gewaltige «Unschärferelation»: Die Antwort hängt von der Imaginationskraft des Beobachters ab, und diese wiederum unterliegt den jeweiligen kulturellen, zeitgeistlichen und persönlichen Rastern. Esoteriker verschiedener Couleur, die sich mit dem Thema befassen, vertreten folgende Ansicht: Naturgeister, wie sie der heilige Collin bannte, die Faune, Elfen, Zwerge und Feen, beleben und beseelen die verschiedenen Bereiche der Natur. Es sind die Personifikationen der flutenden, sich ständig wandelnden Lebensenergien. Viele Naturgeister haben seelische Aspekte. Eine Physis, an der sie haften wie wir an unserem Körper, besitzen sie nicht. Sie sind mit der Körperlichkeit locker verbunden und können, je nach ihrer Art, leicht von einem Baum zum anderen, von einem Fels zum anderen, von einem Schmetterling zum anderen huschen.

Einige Naturgeister sind eng mit den Vögeln, Insekten, Kröten und anderen Tierarten verbunden. Andere wiederum bewohnen Bäume – besonders jene mächtigen, alten Baumriesen, die viel «Charakter» ausstrahlen. Wiederum andere verbinden sich mit der Energie eines ganzen Feldes, eines Waldes oder, wie die Gartenzwerge, mit einem liebevoll gepflegten Garten.

Die rotmützigen Gipszwerge, von vorwitzigen Intellektuellen gerne als Sinnbild des Spiessertums abgetan, sind eigentlich bildhafte Darstellungen der ätherischen Kräfte eines Gartens. Diese und andere Gebilde aus gebranntem Ton – Bambies, Schneewittchen, der heilige Franziskus, die Gottesmutter – unterstützen, wenn auch unbewusst, die Vorstellungskraft des Gärtners. Gerade die Vorstellung und die Imaginationen sind es, die den ätherischen Raum schaffen helfen, in dem sich die unsichtbaren Helfer «inkarnieren» und verwirklichen können. Diese Helfer finden in solchen Figuren tatsächlich so etwas wie einen Unterschlupf, in dem sie sich geborgen fühlen und in den sie sich zurückziehen können. Die kleinen Plastiken werden dann wahrlich «animiert», ähnlich den Wegmarterln des Allgäus oder den Madonnen- und Heiligenstatuen vieler alter Kirchen. Man braucht nicht besonders hellsichtig zu sein, um zu erkennen, dass in ihnen etwas lebt, dass aus den glasierten Tonaugen etwas den Blick erwidert.

Diese Naturgeister lassen sich *per definitionem* von den Elementarwesen unterscheiden. Während sich die Naturgeister mit alten Bäumen, Vogelschwärmen, Seen, ganzen Landschaften und solchen Naturstimmungen verbinden, die uns erfassen oder still werden lassen, leben die Elementarwesen fast ausschliesslich in ihrem Element: die *Gnomen* oder Erdmännlein in der Erde, die *Undinen*, Nixen oder Wassergeister im Wasser, die *Sylphen* oder Luftgeister in der Luft und die *Salamander* oder Feuergeister im Feuer.

Die Imagination kleidet die Gnomen noch immer in die Kluft keltischer Knappen. Mit Schürze und Zipfelmütze angetan, Pickel, Hammer oder Schaufel in der Hand, wandern sie durch Gestein und Erdboden wie wir durch die Luft. Von der Sonne und den Sternen erfahren sie nur durch die Wurzeln der Pflanzen, die ihnen die Botschaften des fernen Himmels herunterträufeln. Pilze und unterirdische Tiere wie Ameisen und Maulwürfe sind ihre Gefährten. Der Winter ist sozusagen ihr Sommer; sie erfreuen sich an den Eiskristallen, die ihnen wie die verschiedenartigsten Blumen blühen. Oft erscheinen sie dem Knappen oder Bergmann, weisen auf drohende Gefahren in der Zeche hin oder zeigen ergiebige Erzadern auf.

Leidenschaftliche Schwimmer, Angler und Fischer haben oft Begegnungen mit Wassergeistern. Besonders gerne schlüpfen Undinen in Surfer, die dann im genau richtigen Zeitpunkt eine Welle erwischen und ausreiten. Das Vergnügen der Undine erlebt der Wellenreiter in sich selber als die reinste Ekstase. Im Gegensatz zu den klugen, aber oft recht mürrischen und gereizten Gnomen sind die Undinen sanft wie das Wasser selber. Die Imagination malt sie als verführerisch schön anzusehen wie anmutige junge Frauen. Ihre Lieder sind bezaubernd. Menschen, die sonst nicht gerne singen, fangen oft in der Badewanne oder unter der Brause zu trällern an: Auch hier handelt es sich um Undinen, die sich mittels des feuchten Elements mit den Badenden verbinden und ihnen ein wonniges Gefühl geben.

Ebenso wie sich der Einfluss der Gnomen in der gutturalen Mundart und den oft harten, kantigen Gesichtszügen der Alpenbewohner bemerkbar macht, prägen die Wassergeister die Sprache und die Physiognomie der Küstenbewohner. Manch ein Seemann hat sich mit einer Undine vermählt und ihr Bild vielleicht auf seine Haut tätowiert. Und wenn er dann im Hafen mit einer käuflichen Dirne ins Bett geht, ist es oft die Seejungfrau, die er in ihr sieht und die er liebt. Die Volksmärchen aller Völker erzählen, dass die Lieblichkeit der Undine gefährlich sein kann. Manch ein Schiffer erlitt, abgelenkt durch ihren Gesang, Schiffbruch. Manch ein Badender wurde von solchen Wassergeistern in das nasse Reich hinabgezogen und kam nie wieder empor. Bill Tallbull kann, wie viele Indianer, nicht verstehen, wie die Weissen ohne weiteres im Lake de Smit baden können, wo er doch so viele Wassergeister darin sieht.

Die Luftgeister oder Sylphen umspielen gerne die Vögel in ihrem gleitenden Flug; auch Hängegleiter werden von den Sylphen umschwirrt. Sie flattern gerne mit Schmetterlingen und Bienen durch die sonnenwarme Luft und ruhen in den geöffneten Blütenkelchen. Wenn ein Vogel unsere Aufmerksamkeit besonders stark auf sich zieht, dann ist sicherlich eine Sylphe mit anwesend. Von Sylphen umgebene Vögel deuten oft zukünftige Geschehnisse an. Leuchten Blumen und Schmetterlinge in besonderer Pracht, so dass man unwillkürlich stehenbleibt und dabei alle Sorgen und Lasten des Alltags vergisst, dann «sieht» man in das Sylphenreich hinein. Sylphen «inkarnieren» sich auch gerne im ätherischen Licht, in der Aura, die die Häupter wirklich heiliger Menschen umgibt. Im Sommer verleihen diese Luftgeister ganzen Landschaften ein gleissendes Licht.

Die Feuergeister kann man am besten am Abend, nach getaner Arbeit erleben, wenn man entspannt vor dem Kamin oder offenen Lagerfeuer sitzt. Eine Katze auf dem Schoss hilft bei der Meditation, denn Katzen sind mit den Feuergeistern engstens befreundet. Die Miezen liegen gerne in Herdnähe; auch wenn es aussieht, als ob sie schliefen, meditieren sie eigentlich. Sie senden ihre Seele auf «Astralreise» in die heisse Glut hinein. Wer sich mit der Katzenseele verbinden und ihr folgen kann, der wird in eine Edelsteinhöhle voll funkelnder Diamanten und rotglühender Rubine geführt. Er wird verstehen, warum die Feuergeister auch Salamander genannt werden, denn oft gleichen sie den schwarzroten Lurchen, den Feuersalamandern. Die animierten Wesen wechseln dauernd ihre Gestalt, blicken einen an, verschwinden und erscheinen anderswo.

Selbstlose Diener der Zauberer und Devas

Mit den Elementarwesen befassten sich auch seriöse Gelehrte der Renaissance. Sie versuchten, durch genaue Bestimmung und Kategorisierung diese Wesenheiten in den Griff zu bekommen und Nutzen aus ihnen zu ziehen. Der grosse Paracelsus widmete ihnen ein ganzes Buch (*Liber de nymphis, sylphis, pygmeis et salamandris et de caeteris spiritibus*, 1566). Im Vorwort zu diesem Werk schreibt er, es sei beglückender, die Nymphen zu beschreiben als die Mönchsorden, und seliger, die Wasserjungfrauen zu beschreiben als das Treiben der Soldaten. (Paracelsus 1990: 298) Unter anderem stellt er fest, dass ihr Leib nicht wie der des Menschen aus grober Materie besteht, sondern aus jeweils einem der vier ätherischen Elemente. An sich haben sie keine unsterbliche Seele wie der Mensch, es sei denn, dass sie sich mit einem Menschen verbinden – wie etwa die Meerjungfrau mit dem Seemann.

Erzmagier, wie Agrippa von Nettesheim (1486–1535) oder der versponnene Benediktinerabt Trithemius (1462–1516), versuchten, sich durch magische Manipulationen, Sprüche, Talismane und Beschwörungen die Elementarwesen dienstbar zu machen. Goethe lässt in der Beschwörungsszene mit dem macht- und wissbegierigen Dr. Faust diese Renaissancezauberer noch einmal zu Wort kommen:

«Salamander soll glühen
Undine sich winden,
Sylphe verschwinden,
Kobold sich mühen.»

Denn, so fährt der Dichter fort, «wer sie nicht kennte, die Elemente, ihre Kraft und Eigenschaft, wäre kein Meister über die Geister.» (Goethe, Faust I, Studierzimmer)

Dies lässt sich relativ leicht bewerkstelligen. Da die Elementarwesen keine höheren Seelenfunktionen haben, keine eigene Ich-Persönlichkeit, bleiben sie immer dem stärkeren Willen gegenüber verpflichtet. So kann der Magier mittels ihrer Hilfe Schätze und verlorene Gegenstände finden oder seinen Feinden heimlich Schaden zufügen. Ihm untertane Gnomen können etwa Steinbrocken lockern und auf Vorbeigehende herabstürzen lassen, Sylphen können Wespen stechlustig machen und Salamander können Feuersbrünste auslösen.

Auch die modernen Wissenschaftler bedienen sich, ohne sich dessen gewahr zu sein, der Kräfte und Fähigkeiten der Elementarwesen. Diese ätherischen Geschöpfe sind an allen Reaktionen und Verwandlungen der materiellen Stofflichkeit beteiligt. In jedem chemischen Labor, jeder Schmiede, Küche und Werkstatt sind sie tätig. In allem, was sich verfestigt und verhärtet, sind die Gnomen am Werk, in allem, was sich verflüssigt, die Undinen, in allem, was sich verflüchtigt, die Sylphen, und in allem, was verglüht und verascht, die Salamander. Auch im Atompilz steckt ein riesenhafter Salamander – ein boshafter, den egoistische Schwarzmagier entfesselt haben und nun krampfhaft versuchen, unter Kontrolle zu halten. Die durch Kreuzungsexperimente unabsichtlich hervorgegangenen südamerikanischen Killerbienen tragen die Züge böse gewordener Sylphen. Auch in den sich häufenden Naturkatastrophen sind Elementarwesen am Werk.

Normalerweise jedoch stehen diese Ätherwesen unter der Führung und Anleitung der höchsten geistigen Wesenheiten, die mit Weisheit und Liebe die Schöpfung regieren, nämlich den Devas.

Bildhaft ausgedrückt könnte man sagen, die Devas als Träger der Urbilder sind die «Architekten» der Schöpfung. Sie fertigen die Baupläne an. Die Elementarwesen und Naturgeister sind die Arbeiter, welche die Bausteine, die stoffliche Materie, herantragen, um das Werk zur Manifestation zu bringen/sichtbar erstehen zu lassen. Die geschaffene Welt, in der wir leben, ist ihr Werk.

In den Pflanzen wirken sie folgendermassen: Im Auftrag der Devas tragen die Gnomen die Kräfte der Mineralien an die Pflanzenwurzeln heran. Die Undinen wirken in den Säften; sie vermitteln den Pflanzen die ätherischen Energien des Wassers. Zusammen mit den Sylphen bewerkstelligen sie die Photosynthese. Indem die Sylphen den Pflanzen Licht und Wärme zutragen, bringen sie diese zum Blühen; zugleich führen sie die Insekten zur Befruchtung an die Blütenkelche. Die Hitze der Feuergeister ist es, die anschliessend zur Bildung der ätherischen Öle führt und das Reifen der Früchte und Samen beschleunigt.

Geführt von der göttlichen Weisheit der Devas, werden ihre Werke schön und harmonisch. Wenn aber Menschen, die die Heiligkeit der Schöpfung vergessen haben und die von Egoismus, Angst, Macht- und Habgier getrieben werden, sich der Elementarwesen bemächtigen, dann entstehen Werke, die vielleicht kurzfristig nützlich erscheinen, aber langfristig Verwüstung, Verseuchung und Not heraufbeschwören. Anstatt die Umwelt nach unseren unzureichenden Vorstellungen zu manipulieren, sollten wir die Devas wieder einbeziehen und uns von ihnen leiten lassen – wie es im Findhorn-Garten, auf dem Hof des Bergbauern Arthur Hermes oder in Aigues Vertes der Fall war. Nur so

Elementarwesen oder Gartenzwerge

werden die Elementarwesen nicht tückisch und bösartig, nur so wird die Erde wieder zu dem, wozu sie vorbestimmt war, nämlich einem Paradies.

Mitarbeiter aus der Anderswelt

Wie die Devas, so kehren auch ihre Helfer, die Heerscharen ätherischer Wesenheiten, wieder in das menschliche Bewusstsein zurück. Sie wollen mit uns Verbindung aufnehmen, denn auch sie wissen, dass wir und unsere Erde Hilfe brauchen. Sie wissen, dass die Natur von der Neugierde und Habgier unwissender Scharlatane befreit werden muss.

Um uns zu erscheinen, nützen sie oft die Gunst der Stunde. Gerne zeigen sie sich dem Gärtner in der Abenddämmerung, wenn dieser entspannt auf der Gartenbank sitzt, sein Pfeifchen raucht oder sein Bier trinkt, und dabei – wie der liebe Gott am siebenten Schöpfungstag – zufrieden sein Tageswerk betrachtet.

Im Garten von Aigues Vertes wurde ich unverhofft Zeuge einer solchen Erscheinung. Da sah ich plötzlich einen regelrechten Gartenzwerg – bärtig, mit roter Zipfelmütze, grünem Rock und schwarzen Gärtnerstiefeln – den Gartenweg entlang auf mich zukommen. So etwas war mir noch nie passiert; meine naturwissenschaftlichen und ethnologischen Studien hatten mich auf so etwas nicht vorbereitet! Merkwürdig war, dass der Zwerg ebenso gross war wie ich. Hatte ich doch immer geglaubt, die Heinzelmännchen seien winzig klein, etwa daumengross. Dann aber sah ich, dass das hohe Gebüsch, durch das er schritt, Gemüsepflanzen und Unkräuter waren und der Weg nichts anderes als der schmale Abstand zwischen zwei Saatreihen. Nun erkannte ich, dass ich selber ein Heinzelmännchen geworden war, wodurch mir die Gemüse und Blumenbeete wie bewaldete Hügel erschienen. Dann, plötzlich, befand ich mich wieder im «normalen» Bewusstseinszustand und erkannte, dass ich durch irgendeine Lücke in einen anderen Daseinsbereich gefallen war.

Nicht etwa eine Droge, Alkohol oder eine besondere Meditationstechnik hatte diesen Zustand ausgelöst. Sicherlich hatte Übermüdung, aber auch die enge Verbundenheit mit dem Garten diese Vision zustande gebracht. Wir Gärtner arbeiteten nämlich von Sonnenaufgang bis Sonnenuntergang, mit Ausnahme der fünf Mahlzeiten. Für Kaffeehausbesuche, für Lesen, Fernsehen oder Disco war weder Zeit noch irgendein Interesse vorhanden. Wir gingen im Sommer barfuss, liessen uns die Haare wachsen – wir glaubten, jedes Haar sei eine Antenne, die uns mit unsichtbaren Energien verband. Wir kleideten uns nur in Naturstoffe und assen vegetarisch. Auf diese Weise entstand eine wunderbare Resonanz, eine Einstimmung auf das Leben des Gartens. So kam es, dass wir die Pflanzen «hörten», wenn sie Durst hatten, wenn sie den Boden gehackt haben wollten, wenn das Säen oder Umpflanzen am günstigsten war. Das geschah alles spontan. In den grauen Wintertagen wurde zwar in groben Zügen ein provisorischer Gartenplan für das folgende Jahr erstellt, bei der täglichen Arbeit aber verliessen wir uns ganz auf die Eingebungen des Augenblicks. Wir liessen uns führen. Schauten wir dann zufällig einmal in Maria Thuns *Saatkalender* nach, ob es gerade Wurzel-, Blatt-, Blüten- oder Fruchttag war, stellten wir zu unserem Erstaunen immer wieder fest, dass wir automatisch fast immer die richtigen Zeiten getroffen hatten. Die Naturgeister oder die Pflanzen selber, vermuteten wir, gaben uns die richtigen Anweisungen[25]. Gelegentlich rüttelte etwas einen Gärtner aus dem Schlaf, oder beim Essen klopfte einem ein unsichtbarer Finger auf die Schulter und rief einem in Erinnerung, dass die Bewässerungsanlage abgestellt oder empfindliche Jungpflanzen zugedeckt werden müssen.

Der alte Kompostmeister Manfred Stauffer schien auch mehr von den unsichtbaren Helfern zu wissen, als er sagte. Eigentlich sagte er nicht viel. Nur manchmal liess er durchblicken, dass er ganz bewusst mit den Naturgeistern arbeitete. Ja, während er seine Miste und Abfälle mischte und mit offensichtlich feinstem Spürsinn Komposte und Humusmischungen beschnüffelte, schien er auf Astralreise zu sein. Wenn ihn zufällig ein Kunde über die biologisch-dynamischen Kompostpräparate befragte, sprach er fachkundig vom verbesserten Ionen-Austausch, von Nitrifikation, Spurenelementen und den – von ihm heiss geliebten – Aktinomyzeten. «Unter uns gesagt», liess er einmal die anderen Gärtner augenzwinkernd wissen, «können wir die Präparate als Nahrung für die Heinzelmännchen verstehen!»

25 Der Tierkreis ist in Feuer-, Luft-, Wasser- und Erdzeichen eingeteilt. Maria Thun, die seit über vierzig Jahren Anbauexperimente betreibt, glaubt qualitative und quantitative Unterschiede im Wachstum der Pflanzen ausmachen zu können, je nach dem, in welchem Zeichen sich der Mond zur Zeit der Aussaat befand. Wenn sich der Mond im Feuerzeichen befindet, wird die Samenqualität begünstigt; der Mond in den Luftzeichen wirkt positiv auf die Blütenentwicklung, die Wasserzeichen auf Blattentwicklung und die Erdzeichen auf Wurzelentwicklung. (Storl 1988: 209)

Oft feierten die Gärtner ganz spontan Feste in der Gartenlaube. Es waren freimütige Zusammenkünfte bei offenem Feuer, mit selbstgemachter Musik und wirbelnden Tänzen, die man in keiner Tanzschule lernen würde; Feste, die oft so wild und ausgelassen wurden, als spiele Pan persönlich seine Zauberflöte dazu. Erst viel später wurde mir bewusst, dass da nicht nur die Gärtner und Gärtnerinnen feierten, tanzten und sangen. Die Naturgeister und Elementarwesen waren immer mit dabei. Sie gesellen sich gerne zu solchen fröhlichen Anlässen, ja, sie stiften sie sogar. Sie geben die Eingebung dafür und bestimmen den richtigen Zeitpunkt. Milde, helle Vollmondnächte sind ihnen am liebsten.

Da die Naturgeister und Elementarwesen keine feste Körperlichkeit besitzen, sondern aus Energien bestehen, ist es nicht schwer für sie, in die singenden, tanzenden Menschen hineinzuschlüpfen und sie förmlich zu begeistern. Die Ätherleiber der Menschen und die der Naturgeister verbinden sich dann zu einer Einheit. Es entsteht wahrlich eine *participation mystique*, wie sie die Religionsethnologen immer wieder bei primitiven Völkern konstatieren, aber von ihrer objektiven Warte aus gesehen nicht zu verstehen imstande sind.

Die andersweltlichen Wesen tanzten, spielten, sangen und liebkosten mit uns und durch uns. Sie verliehen die «Stimmung», die sich bis ins Dionysische steigern konnte. Im Mai, wenn der Vollmond besonders stark ist, die Sonne ihrem sommerlichen Höchststand entgegeneilt und die Vegetation explosionsartig wächst, geben sich die Naturgeister am ausgelassensten. Sie feiern dann das Hochzeitsfest der Pflanzengöttin mit dem Sonnengott. In seiner Beschreibung der Walpurgisnachtsszene trifft Goethe diese Stimmung genau.

Der Zeremonienmeister unserer Maifeste war ein eher schmächtiges, unscheinbares Kräutlein. Es war der Waldmeister, der zu dieser Jahreszeit in den frisch ergrünten Buchenwäldern zart weiss blüht. Wir legten das leicht angewelkte, duftende Kraut in unseren Côtes du Rhône, den Weisswein der Gegend. Wer würde schon vermuten, dass hinter diesem zarten Pflänzlein ein mächtiger Deva steht. Doch wenn man einen Blick auf seine Verwandten, die anderen Rötegewächse (*Rubiaceae*), wirft, kann man es erahnen. Die Kaffeestaude, der Färberkrapp, dessen brillantes Rot die Armeen Europas kleidete und den Aufbau der Farbchemikalienindustrie in Gang brachte, das Malariamittel Cinchona und das Brechmittel Ipecac – das sind die Brüder und Schwestern des Waldmeisters. Der Deva ist, genau wie sein Name es sagt,

Meister des Waldes und der Naturgeister. Der Waldmeisterwein öffnet diesen Wesen Zugang zur menschlichen Seele.

Die fröhliche Geselligkeit, wie am ersten Mai, beim Johanni-Feuer, bei den Aussaat- und Erntedankfesten, bei denen die Menschen und die Naturgeister einander durchdringen, wirken wie Generatoren neuer Lebenskraft. Die Fruchtbarkeit der Äcker, Gartenbeete, Wiesen und Obstgärten wird gemehrt und mit frischer ätherischer Kraft angereichert. Lebensfreude wird neu entfacht und lässt Mensch, Tier und Pflanze erblühen und gedeihen. Die von Völkerkundlern so oft beschriebenen «Fruchtbarkeitsrituale» wirken wirklich. Sie sind ganz real, auch wenn sich die freigesetzten Energien schwer messen und quantifizieren lassen.

Das ausgelassene Treiben im Wundergarten von Aigues Vertes entging selbstverständlich nicht den argwöhnischen Augen des anthroposophischen Christengemeinschaftspriesters. Er mahnte zur Nüchternheit, sprach von luziferischer Besessenheit und deren tödlichen Gefahr für die Seele. Man hatte den Eindruck, der versteinerte Kirchenmann bedauere, dass die Institution der Inquisition erloschen ist! Wie konnte man es ihm auch nahebringen, dass wir eine wirklich bio-*dynamische* Landwirtschaft betrieben? Wie ihm sagen, dass es nicht die mechanische Wirkung der Steinerschen Präparate ist, sondern die Einwirkung der Devas, Naturgeister und Elementarwesen selber, die dem Garten eine jährliche Produktionssteigerung von über fünfzig Prozent bescherte und eine Schar bewundernder, staunender Besucher herbeilockte? Wie ihm erklären, dass es nicht sündhafte Vergnügungssucht oder eitle Langeweile war, die uns feiern liess, sondern pure Ergriffenheit von jenen herrlichen Lebenskräften, die den Garten durchfluteten. Nicht nach einem abstrakten, von einer priesterlichen Hierarchie verordneten Ritualkalender festeten wir, sondern im Einklang mit den Rhythmen der Natur.

Was wäre, wenn die Menschen die Naturgeister nicht mit einbeziehen würden, nicht mit ihnen tanzen, zechen und singen würden? Was geschähe mit den Energien, die sie verkörpern? Wem würden sie dienen? Da diese Ätherwesen amoralisch, also weder gut noch böse sind, würden sie sich unter allen, die sich um sie bemühen, jenem mit dem stärkeren Willen zur Verfügung stellen. Machthungrige Geister könnten sie für ihre Zwecke einspannen. Falsche Alchemisten könnten sie in ihre destruktive Technologie hineinverzaubern. Nehmen wir als fassbares Beispiel die elementaren Energien, die im Stickstoff (Nitrat) vorhanden sind: Es ist derselbe Stickstoff, der friedlich das Wachstum einer Pflanze vorantreibt, der aber andererseits mit geballter Explosionskraft die tödliche Kugel treibt oder den Sprengsatz hochgehen lässt.

Schnappschüsse von Blütenelfen

Dass es möglich sein sollte, Naturgeister zu fotografieren, hielt ich für Phantasterei. Wie soll man ätherische Wesenheiten, die keinen physischen Leib haben, auf Film bannen können? Doch dann kamen die Fotos zur Illustration des Buches «Die Seelenpflanzen des Edward Bach», das ich mit Mechthild Scheffer herausgegeben habe. Die Ablichtungen vom Inneren der Blütenkelche zeigten Märchenlandschaften voller Elfen und Feen. Diese Zauberwelten entstanden ohne Zuhilfenahme von besonderen technischen Tricks oder künstlicher Beleuchtung!

Kai Felch, wie auch die anderen Fotografen, die Beiträge lieferten, ist kein Profi. Sie ist eine überlastete Hausfrau mit Kindern. Die Kamera gibt ihr die Möglichkeit, ab und zu aus dem Alltag herauszutreten. Sie erzählt: «Vor meinen Augen verschenkt sich nicht nur die Pflanze in ihrer leuchtenden Schönheit, sondern das Leben selbst offenbart sich Blatt für Blatt in seiner ganzen Fülle. Jeder Blick durch meine Kamera – ein kostbarer Augenblick der Stille –, den ich dankbar annehme.» (Scheffer/Storl 1992: 12) Dieser Augenblick des Innehaltens ist ein *Zen*-Moment, in dem sich für diese Frau die Muster der gewöhnlichen Welt vorübergehend auflösen. In einem solchen Moment schaut sie hinein in ätherische Welten, sieht Wesen, die sich momentan in einen Teil der Blütenanatomie hineinverzaubern – und dabei drückt sie auf den Auslöser.

Inwiefern sind diese fotografierten zarten Elfen und Blütengeister wirklich da? Als Antwort kommt einem die vielzitierte Parabel vom Stock im Wasser in den Sinn. Der vorbeigehende Spaziergänger erschrickt, denn er glaubt im ersten Augenblick, es sei eine Schlange, die sich da bewegt. Schaut er näher hin, ist er beruhigt. Es ist schliesslich doch nur ein Stock! Was aber hat er gesehen, als er glaubte, da schlängele sich eine Natter? Wir würden auf Anhieb sagen, er hat halluziniert, sich getäuscht – und damit wäre alles wieder im Lot, unser Weltbild wieder zurechtgerückt. Hätte er nun eine Kamera bei sich gehabt und die «Schlange», wie sie sich wellenartig bewegte, fotografiert, was hätte

Konzert der Naturgeister

er dann auf seinen Film gebannt? Es hätte wahrscheinlich tatsächlich wie ein Schnappschuss einer Schlange ausgesehen. Hat er dann eine «Halluzination» fotografiert oder einen der schlangenartigen «Hüter der Schwelle», die das Tor zur Anderswelt bewachen?[26]

Die Wichtel in den Blütenfotos sind aufgenommene Halluzinationen – «wahre Halluzinationen», wie Terence McKenna sie nennen würde. Elementarwesen und Naturgeister sind natürliche Energien, sichtbar gemacht durch unsere Imaginationskraft. Sie setzen sich über unsere Kategorien von innen und aussen, subjektiv und objektiv hinweg ..., und gelegentlich lassen sie sich von Meditanten sogar im Sonntagsputz fotografieren.

26 Halluzination bedeutet buchstäblich «gedankenlos sein» (lat. *hallucinari*). Als «wahre Halluzinationen» können wir also jene Wahrnehmungen bezeichnen, die Begebenheiten registrieren, welche sich ausserhalb oder jenseits des gedanklichen Universums (unserer linguistisch-kognativen Realität) befinden. Die Entwicklung der Fähigkeit, kontrolliert zu halluzinieren, ist Bestandteil vieler östlicher Meditationstechniken.

Die Last der Verantwortung als Ältester, die sozialen Spannungen im Reservat und die ständigen Reibereien mit den weissen Behörden hatte sich Bill Tallbull zu sehr zu Herzen genommen. Als der Weissdorntee, den ich ihm für seine schmerzende Herzangina vorgeschlagen hatte, allmählich seine gute Wirkung entfaltete, wuchs sein Vertrauen in das von mir vermittelte Kräuterwissen. Wir wurden gute Freunde.

Da ich viele meiner Kenntnisse dem Büchlein «Gesundheit aus der Apotheke Gottes» von Maria Treben verdanke, schenkte ich ihm eine englische Übersetzung davon. (Treben 1986) Die meisten der Wildpflanzen, die die Kräuterfrau angibt, wachsen seit der Ankunft der Weissen nun auch in den Gärten, auf den Wiesen und an den Wegrändern Wyomings und Montanas. Maria Trebens Kräuterbuch ist einfach und praktisch, es verzichtet auf langatmige theoretische und wissenschaftlich-analytische Erklärungen. Es kommt ganz der Mentalität der Cheyenne entgegen: Sie wollen wissen, was wirkt, und weniger, warum es wirkt. So sind auch ihre Rituale ausgerichtet: Sie werden ausgeführt, weil sie etwas bewirken, weil sie etwas zu ihren Gunsten verändern.

Tallbull, der nebenbei auch Leiter der Pfadfindergruppe des Reservats ist, lehrt seine Jungen nun die Kräuterkunde Maria Trebens. Die Regierung sieht es als Erfolg ihrer Kulturpolitik, wenn Indianerjungen in Boy-Scout-Uniform vor dem Sternenbanner salutieren und die Gebote Lord Baden-Powells herunterleiern. Im Grunde genommen ist die Pfadfindertruppe des Tallbull aber eher eine neue Version der Jungmannschaften des Stammes, und die Pfadfindertreffen dienen hauptsächlich dazu, alte Stammesüberlieferung zu übermitteln. Maria Trebens Kräuterkunde ist nun – ohne Quellenangabe – vom Stamm als echtes Cheyenne-Kulturgut übernommen worden: Eine Tatsache, die beim nächsten Ethnobotaniker, der die Northern Cheyenne besucht, sicherlich Verwirrung auslösen wird!

Die verlorengegangene Pflanze

Erst nach einiger Zeit wurde mir klar, dass der alte Häuptling sich für mehr als nur die Heilkräuter interessierte. Bei einem unserer Streifzüge durch die Big Horns liess er mich wissen, dass ihn der Ältestenrat auch beauftragt habe, die heiligste Pflanze der Cheyenne ausfindig zu machen. Es sei das *Motsiiun*, die «stehende Süsswurzel» (engl. *Sweet Root Standing*, *Sweet Medicine*). Das heilige Gewächs, das ihnen ihr allererster Schamane Motsiiuif offenbart hatte, sei verlorengegangen.

«Verlorengegangen?» – Wie kann das sein, dachte ich und fragte: «Wie sieht denn diese Pflanze aus?»

Er konnte nicht darauf antworten. Er wusste es nicht. Er sagte nur, die Pflanze spiele eine wichtige Rolle bei all den Zeremonien, die dem Stamm seine Identität und Kraft geben – ja, ohne sie könnten die Zeremonien gar nicht ausgeführt werden. Die Wurzel wird in den heiligsten Medizinbündeln des Stammes aufbewahrt. Vor jeder religiösen Handlung, etwa beim Sonnentanz, beissen die Priester ein Stückchen Wurzel ab, zerkauen es und spucken es in die Hände derjenigen, die die Zeremonie durchführen. So fliesst Motsiiuifs Segen in die Handlung ein. Beim Ausspucken leuchtet ein blaues geistiges Licht auf; alle Anwesenden müssen ihre Gesichter abwenden, sonst würden sie erblinden. Schlucken darf man die Wurzel auf keinen Fall, sie würde den Magen verbrennen. Ein zum Sonnentanz geladener Dakota-Medizinmann wusste das nicht. Er kaute die Wurzel, schluckte das Gekaute hinunter und starb eines qualvollen Todes. Das war im vorigen Jahrhundert und hätte fast das legendäre Bündnis der Cheyenne mit den Dakota (Sioux) gesprengt.

Ich konnte mir nicht im geringsten vorstellen, welche Pflanze das sein könnte. Auf die Frage, wie sie denn verlorengegangen sei, antwortete Tallbull: «Die alten Medizinmänner aus der Generation meiner Grossväter kannten noch die Pflanze. Sie sammelten sie in den Black Hills beim heiligen Berg *Nowah' wus* (Bear Butte in Süddakota) und bewahrten sie in den Medizinbeuteln auf. Die jüngere Generation weiss jedoch nicht mehr, wie sie aussieht, denn unser Volk wurde nach Montana und Oklahoma in kleine Reservate verbannt, wo sie nicht wächst. Die letzten freien Cheyenne, darunter meine Familie, suchten Zuflucht in den Big Horns. Der Hunger und die ständige Verfolgung durch Suchtrupps zwang sie schliesslich um die Jahrhundertwende herum in das kleine Reservat in Lame Deer. Dort herrschte Kriegsrecht. Missionare und Regierungsbeamte versuchten aus den Cheyenne Farmer zu machen. Unsere Religion wurde verboten. Die Kinder wurden den Eltern weggenommen und in weit entfernte Regierungsinternate gesteckt. Auch ich kam in eine solche Schule. Man wollte uns ‹zivilisieren›. Für das Sprechen unserer Muttersprache gab es Prügelstrafe.

Ich erinnere mich daran, wie ich dann nach vielen Jahren nach Lame Deer zurückkam. Ich hatte mir alle Mühe gegeben, ein echter Cheyenne zu bleiben. Du kannst dir gar nicht die bittere Enttäuschung, den Schock vorstellen, als die Alten mir sagten: ‹Du sprichst ja gar kein richtiges Cheyenne mehr, du sprichst wie ein Kleinkind!› Und meine Grossmutter lachte nur, als ich ihr zu erklären versuchte, was ich in der Schule gelernt hatte. Zum Beispiel, dass die Sonne nicht im Osten aufgeht und im Westen untergeht, sondern dass die Erde die Sonne umkreist. ‹Wie kannst du nur solchen Blödsinn glauben!› schimpfte sie. ‹Traue lieber deinen unmittelbaren Sinnen, als den Hirngespinsten der *Veho* (Weissen)!›

So kam es, dass, als die Alten wegstarben, es niemand mehr gab, der die Stehende Süsswurzel, die Pflanze des Motsiiuif, kannte. Im Medizinbeutel gibt es nur noch ein fingergrosses Stück. Nun hat es sich der Ältestenrat zur Aufgabe gemacht, die Pflanze wieder ausfindig zu machen und den heiligen Medizinbeutel zu erneuern!»

In den folgenden Monaten erzählte mir der alte Indianer noch vieles über Motsiiuif, den Geist, der mit der mysteriösen Pflanze verbunden ist. Es wurde mir klar, dass Motsiiuif den Stammesgeist der Cheyenne verkörpert. In der Urzeit waren die Cheyenne sehr arm, sie hatten ständig Hunger und wurden von Feinden verfolgt. Da hatten die *Maiyun*, die mächtigen Geister, Mitleid mit ihnen. Als die Cheyenne einmal unterhalb des heiligen Berges Bear Butte lagerten, schickten der Donnerer und die Grossmutter Erde den ersten Medizinmann Motsiiuif zu den Cheyenne. Er sollte ihnen alles beibringen, was sie für das Leben wissen mussten. Motsiiuif zeigte ihnen, wie sie die Büffel jagen und ihr Leder gerben konnten. Er zeigte ihnen, wie man aus Antilopenbeinknochen Flöten macht. Er zeigte ihnen, wie sie den Tabak in der heiligen Pfeife rauchen sollten und welche Kräuter heilkräftig sind. Den Kindern brachte er die Kinderspiele bei. Als der grösste aller Tänzer zeigte er den Cheyenne, wie man Medizintänze tanzt.

Motsiiuif konnte beliebig seine Gestalt verändern und sich in verschiedene Tiere verwandeln. Von Feinden getötete Cheyenne belebte er wieder mittels der Schwitzhüttenzeremonie. Und er gab dem Volk ihren heiligsten Fetisch, die vier Pfeile. Zwei grosse Pfeile sind für das Jagdwild, für die Büffel, und zwei kleine für die zweibeinigen Feinde. Wenn man sie in die Richtung der Feinde legt, werden diese verwirrt und verlieren ihren Mut.

«Die Pfeile sind unsere stärkste ‹Medizin›. Wie jede Medizin verliert sie allmählich an Kraft und muss neu aufgeladen werden. Das geschieht durch die Pfeilerneuerungszeremonie. Die Erneuerung der Pfeile bewirkt zugleich die Erneuerung der Kraft, der Vitalität, der Tugend und des Glücks unseres Stammes. Aber um die Zeremonie durchzuführen, brauchen wir diese Pflanze!» Als Tallbull das sagte, erkannte ich den Ernst des Vorhabens.

Der alte Indianer erzählte weiter, dass der grosse Schamane 445 Jahre bei den Cheyenne lebte. In der ersten Hälfte des Jahres war er immer jung und stark, aber im Herbst, wenn die Präriegräser vertrocknen, wurde er alt und lief gebeugt an einem Stock. Eines Tages, es war im Winter in der Nähe des Bear-Butte-Berges, als der Stamm weiter nach Süden ziehen wollte, sagte Motsiiuif, es sei Zeit für ihn, das Volk zu verlassen. Er mahnte sie, seine Lehren immer zu beachten, damit es ihnen gut gehe. Ehe er endgültig verschwand, weissagte er ihnen noch die Zukunft. Eigenartige Tiere, ohne gespaltene Hufe, mit langen Schweifen und Mähnen würden von Süden her kommen. Diese Tiere würden sie tragen und auch sonst sehr wertvoll sein. Bald darauf würden vom Osten her weisshäutige Menschen kommen, mit Haaren auf den Backen, und mit ihnen käme eine seltsame, glatthäutige, zahme Büffelart, deren Fleisch sie nun essen würden. Die grossen Herden der echten Büffel würden verschwinden und zur Grossmutter unter die Erde zurückkehren. Schwere Zeiten würden anbrechen, Verwandtschaftsregeln würden nicht mehr beachtet werden. Blutschande, Betrug und der Zusammenbruch der Gesellschaft wären die Folge.

Ehe er endgültig verschwand, zeigte Motsiiuif auf eine Pflanze und erklärte: «Diese stehende Süsswurzel bin ich. Sie enthält meine Kraft. Es ist mein Körper, den ich euch gebe. Ich werde bei euch sein, solange ihr diese Pflanze habt!» Seither spielt diese Pflanze eine zentrale Rolle in der Kultur dieses Volkes. Sie ist die Kommunionspflanze, die mit dem Kulturheros verbindet. Cheyenne-Mütter trinken eine äusserst stark verdünnte Wurzelabkochung, damit Motsiiuif-Medizinkraft auf die stillenden Säuglinge übergeht. «Es macht sie stark und tapfer. Nicht wie Kuhmilch, welche die Kinder blöd wie die Kälber der Rinder macht», bemerkte Tallbull mit einem Seitenhieb auf die Weissen.

Nun, der Zufall wollte es – oder war es gar die Kontaktaufnahme seitens des Deva –, dass ich auf die ethnobotanischen Aufzeichnungen eines Naturforschers namens Georg Bird Grinnell stiess. Dieser war 1874 als begleitender «Naturalist» in einer von General Custer geführten Expedition in die Black Hills gekommen, wo sich Bear Butte, der heilige Berg Motsiiuifs, befindet. Über viele Jahre hinweg pflegte Grinnell Kontakt zu den Cheyenne. Da stand es nun schwarz auf weiss zu lesen: Das rotbeerige Christophskraut (*Actaea arguta*, auch *A. rubra*, *A. spicata* var. *rubra*) ist die Pflanze des Kulturheros Motsiiuif. (Grinnell 1923: 174)

Einige Tage darauf entdeckte ich am feuchten, schattigen Ufer des Big-Piney-Flusses am Fuss der Big Horns eine delikate Pflanze mit roten Beeren. Die Pflanze machte mich neugierig. Als ich in einem Bestimmungsbuch nachschlug, traf es mich wie der Blitz: Das war sie, die verlorene heilige Pflanze!

Ich studierte die hübsche Staude genau und las alles, was ich über sie in die Hände bekommen konnte. Es ist ein Hahnenfussgewächs mit mehrfach gefiederten, gezähntrandigen Blättern und weissen Blütenrispen. Alles an der Pflanze ist ätzend bitter im Geschmack, wie es typisch für diese Pflanzenfamilie ist. Im Englischen heisst das Kraut «baneberry» (engl. *bane*, «Gift»), da die Pflanze äusserst giftig ist. Sie enthält unter anderem Triterpensaponine und verursacht heftige Darmkoliken und -entzündungen, verbunden mit Kreislaufstörungen. Diese Symptome erklären den Tod des unwissenden Dakota-Medizinmannes, der die Wurzel bei einer Zeremonie verschluckte.

Der Ethnobotaniker Virgil Vogel berichtet, dass die Arikara, ein Stamm vom oberen Missouri, ihre neugeborenen Kinder in warmem Wasser badeten und ihnen dabei mit einer stark verdünnten Abkochung des rotbeerigen Christophskrauts Mund, Nasenlöcher und Augen wuschen. (Vogel 1982: 136) Die Anthropologin Frances Densmore schreibt, dass die mit den Cheyenne verwandten Ojibwa diese Pflanze bei Frauenbeschwerden sowie als Purgativum und als Parasitenmittel zu nutzen wussten. (Densmore 1974: 299) Auch Magenschmerzen, die durch «hineingezauberte Haare» verursacht werden, kurierten die Ojibwa damit. Ausser diesen spärlichen Hinweisen konnte ich nichts weiter über dieses Kraut ausfindig machen. Wie gesagt, die Indianer halten ihr heiliges Wissen lieber für sich.

Begrüssungsritual für den Pflanzenhäuptling

Bei nächster Gelegenheit zeigte ich dem alten Indianer das Christophskraut. Er blieb einen Augenblick lang wie gebannt davor stehen.

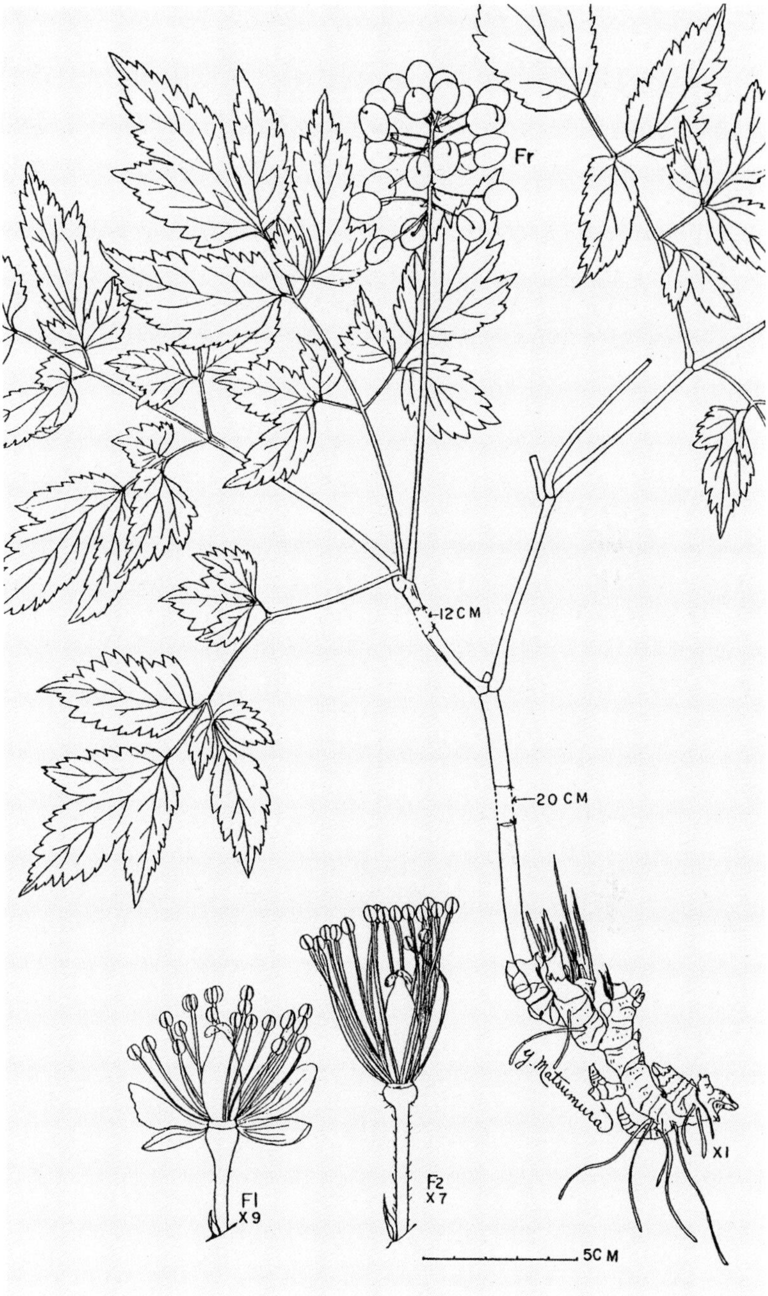

Christophskraut (Actaea rubra)

So wurde ich Zeuge des uralten Rituals, mit dem die Cheyenne-Pflanzenschamanen die «Häuptlinge» der Pflanzen begrüssen.

Kniend, das Gesicht nach Osten gewandt, begann er mit einem Grabstock in einem etwa 40 mal 40 Zentimeter grossen Quadrat die Grasnarbe unmittelbar vor der Pflanze auszuheben. Er entfernte alles Laub, sämtliche Gräser und Kräutlein innerhalb des Vierecks bis zu den Wurzeln hinunter. Dann drückte er beide Handflächen auf die entblösste Erde.

«Auf diese Weise», erklärte er mir später, «begibst du dich in den unmittelbaren Kontakt mit der alten Frau, der Grossmutter, die tief unter der Erde die Seelen aller Tiere und Pflanzen hütet. Ihr Reich fängt dort an, wo die Wurzeln aufhören. Die Bäume, deren Wurzeln besonders tief in ihr Reich hinabdringen, sind deswegen auch besonders heilig. Durch Berührung mit Grossmutter Erde reinigt man sich vorübergehend von allen schlechten Gedanken und anderem Unflat, der einem anhaftet.»

Nach einer Weile unterbrach er den Kontakt mit dem Erdboden. Die rechte Hand im Uhrzeigersinn bewegend, markierte er nun mit sanftem Daumendruck die vier Ecken des Quadrats. Dabei fing er rechts oben, im südöstlichen Winkel an. Der Südosten, so erfuhr ich später, ist die Richtung, aus der der Urschamane Motsiiuif zuerst erschienen war. Es ist jene Richtung, in der zur Sommermitte die heiligen Sterne, der rote Aldebaran, der blaue Rigel (im Orion) und der weisse Sirius, aufsteigen. Für die Cheyenne sind diese Sterne «himmlische Wölfe». Sie segnen die wirklichen Wölfe ebenso wie die Indianer, die selber wie Wolfsrudel den Büffeln nachstellen. Ehe er zu den Cheyenne kam, hatte Motsiiuif im Himmel im Tipi dieser heiligen Tiere gelebt.

Nachdem Tallbull in jeder der vier Ecken einen Daumenabdruck hinterlassen hatte, schwang er die Hand in bogenförmiger Bewegung wieder zurück, liess sie viermal auf- und abfedern, um beim fünftenmal den Daumen genau in die Mitte des Vierecks zu drücken.

Nun führte der Medizinmann komplizierte Handbewegungen aus. Er tippte mit dem linken Daumen den Merkurhügel der rechten Handfläche an. Dann wechselte er über und berührte den linken Merkurhügel mit dem rechten Daumen. Er wechselte wieder, um den rechten Mondberg mit dem linken Daumen zu berühren, und schliesslich berührte er den linken Mondberg mit dem rechten Daumen. Es schien mir, als schössen Energien zwischen seinen beiden Händen hin und her. Anschliessend rieb er – noch immer kniend – beide Hände

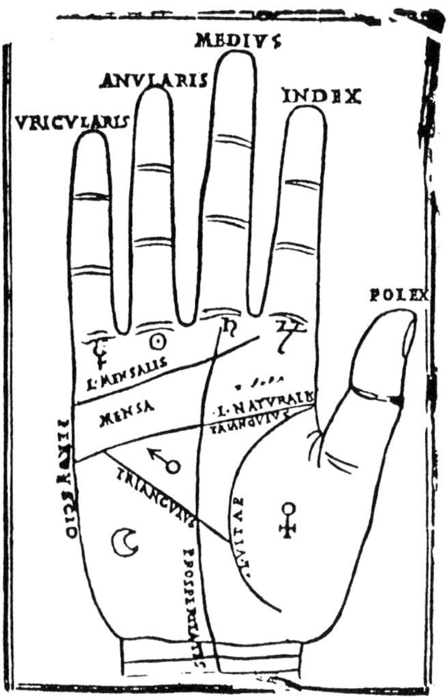

Handgeographie; Mondberg und Merkurhügel

aneinander, als seien sie Reibhölzer, mit denen er ein Feuer anfachen wollte.

Man könnte diesen Teil des Rituals als eine Rückkehr zu den Ursprüngen verstehen. Die Handlung ahmt den Schöpfungsakt nach, wobei die mütterliche Ursubstanz kosmisch geordnet wird. Die vier Grundrichtungen und die allesverbindende Mitte verleihen dem amorphen Substrat, dem Urchaos, eine geordnete Struktur. Die rituellen Handbewegungen wirken gleichzeitig zentrierend auf das Bewusstsein, auch das alltägliche mentale «Chaos» wird dabei gegliedert.

Nun strich er mit der rechten Handfläche vom rechten Knie über den Schenkel bis hinauf zur Leiste. Ohne die Bewegung zu unterbrechen, wechselte er dann auf die andere Körperseite hinüber und strich den linken Arm hoch bis zur Schulter. Genau das gleiche Verfahren wiederholte er mit der anderen Hand auf der entgegengesetzten Körperhälfte. Zuletzt strich er mit beiden Händen über den Haarschopf. Der ganze Vorgang stellt eine «Waschung» dar, ein Bedecken des Körpers mit Erde, ein Hinabgehen zu *Estscheheman*, der Frau Holle dieses

Stammes. Erst in diesem gereinigten, geweihten Zustand konnte er sich dem Pflanzengeist nähern, ohne Schaden auf sich zu ziehen. Nun erst durfte er der Pflanze selber zu Leibe rücken.

Er nahm den hölzernen Grabstock wieder zur Hand und markierte ein Quadrat um das Christophskraut herum. Auch diesmal fing er in der südöstlichen Ecke an. Nachdem er den Boden rechtsläufig in allen vier Winkeln punktiert hatte, schwang er den angespitzten Stock zurück, federte damit viermal über der Pflanze auf und ab, um ihn beim fünftenmal direkt in den Wurzelhals zu stossen. Er stiess zu, wie etwa ein Jäger seinen Speer in ein Beutetier treibt. Nun, erklärte er, sei das Ritual beendet. Nachdem man die Häuptlingspflanze auf diese Weise «gejagt und getötet» und ihre unsterbliche Seele (Hematasuma) befreit hat, darf man die anderen, die zu diesem Pflanzenvolk gehören, getrost pflücken oder ausgraben. Man darf sogar den hölzernen Grabstock beiseite legen und von nun an mit Eisenwerkzeugen vorgehen.

Der alte Medizinmann betonte, dass es beim Suchen von Heilpflanzen immer notwendig ist, den «Häuptling» auszumachen. Dieser sei durch ein blaues Leuchten, durch stattlichen Wuchs oder ein anderes markantes Merkmal zu erkennen. Man sollte ihm nur nach dem Reinigungsritual gegenübertreten. Wie es überall die gute Sitte verlangt, solle man ihn mit Geschenken erfreuen, vor allem mit Tabak, dann würde der Pflanzengeist auch bereit sein, einige seiner Genossen freizugeben.

Die Pflanze weiss schon vorher, dass man zu ihr kommt und warum man kommt – schliesslich kann der Pflanzengeist Gedanken lesen. Trotzdem muss man ihm unbedingt sagen, für wen und warum man die Wurzel ausgraben oder das Kraut pflücken will. Dafür gibt es überlieferte Medizinlieder wie das folgende, das mir Tallbull «schenkte»:

«Ha na, ich komme zu Euch,
Ha na, ich komme auf gutem Weg. (d.h. in lauterer Gesinnung)
Ha na, so werdet Ihr gerufen,
Ha na, so rufe ich Euch.

Ha na, ich betrete Euer Tipi.
Ha na, ich komme in Ehrfurcht,
Ha na, ich komme in Demut,
Ha na, ich komme, Eure Hilfe zu erbitten.

Ha na, ich komme, Euch Tabak zu schenken,
Ha na, ich gebe den Tabak mit guten Absichten.
Ha na, ich komme von weit her, aus gutem Grund:
Ha na, ich komme um Hilfe bittend.

Ha na, ich komme als Kranker,
Ha na, ich komme als Armer,
Ha na, ich komme als Schwacher.
Ha na, bei Euch finde ich grosse Kraft.

Ha na, ich komme Euch holen.
(Diese Strophe wird viermal wiederholt.)

Ha na, Euren Segen nehme ich heim.
Ha na, Ihr habt mich stark gemacht,
Ha na, Ihr habt mich stark gemacht.
Ha na, auf gutem Weg gehe ich nun wieder fort. Ha Ho!»

Ohne Beifuss geht es nicht

Die zusammengetragenen Kräuter und Wurzeln soll man nicht einfach unachtsam in eine Tüte stecken oder auf einen Haufen werfen. Sie werden sorgfältig auf ein Kissen aus heiligem Steppenbeifuss (*Artemisia ludoviciana*, *A. gnaphalodes*; engl. *sagebrush*) gebettet, und zwar in der gleichen Reihenfolge, in der man sie geerntet hat.[27] Der Beifuss ist, neben dem Christophskraut, wohl die heiligste Pflanze der Cheyenne. Der graue, würzig duftende Korbblütler heiligt alles, was mit ihm in Berührung kommt. Er verbindet mit den Maiyun, den Geistern, und mit *Maheo*, dem Grossen Geist. Das Kraut schützt gegen böse Einflüsse. Um Gegenstände, etwa Zeremonialzubehör oder Geschenke von Fremden, zu reinigen, werden sie damit abgerieben oder geräuchert. Auch derjenige, der ein Tabu gebrochen hat oder von schlechten Träumen geplagt wird, wird damit – unter Beigabe einer Prise Christophskrautwurzel – geräuchert. Den Sonnentänzern wird damit der ganze Körper abgerieben. Einst wurden Krieger und Jäger, ihre Pferde und Waffen beim Auszug und bei der Heimkehr damit gereinigt und die Kriegsbemalung abgewischt. Der Platz, auf dem ein Konträrkrieger – ein Berserker – gesessen hatte, wurde ebenfalls mit Beifuss gefegt.

Die Cheyenne nennen den grossen Steppenbeifuss *Hetaniwanots* oder «Männerbeifuss» (*hetan*, «Mann» und *wanots*, «Beifuss»), da er nur von den Männern benutzt werden darf. Die Frauen haben für ihre Zeremonien ihre eigene Beifussart, und zwar die noch angenehmer duftende, zierliche *Artemisia frigida* (engl. *little wild sage*, *fringed sagebrush*). Tallbull konnte darüber nichts weiter sagen; das ginge ihn nichts an, es gehöre zu den Mysterien der Geburt und der Menstruationshütte. Dass der Tee als Emmenagogum getrunken wird und zur Reinigung des Körpers nach der Mensis damit abgerieben wird, erfuhr ich aus anderer Quelle. (Vogel 1982: 238)

Durch das Betten auf Beifuss bleiben die gesammelten Kräuter im geheiligten Kontext. Die Beifusszweige werden sorgfältig mit den Spitzen nach Norden ausgelegt. Die Häuptlingspflanze, die immer als erste

27 In der deutschen Literatur zum Thema Steppenbeifuss herrscht allgemeine Verwirrung, da die englische Bezeichnung *sagebrush* oder *prairie sage* allgemein als «Salbei» übersetzt wird. Zwar duftet der Salbei (*Salvaria officinalis*) ähnlich, und seine Blätter sind ebenfalls von einem weisslichen Grünblau, aber es ist nicht die von den Indianern benutzte Sakralpflanze. Der echte Salbei ist ein Lippenblütler, der Steppenbeifuss (*Artemisia* spp.) dagegen ein Korbblütler.

geernet wird, wird quer, also auf einer Ost-West-Achse, über die unteren Stengelteile des Beifusses gelegt. Die anderen Pflanzen, die einfachen Stammesgenossen des Häuptlings, werden nun der Reihe nach daneben gelegt, bis sie die Spitzen des heiligen Krauts erreichen. Oben angekommen, kehrt sich die Richtung wieder um. So geht es schleifenartig weiter, bis alles Sammelgut darauf gebettet ist. In genau entgegengesetzter Reihenfolge werden die Kräuter dieses Bündels dann verbraucht, bis schliesslich nur noch die Häuptlingspflanze übrig bleibt, die zuallerletzt verbraucht wird.

Tallbull sagte, die so behandelten Kräuter hätten eine derart starke Ausstrahlung, dass man sie niemals im Haus, in dem man wohnt, aufbewahren soll. Man lasse sie besser in einem anderen Gebäude, etwa einem Schuppen oder einer Garage. Selbst in die Führerkabine seines Pick-Up-Trucks wollte Tallbull sie nicht nehmen. Bei der Heimfahrt legte er sie, sorgfältig auf eine Beifussunterlage gebettet, hinten auf die Ladepritsche. (Übrigens kannten auch die Europäer einst Kräuter, die niemals ins Haus gebracht werden durften. Es handelte sich um mächtige blitzanziehende, rotblütige Gewächse wie die rote Skabiose, Klatschmohn, Tausendgüldenkraut, Kornrade oder die Alpenrose.)

Noch eine weitere Regel sei zu beachten: Man solle nie mehr als vier Arten Heilpflanzen pro Tag sammeln.

Ich fragte den alten Medizinmann, ob man all diese Vorschriften und das Sammelritual auch bei jenen Kräutern vornehmen solle, die ursprünglich mit den Europäern nach Amerika gelangten. «Selbstverständlich», antwortete er, «auch sie haben auf dieser Erde hier ihre Mutter gefunden.»

Die Suche geht weiter

Einige Wochen nachdem er mich in das Ritual eingeweiht hatte, sah ich Bill Tallbull und seinen Freund, den grossen Medizinmann Hirschschulter, in ihrem Pick-Up-Truck durch die kleine Ortschaft brausen. Diesmal hielten sie nicht an. Später, bei einem Spaziergang am Big-Piney-Fluss, entdeckte ich zufällig ein ausgerissenes Christophskraut. Davor war die Grasnarbe in einem Viereck ausgehoben, und ein angebissenes Stück Wurzel lag daneben. Nun wusste ich, was die alten Zauberer an jenem Tag vorgehabt hatten.

Als ich ihm das nächste Mal begegnete, fragte ich Tallbull, was

Hirschschulter zur Wiederentdeckung der Pflanze des Urschamanen zu sagen hatte.

«Er hat sie ausgespuckt! Er hat gesagt, das ist sie nicht! Sie ist ätzend bitter – dabei sollte die Stehende Süsswurzel süss schmecken!» Sein Blick durchbohrte mich.

«Ich habe dich nicht betrogen!» versicherte ich ihm, «ich habe nur die Pflanze identifiziert, die der Naturforscher George Bird Grinnell in seinem Buch angegeben hat!»

«Schon gut», beruhigte er mich, «wir werden eben weitersuchen müssen!»

Hat sich Hirschschulter etwa getäuscht und sich von der Vorstellung irreführen lassen, die Wurzel solle süss schmecken? Würde die Wurzel der *Actaea* vielleicht nach einigen Jahrzehnten von selber einen süsslichen Geschmack annehmen? Ausserdem hatten die Cheyenne die Wurzel zur Aufbewahrung im Medizinbeutel immer zuerst blanchiert und mit Fett eingerieben, was möglicherweise den Geschmack verändert.

Oder haben die Cheyenne den Forscher Grinnell damals zum Narren gehalten, wie sie es mit neugierigen Ethnologen noch immer gerne tun? Haben sie ihm eine «tourist story» – wie es Tallbull nennt – erzählt, die er dann gutgläubig aufzeichnete? Aber haben nicht auch andere berichtet, dass die Cheyenne eben gerade diese Pflanze in homöopathischer Verdünnung als Tee ihren Säuglingen gaben? Und dann ist da noch ein Bericht eines W. B. Hoffmanns, der im Jahresreport 1891 des Bureau of American Ethnology zum Gebrauch der *Actaea rubra* bei den Ojibwa berichtet: «Die Abkochung der Wurzel, die süss schmeckt, findet Anwendung bei Magenschmerzen, deren Ursache verschluckte Geisterhaare sind.» (Hoffmann 1891: 201)

Ist es also vielleicht doch die heilige Pflanze, und der schlaue Hirschschulter wollte nur mich, einen Fremden, glauben machen, sie sei es nicht? Oder kann es gar sein, dass der Geist des Motsiiuif diese Pflanze als sein Vehikel fallengelassen hat?

Wie dem immer auch sei, Tallbull und ich blieben weiterhin freundschaftlich verbunden, und ich bin ihm dankbar für das Ritual, dessen tieferer Bedeutung wir nun nachgehen wollen.

Hier sei noch erwähnt, dass niemand, dem es nicht persönlich vermittelt wurde, befugt ist, dieses Pflanzenritual auszuführen oder nachzuahmen. Es schleichen sich unweigerlich Fehler ein, wenn man es anhand einer Beschreibung nachmachen will. Es ging mir hier vor allem darum, zu illustrieren, wie sich die Indianer den Pflanzengeistern gegenüber verhalten.

«Hört auf eure Alten, knüpft an eure eigene Tradition wieder an.» Das ist der Rat, den Tallbull mir diesbezüglich gab. In den folgenden Kapiteln werden wir sehen, ob es uns überhaupt noch möglich ist, diesen Rat zu befolgen.

DIE HIMMLISCHEN WÖLFE UND DIE MUTTER DER KRÄUTER

Die Bedeutung des Pflanzenrituals, welches mir der Cheyenne-Medizinmann gezeigt hatte, ging mir erst später auf, nachdem ich auf ähnliche Rituale in Südasien und im Himalaya stiess. Auch Aufzeichnungen aus der Antike, etwa die Beschreibung keltischer Pflanzenrituale durch Plinius, oder auch die mittelalterlichen Regeln zum Sammeln von Heil- und Zauberkräutern zeigen unverkennbare inhaltliche und strukturelle Übereinstimmungen mit dem indianischen Ritual. Langsam erkannte ich, dass es sich dabei um magische Techniken handelt, deren sich schon die Schamanen der Steinzeit bedient hatten. Allein schon die Tatsache, dass es überall untersagt ist, beim Ausgraben der Wurzeln Eisen- oder andere Metallwerkzeuge zu verwenden, deutet auf jene fernen Zeiten hin, in denen Metall noch weitgehend unbekannt war.

Die umherstreifenden Grosswildjäger brachten diese Pflanzenrituale wie vieles andere auch (Lederzelte und Jagdttechniken, Schamanismus, Räucherpraktiken, Bärenzeremonialismus, Kinderspiele, Mythen und Märchen) mit aus der Alten Welt nach Amerika. Vor rund dreissig- bis vierzigtausend Jahren bestand nämlich eine Landbrücke zwischen Sibirien und Alaska. Die Vorfahren der Indianer müssen beim Verfolgen grosser Tierherden diese überquert haben. Ohne leugnen zu wollen, dass es bei den Indianern eine selbständige kulturelle Entwicklung gegeben hat, haben diese Völker viele altsteinzeitliche Merkmale beibehalten und archaisches Wissen von einer zur anderen Generation weitergegeben. Erinnerungen an die eiszeitlichen Mammutelefanten – riesige «Büffel» mit einem schlangenähnlichen Arm mitten im Gesicht und weissen Hörnern, die aus den Backen hervorragen – geistern noch durch die Erzählungen der Ojibwa. Die Cheyenne erinnern sich an eine Zeit, als sie mit ihren Hunden über das Eis wanderten; sie wollten das Geäst eines toten Baumes, der aus dem Eis herausragte, brechen, um sich ein Feuer zu machen; da verwandelte sich das Geäst in einen Hirsch, der sie in ein neues Land führte. (Schukies 1994: 146) Sogar Amazonasindianer im tropischen Urwald erinnern sich an die Wanderung durch ein Land, das so kalt war, dass sie sich in Tierfelle hüllen mussten. (Plotkin 1993: 188)

Auch unsere steinzeitlichen Vorfahren zogen einst als Grosswildjäger übers Land. Ihre Lebensweise glich derjenigen der Paläoindianer.

Aus diesem Grund faszinieren uns die Indianer wie kaum ein anderes Volk: Sie sagen etwas über unsere eigenen Wurzeln aus. Ihre Überlieferungen sprechen die ältesten Schichten der europäischen Volksseele an und rufen in ihr eine tiefe Resonanz hervor. Davon zeugt die anhaltende Popularität der Winnetou- und Lederstumpf-Literatur, das begeisterte Indianerspielen der Kinder, und neuerdings die Stadtindianer-Romantik und der Erfolg des Medizinrads des Ojibwa-Medizinmannes Sun Bear. Davon zeugen die vielen New-Age-Seminare zur «Visionssuche», die Selbstfindungsrituale der Männergruppen beim knisternden Lagerfeuer sowie die Flut der Filme, in denen die Rothäute den edlen, unverdorbenen Naturmenschen verkörpern.

Bill Tallbull ist Erbe dieser ungebrochenen Überlieferung, die aus einer Zeit stammt, in der die Menschen noch im Einklang mit der Natur lebten, als sie noch mit Tieren und Pflanzen sprechen konnten. Diese Überlieferungen enthalten für uns, in diesem Zeitalter sozialer und ökologischer Katastrophen, wichtige Botschaften.

Tallbull sieht sich selber als Träger des «alten Wegs». Bewusst knüpft er an die Religion des Urschamanen Motsiiuif an. Er erlangte seine Vision beim Fasten in der Wildnis – sprechende Steppenwölfe kamen zu ihm. Durch Selbstkasteiung beim Sonnentanz erneuerte er seine Medizinkraft zum Wohle seines Stammes. Wie die Schamanen Eurasiens hing er mit Lederriemen und Haken, die ihm die Brustmuskeln durchbohrten, am Lebensbaum befestigt. An diesem Pfahl, der für ihn die Weltmitte ist, tanzte er, bis die Haken aus seinem Fleisch herausrissen. Durch dieses Selbstopfer erlangte er die Gnade der Maiyun von neuem, und die Brücke zu den Geistwesen blieb bestehen.

Peyote-Kaktus

Von der einfachen, «verweichlichten» Art und Weise, mit der die Peyote-Esser ihre Visionen erlangen, hält Tallbull ebensowenig wie vom «Feuerwasser» der Händler oder den hysterischen Predigten fanatischer Sektenmissionare. Er vertritt die Ansicht, dass Peyote die Sinne verwirrt, auf die ein Jäger und Krieger angewiesen ist. Um 1900 herum, als der einst so stolze, wahrhafte Büffeljägerstamm mutlos und hoffnungslos, veralkoholisiert und verwahrlost in trostlosen Reservaten dahindarbte, kam der Kult des Peyote-Kaktus (*Lophophora williamsii*) vom Süden her. In ganznächtlichen Seancen in einem mit heiligem Beifuss ausgelegten Tipi singen, trommeln und beten die Indianer zum Geist des Kaktus. Nachdem sie sein bitteres Fleisch kommunionsartig verzehrt haben, erscheint in ihrer Vision ein Lichtwesen, welches sie gerne mit dem «Jesus» der Missionare identifizieren. Im Grunde genommen ist der Peyote-Kult eine Art Lückenbüsser, da die ältere Religion der Stehenden Süsswurzel von den Missionaren und der Militäradministration verboten und systematisch unterdrückt worden war und die Jugend nicht mehr darin unterwiesen werden konnte.

Der Jäger und sein Hund

Wie alt, ja uralt die Überlieferungen der Motsiiuif-Religion sind, lässt sich erahnen, wenn man die Sagen und Bräuche in der Alten wie auch in der Neuen Welt vergleicht, die sich auf die beiden Sakralpflanzen Christophskraut und Beifuss beziehen.

Der Urschamane Motsiiuif wird mit dem zur Sommermitte im Südosten aufgehenden, blauweiss leuchtenden Rigel (im Orion) in Verbindung gebracht. Diese Himmelsrichtung gilt noch immer als sein Sitz. Das Sternbild Orion liegt zwischen dem Stern des *roten Wolfs* (Aldebaran) und dem Stern des weissen, *gehörnten Wolfs*, den wir als Sirius oder den Hundsstern kennen.[28] Diese beiden Wölfe, der rote und der weisse, sassen dem Urschamanen einst in der Höhle der Grossmutter zur Seite. Sie waren seine Geistlehrer und unterwiesen ihn. (Auch Odin, der Urschamane der nordischen Völker, wird zwischen zwei Wölfen dargestellt!) Als Motsiiuif genug gelernt hatte, kam er von dem

28 Zwischen dem mittsommerlichen Erscheinen von Aldebaran, Rigel und Sirius vergehen jeweils 28 Tage. Für die Prärieindianer ist das eine heilige Zeitspanne: 28 Tage dauert ein Mondzyklus, und der Büffel, der ihnen alles gibt, was sie zum Überleben brauchen (Fleisch, Zeltplanen, Decken, Knochen- und Hornwerkzeuge), besitzt 28 Rippen.

blauweissen Stern auf die Erde herab und nahm Wohnung bei den wahren Menschen, den Cheyenne. Eine seiner wichtigsten Lehren war, wie sie als nomadische Jäger, einem Wolfsrudel gleich, den Büffeln und anderem Wild nachstellen können.

Das Christophskraut, Motsiiuif in seiner Pflanzengestalt, ist also ein «Wolfsgewächs». Deswegen nennen es die Cheyenne *Motsiiun* (von motsi, «wildes, männliches Tier»). Es verbindet diesen Stamm, diese Wölfe unter den Menschen, mit dem Geist der himmlischen Wölfe und lässt sie tapfere Krieger und geschickte Jäger sein.

Nun ist es interessant, dass die ältesten Mythen auch anderswo die Sternbilder um Orion und Sirius mit Kaniden (Wölfen, Hunden, Füchsen) und Jägern in Verbindung bringen. In Indien gilt die Konstellation Orion als himmlisches Abbild des wilden Jägers Sharva-Shiva, des Gefährten der Göttin, der mit seinem Hund einem Reh oder dem Opferrind der Brahmanen nachjagt. (Storl 1988: 122) Die alten Griechen stellten sich Orion ebenfalls als kühnen Jäger vor. Er ist der Geliebte der wilden Jagdgöttin Artemis, und der Hundsstern (Sirius) wird als sein vierbeiniger Jagdgefährte gedeutet, der ihm überall hin folgt. Den Eskimos gilt Rigel im Orion als ein Seehundjäger. Die Nordgermanen sahen in Orion den donnernden Thor, der den Dämonen nachjagt; die drei Sterne des «Gürtels» des Orion deuteten sie als Thors Blitzwaffe oder auch als seinen Phallus. Noch im christlichen Mittelalter identifizierte man den Hundsstern mit Hubertus, dem Schutzpatron der Jäger und der Hunde. (Bächtold-Stäubli IV 1987: 434) Und wenn in den *Hundstagen*, der heissesten Jahreszeit, in der Sirius wieder über den Horizont steigt, der Getreidebrand die Felder befiel, brachten die Römer dem hitzeverursachenden Stern Hundeopfer dar.[29]

Auch wenn unsere recht lückenhaften Überlieferungen das Christophskraut nicht unmittelbar mit der Sternenkonstellation Sirius/Orion in Verbindung bringen, so wird die Pflanze dennoch auf das Raubtier bezogen: Wolfswurz, Wolfskraut, Wolfsbeere, Hundebeere, auch Teufelsbeere heisst dieses als Zauberkraut und Pestmittel benutzte

29 Inzwischen, angeregt durch die Sagen der Dogon, einem Volk aus Zaire, wird eifrig an dem Sirius/Orion-Mythos weitergesponnen. Die Dogon erzählen von göttlichen Besuchern, die einst – wie Motsiiuif – vor 4500 Jahren vom Hundsstern zu den Menschen herabkamen. Esoteriker, wie R. A. Wilson, Wilhelm Reich oder Gurdjieff, sprechen noch immer von der *Sirius-Connection*, von erleuchteten Besuchern in UFOs, welche die Menschheitsgeschicke leiten. Auch der Komponist und Findhorn-Enthusiast Karl-Heinz Stockhausen empfängt, wie er zugibt, Inspirationen vom Sirius.

Christophorus in einer griechisch-orthodoxen Darstellung

Schattengewächs im deutschen Sprachraum. (Marzell I 1943: 114) Aber auch Linnaeus erahnte den Archetypus dieser Pflanze: Ihm kamen reissende Hunde in den Sinn, als er dem Giftkraut den Namen *Actaea* gab: *Actaeon* (griech. *Aktaion*) war der junge Jäger, der tief im schattigen Wald unverhofft auf Artemis stiess. Heimlich sah er ihr zu, wie sie mit ihrer Nymphenschar nackt und vergnügt im frischen Wasser einer Quelle planschte. Als sie ihn bemerkte, verwandelte die erzürnte Göttin den Eindringling in einen Hirsch. Seine eigenen Hunde hetzten ihn und zerfleischten den Jüngling lebendigen Leibes.

Auch der «Christusträger», nach dem das Christophskraut benannt wurde, hat etwas mit dem Raubtier zu tun. Ehe ihn die Christen zu einem Heiligen umwandelten, war Christophorus als wolfs- oder hundsköpfiger Riese aus dem Land der Kynokephalen (der «Hundsköpfigen») bekannt. Im ganzen heidnischen Vorderorient wurde er als Gottheit verehrt. Die Ägypter brachten ihn mit dem hundsköpfigen

Totengott *Anubis* in Zusammenhang. Dieser hatte den jungen Sonnengott und Isissohn Horus sicher über den Nilstrom getragen.

Bei den frisch bekehrten Germanen ging der Kult des «Riesen» Donar-Thor auf den Riesen Christophorus über. Thor galt unter anderem als der Behüter der Erde und ihrer Schätze. So ist es verständlich, dass Schatzsucher im Mittelalter den «Kristoffel» als Patron anriefen. Sie nahmen ein Büschel Christophskraut in die Hand und leierten das Christophorusgebet herunter, um der Rache der schatzhütenden Erdgeister zu entgehen. Bei Blitz- und Donnergefahr und gegen die reissenden Wölfe konnte man das Kraut ebenfalls zur Hand nehmen und den Heiligen, dessen Namenstag (25. Juli) in die Hundstage fällt, um Beistand anrufen.

In dieser Erscheinung ist Christophorus der typische Schwellenhüter, der die Weisheitsschätze der übersinnlichen Bereiche vor frevelhaftem Zugriff schützt oder sie dem Reinherzigen zugänglich macht. Er ist auch der archetypische Schamane, der – nun in christlicher Verkleidung – den Fluss, welcher das Diesseits vom Jenseits trennt, beliebig überqueren kann. Das heutzutage wenig beachtete Christophskraut stellt sich als eine archaische Schamanenpflanze heraus.

Die Pflanze der Jägerin

Während das ätzend giftige Christophskraut mit den männlichen Tugenden, dem Jagen und Töten, und dem wilden Raubtier (Chey. *motsi*) verbunden ist, wird der Beifuss (*Artemisia* spp.) eher mit den lebensschenkenden weiblichen Mysterien gleichgesetzt, mit dem Heilen und dem Gebären. In der Alten wie auch in der Neuen Welt werden Artemisia-Arten vor allem als Frauenmittel eingesetzt: Sitzbäder und Tees entkrampfen und erwärmen den Unterleib, regen die Monatsblutung an und helfen den Gebärenden bei der Austreibung der Nachgeburt. Die wärmende Natur der Pflanze wird in der alten Benennung *Mugwurz* (kelt. *mug*, «warm») zum Ausdruck gebracht. Auch wächst sie, im Gegensatz zum Christophskraut, an trockenen, warmen, sonnigen Stellen. Manche Kräuterfrauen sammeln die Pflanze noch immer im Zeichen der Jungfrau, da diese Konstellation das weibliche Wesen und die warme Natur des Heilkrauts unterstützt.

Antike Autoren bezeichnen den Beifuss als «Mutter der Kräuter». In Griechenland war diese pflanzliche «Hüterin des weiblichen Schosses» der *Artemis*, der Göttin der Geburt und Herrin der Waldtiere, geweiht. Rehe, Antilopen und Gabelböcke, Lieblingstiere der Artemis, fressen auch besonders gerne die bitteren Blätter und Stengel der Beifussarten. In Rom war diese Pflanzengattung Diana und in Ägypten Isis unterstellt. Bei den Nordvölkern gehörte sie zur Frau Holle (engl. *Mother Goose*, «Gänsemutter»), der auch die Gänse heilig waren. Zu Winterbeginn wurde einer dieser heiligen Vögel geopfert und mit Beifuss geweiht. Die germanischen Schamaninnen, die «fliegenden Frauen», kochten die «Flugkräuter», meist Nachtschattengewächse, im Fett dieser Opfergans, dann rieben sie sich damit ein und hoben ab zum schamanistischen Flug. Es ist vergleichsweise interessant, dass auch die indianischen Schamanen sich mit Beifussarten beräucherten oder sich damit abrieben, ehe sie mit den Göttern verkehrten. Der noch heute bestehende Brauch, die Martins- oder Weihnachtsgans mit Beifuss einzureiben, hat nicht nur mit der Anregung der Verdauungsäfte zu tun, sondern ist zugleich eine Reminiszenz jener alten Zeiten, als bei uns der Schamanismus noch lebte. (Storl 1996: 40)

Universal gilt der Beifuss als dämonenvertreibend, zauberabwehrend und reinigend. Wie bei den Indianern wurde auch in Europa und Asien damit geräuchert. In einigen Alpentälern wird noch heute um Maria Himmelfahrt der Stall damit ausgeräuchert. Der Bauer tut dies heute, um lästige Fliegen und Krankheitserreger zu vertreiben. Der Schlag mit einem Beifusszweig soll verhexte Milch, die sich nicht buttern lässt, entzaubern.

Der gelbe Kaiser (Shen Nung) mit Hörnern

Als Bestandteil des Mittsommerfestes wird manchmal noch immer ein «Sonnenwend- oder Johannesgürtel» aus Beifuss geflochten. Nach dem Sprung über das Johannisfeuer wird der Gürtel in die Glut geworfen. Damit wird alle Krankheit und alles Unheil, welches dem Menschen anhaftet, getilgt. Wir erinnern uns, dass das graue Gewächs bei den Indianern ganz ähnliche Verwendung findet.

Auch in China wird mit der heiligen Pflanze geräuchert. Schon das älteste Arzneibuch Chinas (*Des gelben Kaisers innere Heilkunde*) nennt das Verbrennen (*Moxabustion*) kleiner Beifusskügelchen oder -stäbchen auf Akupunkturstellen, um Krankheitsgeister zu vertreiben und Blockierungen im Fluss der Lebensenergien aufzulösen. Das Verbrennen von Beifusskugeln auf schmerzenden Körperstellen war übrigens auch den Prärieindianern bekannt. Da der mystische Gelbe Kaiser, der angebliche Autor des ältesten chinesischen Kräuterbuches, Hörner trägt, können wir getrost daraus schliessen, dass auch in China der Gebrauch der Artemisien auf altsteinzeitliche, schamanistische Praktiken zurückgeht. Hörner oder Geweihe sind überall das Attribut des paläolithischen Tiergottes. (Storl 1996: 40)

SAMMELRITUALE: DER RICHTIGE ORT, DIE RICHTIGE ZEIT

Wir sassen im Garten und schlürften heissen Kaffee, derweil wir uns über Heilkräuter unterhielten. Ich versuchte meinem Freund Tallbull die Bedeutung der Pflanzen als Lieferanten bestimmter molekularer Verbindungen – Alkaloide, Sesquiterpene, Glykoside und dergleichen – vor Auge zu führen. Der Medizinmann winkte ab: «Was uns heilt, ist der Geist der Pflanze, nicht irgendwelche chemischen Bestandteile!» Es sei vor allem notwendig, die Pflanze in ihrer spirituellen Dimension anzuerkennen. Mittels einer geheiligten, rituellen Handlung müsse man sie aus ihrer blossen Alltäglichkeit herausheben, damit man mit ihr sprechen könne, «so wie du und ich miteinander sprechen».

Die Mitte des Seins

Rituelle Handlungen, die das Reden mit den Pflanzengeistern ermöglichen, gibt es bei allen traditionellen Völkern. Schrittweise führt ein solches Ritual den Pflanzenschamanen in die Dimension des Ursprünglichen, des Heiligen. Er beschreitet dabei den Weg, den der Kulturheros, der Urschamane, gegangen ist. Es ist der Weg, den der Motsiiuif bei den Cheyenne, der Gelbe Kaiser bei den Chinesen, Christus oder Petrus bei den mittelalterlichen Christen vorgezeichnet hat. Es ist der Weg in die Herzmitte, der Weg zum Weltenbaum. Neun heilige Kräuter wachsen unter seinen ausladenden Ästen – so die Vision sibirischer Schamanen. Hier, nahe bei dem mächtigen Pfeiler, der die Erde mit dem Himmel und der Unterwelt verbindet, wird der Suchende den Devas der Heilpflanzen begegnen. Also spricht der Sioux-Medizinmann:

«Am Mittelpunkt der Erde stehe ich, seht mich!
Im Mittelpunkt des Windes stehe ich, seht mich,
Eine Wurzel des Heilkrauts,
Deshalb stehe ich, im Mittelpunkt des Windes, stehe ich.»
(Kaiser 1985: 50)

Im christlichen Abendland bezog man die gesuchte Heilpflanze auf das Kreuz auf dem Kalvarienberg. Auch dieses ist der Weltenbaum in der Mitte des Seins, der Nabel der Erde. Genau hier, auf Golgatha, stand einst der Baum der Versuchung, und nun wächst hier durch Gottes Gnade der Baum der Erlösung und des Heils. Aus diesem Grund wurde zum Beispiel im alten England eine dämonenvertreibende Pflanze wie das Eisenkraut (*Verbena officinalis*) mit folgendem Spruch beschworen:

«All heil, Dir, heiliges Eisenkraut,
Im Boden wachsend.
Auf dem Berg der Schädelstätte,
Dort fand man Dich zuerst.
Du hilfst bei vielen Leiden
und stillst etliche Wunde.
Im Namen des süssen Jesus
Entnehme ich Dich der Erde ...»

In abgelegenen Bergtälern und Waldgebieten lebt die Gesinnung, die das lebensrettende Heilkraut in einen sakralen Kontext einbettet, noch heute fort. Als ich einmal mit einem Bergbauern über die Allgäuer Alm wanderte, wurde unsere Aufmerksamkeit auf eine kleine gelbe Blume gelenkt.

«Nelkenwurz!» sagte ich. Er schüttelte den Kopf: «Nelkenwurz? Kenn i itte [nicht]! Muatterherrgottsbluotströpfle hoist's bei uns, weil es zuerst unter dem Kreuzbaum entstand, als die Gottesmutter blutige Tränen weinte. Deswegen ist es auch das beste blutstillende Mittel!»

Vorbereitungen

Der Pflanzensammler muss sich also mit diesem Seinsmittelpunkt immer wieder erneut verbinden können. Er muss die oberflächliche, gemeine, geschäftige Welt vorübergehend verlassen und sich «tief in den Wald» oder «tief in die Erde» begeben und sich in einen heiligen, ursprünglichen Zustand zurückversetzen. Um das zu erreichen, gehen viele nordamerikanische Indianer in die Schwitzhütte. Die Hütte repräsentiert die Gebärmutter der Erde. Die mit Decken überdeckten gebogenen Äste stellen die Rippen der Erdmutter dar. Es werden also nicht nur die angesammelten physischen Unreinheiten ausgeschwitzt, sondern der Kräuterschamane wird dadurch zum Embryo, der schwitzend aus dem Bauch der Mutter geboren wird.

Rein und unschuldig wie Neugeborene gehen dann die Pflanzenschamanen in den frühesten Morgenstunden zur Pflanze, um das Ritual auszuführen. Meist gehen sie splitternackt, denn auch das entspricht dem Zustand des Neugeborenen. In der Alten Welt war es ähnlich: So berichtet der Athener Sophokles (496–406 v. Chr.) von Media, der Hexe, «die ihre Kräuter nackt gräbt». Wenn nicht in sakraler Nacktheit, dann gehen die traditionellen Kräutersammler zumindest barfuss oder mit ungekämmten, aufgelösten Haaren. Vielerorts, wie etwa bei den Huitchol-Indianern, wenn sie den Peyote-Kaktus suchen, geht man ungewaschen. Auch im Ungewaschensein vergegenwärtigt man sich den ursprünglichen Zustand: Das Baden ist die erste kulturelle Handlung, die am Neugeborenen vollzogen wird und es vom sakralen Urgrund trennt.

Indische Pflanzensucher wickeln sich, wenn sie nicht splitternackt gehen, wenigstens in ein ungenähtes orangefarbenes Tuch, wie es die Wandermönche und Sannyasi tragen. Das feuerfarbene Gewand stellt das Leichenverbrennungsfeuer dar, welches alles Überflüssige, Weltliche und Äusserliche hinwegglüht und den Menschen wieder in den geistigen Ursprung eingehen lässt.

Eine kultische Gangart, sei es der Stechschritt bei der Wachablösung, der *pimp stroll* des Gang-Chefs im Schwarzenghetto oder das abwechselnde Hinken und Rennen der Pilger beim *Hadj* in Mekka, ist immer Teil jener Handlungen, die über das Alltägliche hinausweisen sollen. Da es sich beim Heilkräutersammeln ebenfalls um einen sakralen Akt handelt, wird dem Sammler gelegentlich auch eine kultische Gangart abverlangt. Er tänzelt, geht federnd oder ahmt den Gang bestimmter Tiere oder Geister nach, die mit der jeweiligen Pflanze verbunden sind. So war es Brauch der normannischen Fischer, am Heiligen Abend Heilkräuter in den Dünen zu suchen. Sie sprachen ihre Gebete, pflückten die Pflanzen und kehrten, auf Händen und Füssen kriechend, nach Hause zurück. (Bächtold-Stäubli III 1987: 441)

Auf den Haselstrauch, aus dem man die Wünschelrute oder den Zauberstab schneiden wollte, ging man rückwärts stolpernd zu. Dann packte man den Zweig mit der in ein frisches Leintuch gehüllten linken Hand, zog ihn zwischen den Beinen hindurch und schnitt ihn, Sprüche sprechend, mit einem geweihten Messer oder einer Feuersteinklinge mit einem einzigen Schnitt ab. (Das Hervorziehen zwischen den Beinen entspricht einem symbolischen Geburtsakt, einem In-die-Welt-Bringen eines magischen Wesens.)

Überall, ob bei den Germanen, Indern oder Indianern, galt es als notwendig, die Pflanze ungesehen aufzusuchen. Dabei ist es ein ungünstiges Omen, einem anderen Menschen zu begegnen. Sollte dennoch unverhofft jemand seinen Weg kreuzen, darf der Pflanzensammler auf keinen Fall einen Gruss erwidern oder auch nur ein Wörtchen sagen. Eigentlich sollte er nicht einmal etwas denken. Die rastlosen Denk- und Vorstellungsprozesse, die unser mentales Leben ausmachen, sollten zur Ruhe gebracht werden. Gedanken spalten den Menschen von der Gegenwart, vom Hier und Jetzt ab. Doch nur im unmittelbaren Hier und Jetzt kann ein Deva sich offenbaren. Zudem sollte der Pflanzensammler nie nach hinten schauen oder sich irgendwie ablenken lassen. Die Germanen schickten oft präpubertäre Kinder, um Pflanzen wie das Bilsenkraut zu holen, denn diese konnten derart schwierige Bedingungen am leichtesten erfüllen.

In die Bitte seines Biographen Doug Boyd, ihn beim Kräutersammeln begleiten zu dürfen, willigte der Cherokee-Schamane Rolling Thunder unter der Bedingung ein, er solle still bleiben und ihn dabei nicht stören. Er erklärte seinem weissen Besucher: «Ich befinde mich [beim Sammeln] in einer ganz anderen Welt – ihr würdet es einen anderen Bewusstseinszustand nennen. Auf diese Weise nehmen wir mit den Pflanzen Kontakt auf.» (Boyd 1987: 113)

Es werden und wurden verschiedene Mittel und Methoden angewandt, um dieses «andersweltliche» Bewusstsein herzustellen und beizubehalten. Wichtig ist das Fasten und die sexuelle Enthaltsamkeit – auch das entspricht dem ursprünglichen, «unschuldigen» Zustand des Kindes. Der Indologe Dieter Kapp erzählte mir von dravidischen Zauberern, die sich mit vierzehntägigem Verzicht auf Nahrung und Geschlechtsaktivität auf das «Einfangen» einer Liane vorbereiten. Nur mit dem Lendenschurz bekleidet, sitzen sie in Trance und klettern «im Geist» die Schlingpflanze empor, derweil sich die gesuchte Wurzel von selbst auf einem ausgelegten Tuch manifestiert.

Vielerorts genügt es schon, auf das Fleischessen zu verzichten. Vegetarische Ernährung, heisst es, bringe das Schwingungsniveau auf eine pflanzliche Ebene und helfe dem Schamanen abzuheben.

Gelegentlich wird die Wirkung des Fastens und der Enthaltsamkeit durch die Anstrengung einer langen, beschwerlichen Wanderung verstärkt. So unternehmen die Huitchol, unter Anleitung eines erfahrenen Schamanen, einmal im Jahr, eine Pilgerreise in die Berge, um *Tatei Hikuli* – «unsere Grossmutter Peyote» – heimzubringen. Die zehn bis fünfzehn Teilnehmer, die sich mit den vergöttlichten Ahnen der Urzeit identifizieren, laufen ungefähr dreihundert Kilometer, ohne zu trinken, zu essen, zu schlafen oder sexuell zu verkehren. Sie bereiten sich durch eine Beichte und andere Rituale auf die Kakteenernte vor. Bei der Beichte knüpft der Schamane für jedes Vergehen einen Knoten in eine Schnur, die er daraufhin verbrennt. Zuletzt, berichtet Brant Secunda, der nach zwölfjähriger Lehrzeit unter dem alten Don Juan Matsua selber zum Schamanen geweiht wurde und der die Pilgerreise öfter miterlebt hat, gehen die Pilger «wie auf Wolken». Sie durchqueren das «Tor der zusammenstossenden Wolken» und werden selber Teil der Devawelt. Wird der magische Kaktus schliesslich gesichtet, dann heisst es, «man sehe die Fährte des Rehs (bzw. Hirschs)». Der Schamane nimmt nun seinen Bogen, zielt und erlegt das Reh – ähnlich wie Tallbull das Motsiiun-Kraut mit dem Stoss seines Grabstocks erlegte. Ebenso wie Tallbull wenden sich die Pilger dabei Osten, der aufgehenden Sonne zu. Diesem ersten Peyote-Kaktus bringen die Indianer nun Mais, Kerzen und andere Gaben dar und nehmen ihn als Sakrament ein. Normalerweise schmeckt der Kaktus ätzend bitter, aber nach all den Entbehrungen und der langen, beschwerlichen Wanderung wird sein Geschmack als köstlich erfrischend und süss empfunden.[30] Die Pilger befinden sich nun in *Wirikuta*, dem Ort der Götterahnen, dem Ort des Ursprungs, aus dem alles geboren wurde. Das Reh, ebenso wie der Kaktus, stellen das Herz, die Mitte, dar. Hier ist dann auch der geeignete Ort, um die Schöpfung zu erneuern. Bei diesem «Welterneuerungsritual», wie es die Ethnologen nennen würden, werden vier Pfeilbögen ausgelegt, die in die vier Himmelsrichtungen weisen. Um Mitternacht wird ein neues Feuer entfacht. Beim flackernden Lichtschein wird Tabak besprochen, mit Adlerfedern berührt, verteilt und in Kürbisflaschen gelegt: Der Vorgang symbolisiert die Geburt der heiligen Tabakpflanze. Auch der Mais, das Hauptnahrungsmittel, wird neu geboren und geweiht. Auf diese Weise wird für künftige gute Ernten gesorgt.

Die richtige Zeit

Heil- und Zauberpflanzen werden nicht willkürlich irgendwann einmal gesammelt. Wie bei allem, was gedeihen soll, gibt es auch diesbezüglich nicht nur den richtigen Ort, sondern auch die richtige Zeit. «Wüsste man im gewöhnlichen Leben nur die Stunden und Zahlen zu treffen, man könnte mit dem geringsten Heilmittel die schwersten Krankheiten heilen», erklärte die Sensitive Frederike Hauffe (1801–1829). Die «Seherin von Prevorst» – so wurde das hellsichtige Bauernmädchen genannt – wusste, wovon sie sprach, denn sie war dermassen empfindsam, dass sie nur eine Heil- oder Giftpflanze anzurühren brauchte, um die Wirkung am Leib zu spüren. Es war schon immer ein Anliegen der echten Pflanzenschamanen, genau den richtigen Zeitpunkt zu erkennen, in dem die Kräfte der Kräuter am stärksten sind. Es ist dies der Zeitpunkt, in dem sich der Deva am stärksten mit dem physikalischen vegetalen Gebilde verbindet.

Bei einigen Pflanzen ist dieser Zeitraum länger, bei anderen wie der Hauswurz (*Sempervivum tectorum*) extrem kurz bemessen. Die Hauswurz, ein fleischiges Dickblattgewächs, dessen Saft Linderung bei Hautflechten, Insektenstichen und Verbrennungen bringt, soll genau in der Zeitspanne zwischen dem Aufleuchten des Blitzes und dem darauf

30 Persönliche Mitteilung von Brant Secunda.

folgenden Krachen des Donners gepflückt werden. Da die Sukkulente den Gewittergöttern Jupiter und Donar geweiht war – die Römer nannten sie *Jovis barba* (Jupiterbart) –, pflanzte man sie gerne auf die Dächer in der Hoffnung, dass sie Haus und Hof vor Blitzeinschlag schütze.

Ein Schamane, wie Rollig Thunder, lässt sich bei der Bestimmung der richtigen Zeit von seiner Intuition führen: «Heilkräutersammeln beruht auf Wechselwirkung, auf gegenseitiger Kommunikation!» (Boyd 1987: 113) In anderen Worten, der Pflanzendeva sagt ihm, wann die optimale Zeit ist.

Aus materialistischer Sicht ist die «richtige Zeit» diejenige, in der die Pflanze die höchste Konzentration von Wirkstoffen aufweist. Diese schwankt nicht nur im jährlichen, sondern auch im monatlichen und zirkadianischen (täglichen) Rhythmus. Was sich einst in den Sammelregeln niederschlug und später als purer Aberglaube belächelt wurde, findet bei den Biologen allmählich wieder Bestätigung.

Heilkräuter werden allgemein in den frühen Morgenstunden gesammelt. Die ältesten Regeln schreiben vor, dass sich der Sammler noch vor Sonnenaufgang, wenn die anderen noch schlafen, zur gesuchten Pflanze aufmachen soll. Noch ist alles taufrisch und neu. Noch sind keine störenden Einflüsse am Werk, und die Pflanze lässt sich mit magischen Worten besingen und besprechen. Mit der morgendlichen Wiedergeburt der Sonne wird auch die Heilkraft im Kraut erneuert.

Sehr früh am Morgen, den Geist auf Shiva zentriert, macht sich der bengalische Pflanzenheiler auf den Weg. Der genaue Tag des Kräutersammelns wird astrologisch bestimmt, wobei das Mondhaus (*Nakshatra*) eine wichtige Rolle spielt. Ehe er das Kraut pflückt, betet er es mit gefalteten Händen als Gottheit an und besprengt es mit Gangeswasser. (Chawdhri 1992: 162)

Zauberpflanzen, wie die berüchtigten Nachtschattengewächse, werden dagegen vornehmlich in den dunklen Nachtstunden und dazu an unheimlichen Orten wie Friedhöfen oder Weggabelungen geholt, oder, noch besser, gestohlen. Zu den Zauberpflanzen zählen jene Kräuter, die heimlich die Liebessehnsucht erregen, Kräuter, die übernatürliche Macht verleihen, Schiesskräuter, die Pfeil oder Kugel treffsicher machen, Springkräuter, die verschlossene Tore öffnen, Kräuter, die unsichtbar machen, und solche, welche Diebe zu erkennen geben oder den arglosen Wanderer irreführen.

Der Stechapfel (*Datura metel*) etwa wird von dem nepalesischen

Jhankrie (Schamanen) nur nachts angegangen. Das giftige weissblühende Nachtschattengewächs gilt als Shiva in Pflanzenform, und zwar in seiner Manifestation als *Siddhideva*, als Herr der acht Zauberkräfte und Meister des Tantra. Der Stechapfel soll die Kundalini-Schlange erwecken und aufsteigen lassen. Richtig dosiert unterstützt er bei der Durchführung des tantrischen Liebesrituals. Er verhilft dem sterblichen Menschenpaar zur mystischen Vereinigung und führt sie zur Erkenntnis, dass sie jenseits ihrer mayahaften Erscheinung unsterblich und göttlich sind.

Nur in ein ungenähtes, geweihtes Tuch gehüllt, sucht der Jhankrie diese mächtige Pflanze abends auf, schenkt ihr Reiskörner, zündet ihr ein Lämpchen mit geronnener Butter (*Ghee*) an und betet, dass sie ihm ihre Kraft schickt. Erst in der Morgendämmerung werden die Blätter gepflückt.

Ebenfalls nachts sucht der chinesische Kräuterschamane die mächtige «Wurzel des Himmels» (*Panax ginseng*), deren Geist im Sternbild Orion zuhause ist und oft als Bergdämon (Shen), auf einem Tiger reitend, die Wälder durchstreift. Taoistische Zauberer begehren den wildwachsenden Ginseng als Liebesmittel und zur Herstellung von alchemistischen Unsterblichkeitselixieren. (Rätsch 1988: 65) Lange muss sich der Schamane vorbereiten, um der Wurzel zu begegnen. Sexuell enthaltsam soll er sein, kein Fleisch essen und weder eine Waffe noch Eisen bei sich tragen. Im Dunkel der Nacht, wenn die Pflanze «glüht», meditiert er bei ihr und spricht:

«O grosser Geist! Verlass mich nicht.
Ich kam mit reinem Herzen.
Meine Seele ist unbefleckt.
Sie ist gereinigt von Sünde und böser Absicht.
Bleibe hier, o höchster aller Geister!»

Es folgen schreckliche Prüfungen, die an die Versuchungen des heiligen Antonius erinnern. Besteht er diese Prüfungen, dann erscheint der Ginsengdeva selber. Oft kommt er in der Gestalt eines wunderschönen Mädchens, das ihn mit anmutigen Augen sanft und liebevoll anblickt. Der Wurzelsucher kann sich mit ihr in sinnlicher Liebe vereinen. Ja, er kann sie sogar heiraten und Kinder mit ihr haben! (Kappstein 1980: 80)

Eine der bedeutsamsten Zauberpflanzen des Abendlandes ist das Eisenkraut. Schon der Gattungsname *Verbena* enthält einen Hinweis auf seine kultische Funktion. Die lateinische Benennung entstammt

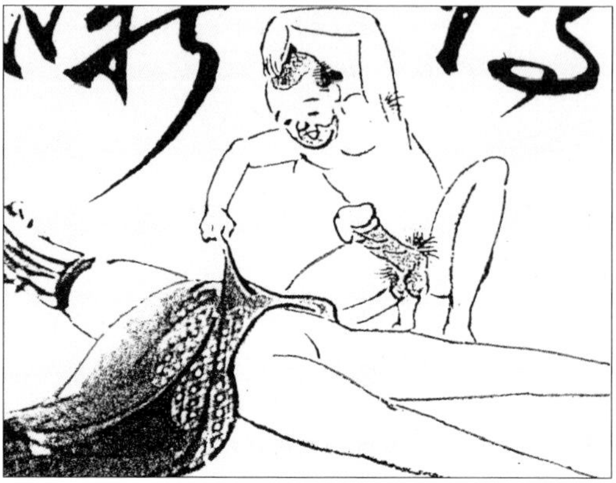

Beischlaf mit der Ginsengwurzel

dem keltischen *fer* (kehren, fegen) und *faen* (Stein). Das hat nichts mit dem Therapieren von Nieren-, Gallen- oder Blasensteinen zu tun, sondern bezieht sich auf das Reinigen von Altarsteinen. Diese wurden mit Eisenkrautbesen sauber gekehrt, damit sich die Geister und Götter auf ihnen manifestieren konnten.

Plinius berichtet, dass römische Gesandte Verbena bei sich trugen, wenn sie mit fremden Völkern verhandelten, und dass die Häuser damit geschmückt wurden, um böse Einflüsse zu vertreiben. Mit einer gewissen imperialistischen Herablassung schreibt dieser römische Schriftsteller von gallischen Druiden, «die allerlei Unsinn mit dem Kraut betreiben». Dabei zeichnet er ein altes keltisches Sammelritual auf, das für uns in diesem Zusammenhang besonders interessant ist: In Sommernächten, beim Aufgang des Hundssterns (Sirius), wenn weder die Sonne noch der Mond scheint, soll die Verbena-Wurzel gesammelt werden. Ungesehen, barfuss und ohne Gürtel soll der Zauberer zu ihr gehen. Vor dem Ausgraben muss er die Erde mit einem Wachs- oder Honigopfer versöhnen. Dann zieht er, da es sich um eine Zauberpflanze handelt, mit der linken Hand einen Kreis um die Pflanze.

Ausnahmsweise wird der Kreis mit Eisen gezogen. Aber wie schon der Name Eisenkraut (auch Isenbart, Eisenhart, Stahlkraut, lat. *ferraria*) andeutet, scheint die Pflanze in archaischen Schmiederitualen mit dem Härten des Stahls zu tun gehabt haben. Der Schmied galt in allen überall als ein Zauberer ohne seinesgleichen. Mit einmaliger Willensstärke entreisst er der Erde die Metalle, die in ihr wachsen, und macht sie mit Hilfe des Windes (Blasebalg), des Feuers und mit Donner und Blitz (Hammer und Amboss) gefügig. (Eliade 1980) Nur wem der den Blitzkeil tragende Himmelsgott gut gesonnen ist, vermag diesen Frevel an der Erdmutter ungestraft begehen. (Afrikanische Völker verbannten dennoch vorsichtshalber die Schmiede aus ihren Dörfern.)

Das Eisenkraut eignete sich also wie kein anderes zur Verehrung der Gewittergötter. Plinius bestätigt, dass es vor allem Jupiter geweiht war. Krieger und Könige, die Eigner funkenschlagender Eisenwaffen, trugen das Kraut bei sich und rieben ihre blanken Waffen damit ein.

Noch im Mittelalter suchte man dieses Donnergewächs, mit dessen Hilfe man böse Geister und giftige Tiere fernzuhalten hoffte. Man räucherte mit dem Kraut, um sich vor Gewitter zu schützen. («Eisenkraut und Hartenau, brennt an, damit sich das Gewitter stau!») Man suchte es als Potenzmittel, damit das männliche Gemächt «so hart wie Eisen» werde. Man grub die Wurzel in der Georgsnacht (23. April), um verborgene Schätze zu finden, denn hatte nicht der eiserne Ritter Georg den wütenden Erddrachen besiegt? Man grub die Wurzel auch, um gestohlenes Gut wieder ausfindig zu machen und um Eisenschlösser – vielleicht auch den Keuschheitsgürtel einer schmachtenden Adelsdame – aufzusprengen.

KELTISCHE SAMMELZEITEN UND PLANETENSTUNDEN

Die kurz bemessene Zeitspanne, in der die Sonne über den Horizont steigt oder den Zenith durchmisst, der Zeitraum, während dem der Hahn kräht oder der Morgenstern verblasst, der Moment in der Abenddämmerung, in dem die Schwalben zu ihren Nestern zurückkehren und die Fledermäuse aus ihren Schlupflöchern herausflattern, der Augenblick, in dem bestimmte Sterne, etwa der Sirius oder das Siebengestirn, auf- oder untergehen, die Stunden der Sonnenwende oder der Tagundnachtgleiche – solche zeitliche Übergänge galten den Kelten als magisch geladen, als Berührungspunkte mit dem Numinosen. In diesen «Zwischenräumen» zwischen den fest gefügten Zeitblöcken ist alles in der Schwebe, alles ist möglich, nichts ist fixiert. Für die Druiden war es die beste Gelegenheit, nach dem geheimnisvollen Schlangenei zu suchen, das Zauberkraut zu pflücken oder die Wurzeln der Power-Pflanzen zu graben. Vor allem aber war es der Tag des dunklen Neumondes, an dem die heilkräftigsten Kräuter gesammelt wurden. Maurice Mességué – er ist Erbe der Kräutersammlertradition, die sich bis zu den keltischen Galliern zurückverfolgen lässt – beschreibt in seiner Biographie, wie ihm sein Vater solche Geheimnisse übermittelte:

«Abends betrachtete er von der Türschwelle aus den Himmel und in der Art, in der er beim Anblick des Mondes sagte: ‹Die Sichel ist klein heute›, wusste ich, dass wir am nächsten Morgen Pflanzen pflücken gehen würden. ‹Niemals nach Vollmondnächten, denn das Mondlicht nimmt den Pflanzen jegliche Kraft; sie brauchen viel Sonne und wenig Mond (...) Salbei ist zum Beispiel kurz vor der Johannisnacht am besten (...)›» (Mességué 1988: 11)

Auch die Wünschelrute schneidet man vorzugsweise bei Neumond oder an einem Sonntag nach Neumond. Wahrscheinlich geht auch die alte alemannische Bauernregel, die oberirdischen Pflanzenteile (Blatt, Stengel, Blüte) im «Obsigent» und die Wurzeln im «Nidsigent» zu sammeln, auf keltisches Brauchtum zurück. Der Mond ist *obsigent*, wenn er von den horizontnahen Tierkreiszeichen (Skorpion/Schütze) zu den hohen Zeichen (Stier/Zwillinge) aufsteigt; er ist *nidsigent*, wenn er wieder heruntersteigt.

Die Kelten, auf die ja die meisten unserer Bauernregeln und -weisheiten zurückgehen, sammelten ihre Heilkräuter ausschliesslich in der helleren Jahreshälfte, wenn die Pflanzengöttin mit dem Sonnengott (Bel) vermählt ist. Dieser Zeitraum erstreckt sich von Anfang Mai über die Sommersonnenwende, das Feuer- und Erntefest (Lugnasad) und die Herbsttagundnachtgleiche hinweg bis hin zu den kalten, grau-nebeligen Novembertagen. Dann bemächtigt sich der schwarze Erdengott der Pflanzengöttin, und die Totengeister durchstreifen die düstere Natur. Von nun an sind alle Pflanzen tabu (*pucca*) und unheilvoll, oder wie sich Mességués Vater es ausdrückte, «sie werden kalt und wollen schlafen». Sie stehen von nun an unter der Herrschaft des Totengottes *Samain*.

Das letzte Kraut, das noch gepflückt werden durfte, war der saturnisch bittere Beifuss (*Artemisia vulgaris*). Mit seinen aschegrauen Stengeln und Blättern wurde die zu dieser Zeit geopferte Gans eingerieben. Die Gänse, insbesondere die Wildgänse, galten den Kelten als besonders heilig, denn der Tag, an dem sie, ihre Klagelieder schreiend, von Norden her vorüberfliegen, kennzeichnet die Jahreswende. Ihr Zug markiert den Moment, wenn der Sommergott stirbt und der Wintergott seine Herrschaft antritt. Die Symbolik ist berechtigt: Da diese Wandervögel kein gefrorenes Gras fressen mögen, fliegen sie, immer einen Tag dem Frost voraus, südwärts.[31]

Nach dem Verspeisen der geopferten Gans durfte kein weiteres Kraut mehr gepflückt werden, es sei denn die Mistel (*Viscum album*). Dieser Schmarotzer ist aber keine «richtige» Pflanze, sondern ein «Zwischenwesen», welches seine Wurzeln nie in den Erdboden senkt, sondern zwischen Himmel und Erde, auf den Ästen hoher Bäume sitzt. Die runden, ledrigen Blätter des kugelförmigen Gewächses verharren im Embryonalzustand: Sie entwickeln sich nicht über das Keimblatt hinaus. Die Mistel bleibt immer grün, als gehe sie der Kreislauf der Jahreszeiten nichts an.

Noch immer werden in den englischsprachigen Ländern zur Weihnachtszeit Mistelsträusse über die Türschwellen gehängt.[32] Wer darunter hindurchgeht, gerät vorübergehend unter den Einfluss dieser

31 Der Flug der Wildgänse markiert den Wendepunkt, wenn – wie es Rudolf Steiner ausdrückt – das sommerliche Ausatmen des Erdenleibes in ein winterliches Einatmen umschlägt. Die Symbolik ist uralt. Auch im indischen Yoga wird das Ein- und Ausatmen des Meditanten mit dem Flügelschlag der Wildgänse verglichen.

32 «In Wyoming, wo die Mistel nicht vorkommt, hat eine andere Sakralpflanze ihre Stelle eingenommen. Zu Weihnachten wird unter der «Wyoming Mistletoe» – einem Büschel Steppenbeifuss – geküsst.

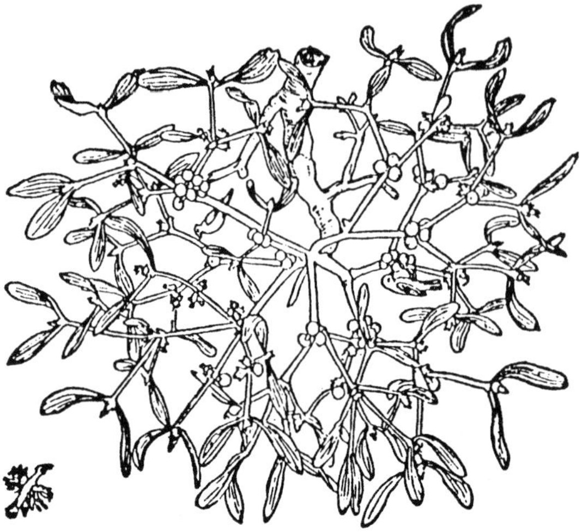

magischen Pflanze. Er befindet sich in jenem zeitlichen «Zwischenraum», in dem alle gesellschaftlichen Regeln und Konventionen aufgehoben sind. Treffen sich zufällig ein Mann und eine Frau auf dieser Schwelle, dürfen sie – egal wer sie sind – einander küssen und liebkosen. Die Pflanze verbindet und überwindet Gegensätze (Himmel/Erde, männlich/weiblich). Sie gilt als fruchtbarmachend; Fruchtbarkeit beinhaltet schliesslich das Verschmelzen von Gegensätzen.

Die Druiden betrachteten die schleimigen weissen Beeren als die Spermatropfen des weissen, kosmischen Stiers, der in den langen, stillen Nächten der Wintersonnenwende – in den «Mutternächten» – die Erdgöttin begattet. Die Gottesapothekerin Maria Treben verschreibt Misteltropfen bei langwährender seelisch bedingter Unfruchtbarkeit – mit Erfolg, wie mir einige glückliche Mütter berichteten! (Treben 1986: 38)

Auch für diese Pflanze hat uns Plinius ein keltisches Sammelritual überliefert: Nur wenn ein Druide eine Vision oder einen Traum hatte, der ihm befahl, die «Allesheilende» zu suchen, durfte sie geholt werden. Am sechsten Tag nach Neumond sollte sie von einer Eiche, dem Weltenbaum der Druiden, rituell geerntet werden. Ein weissgekleideter Priester erklomm die Eiche und schnitt die Pflanze mit einer goldenen Sichel. Die Symbolik ist bedeutsam, denn Gold repräsentiert die Sonne und die Sichel den Mond. Der «goldene Zweig» durfte niemals den Erdboden berühren, er wurde auf einem ausgebreiteten weissem

Tuch aufgefangen. Zwei weisse Stiere, die Hörner mit Blumenkränzen umrankt, wurden der Pflanze geopfert.

Erst Anfang Mai – in der im Jahreskreis den grauen Novembertagen genau gegenüber liegenden Zeit – durften erneut Heilpflanzen gesammelt werden. Die Wiederkehr der hellen, warmen Tage wurde mit Verjüngungskräutern und Maienbädern gefeiert. Nun bekam auch das Vieh kein trockenes Heu oder Laubfutter mehr, sondern weidete wieder auf grüner Wiese. Im Mittsommer dann, wenn die lebensspendende Sonne im Zenith steht, sind die Kräuter im Besitz ihrer stärksten Lichtkräfte: Es ist die Zeit der Belenoskräuter (Johanniskräuter). Die hohe Zeit des Kräutersammelns währt bis in die heissen Augusttage, wenn der Sonnengott, nun in der Erscheinung des klugen Lugh, den Gewächsen seine Feuerkraft schenkt und sie mit aromatischen Ölen, Balsamen und Zuckern anreichert.

Christliche Sammeltage

Nach der christlichen Missionierung wurden die Sammelrituale unter kirchliche Obhut gestellt. Von nun an bestimmten die Kalenderheiligen die Sammelzeiten.

So wurden die Pestkräuter – Bitterklee, Baldrian, Bibernelle, Eberwurz, Enzian, Raute oder auch der zum Räuchern gebrauchte Wacholder – am Tag des Pestheiligen Rochus (16. August) gesammelt. Die Wurzel der Tollkirsche grub man in der Georgsnacht (23. April), und zwar auf einem Berg, auf dem sich gelegentlich Hexen treffen. Auch hier hoffte man, dass der furchtlose Gottesritter einen vor dem bösen Drachen, der in dieser Giftpflanze lebt, beschützen würde.

Zu Christi Himmelfahrt holten sich heiratslustige Frauen den Allermannsharnisch (*Allium victorialis*). An diesem Tag, wenn das männliche Prinzip nach oben, zum Himmel steigt, holte man sich auch andere Liebeskräuter, etwa die Pimpinelle, deren Wurzel «bocksartig» riecht, oder den Aronstab, der wegen seines phallusartigen Kolbens auch «Pfaffenpint» (*Pint* bedeutet Penis) genannt wird.

Der hexenvertreibende Bärlauch sollte am Tag der heiligen Walpurgis gepflückt und gegessen werden. Am darauffolgenden Tag, dem 1. Mai, grub die Bäuerin stillschweigend die Wurzel der Klette und streute sie ums Haus, um die Ratten zu vertreiben. In Oberbayern holte man sich an demselben Tag (oder am Tag, an dem die Sonne in den

Krebs geht) die Wurzeln einer Brennessel, die unter einer Traufe wächst. Die gelben Würzelchen wurden zerkleinert, mit gepulverten Schädelknochen und zerriebenen Schneckenschalen gemischt und den zwei- und vierbeinigen Hofbewohnern bei «Hitze und Brand» verabreicht.

Neben dem Johannistag (24. Juni) und Mariä Himmelfahrt war wohl der Karfreitag der wichtigste aller Kräutersammeltage. Es war der grosse Sühnetag, an dem des Heilands Blut die Erde erquickte, die Sonne sich verfinsterte und stillstand und die ganze Natur in Ergriffenheit verharrte. Die besten Heilpflanzen, glaubte man, seien aus dem Blut, der Galle und dem Schweiss des Gekreuzigten oder aus den Tränen Marias und der Jünger entstanden. An diesem Tag sammelte man Allesheiler, wie das Schöllkraut oder die Meisterwurz. Dabei erinnerte man die Pflanzen an ihren Ursprung und an ihre Aufgabe: «Heil dir, heiliges Kraut! Unter dem Kreuzesstamm auf dem Schädelberg fand man dich zuerst», oder: «Wir pflücken deine Blätter, um sie auf die Wunden des Menschensohnes zu legen.»

Planetenstunden

Während die traditionellen Pflanzenschamanen bei der Bestimmung der günstigsten Sammelzeiten vor allem auf ihre Intuition und die Eingebungen der Geister vertrauen und nur allgemein den Sonnenstand und die Mondphasen beachten, versuchten die Gelehrten der Renaissance eine exakte Wissenschaft daraus zu machen. Wie wir schon sehen konnten, klassifizierten die eifrigen Akademiker sämtliche Pflanzen nach ihrer planetarischen Zugehörigkeit. Blütenform, Wachstumsgesten, Duft, Farbe, Geschmack, Standort und andere empirische Eigenschaften gaben ihnen Aufschluss darüber, welcher Planet in welcher Pflanze wirksam ist. Da der menschliche Organismus ebenfalls von den «Signaturen» der Planeten geprägt ist, sollte – so ihre logische Folgerung – es ein Leichtes sein, das korrespondierende Heilkraut auf das entsprechende erkrankte Organ zu beziehen. Der Arzt hatte zusätzlich nur noch die richtige Stunde zu wählen und darauf zu achten, dass der in Frage kommende Planet günstig aspektiert war. Zu diesem Zweck erstellten die Wissenschaftler astrologische Tabellen, in denen die Mediziner ebenso einfach nachschlagen konnten wie ihre modernen Kollegen heutzutage in den Anleitungen der Pharma-Multis.

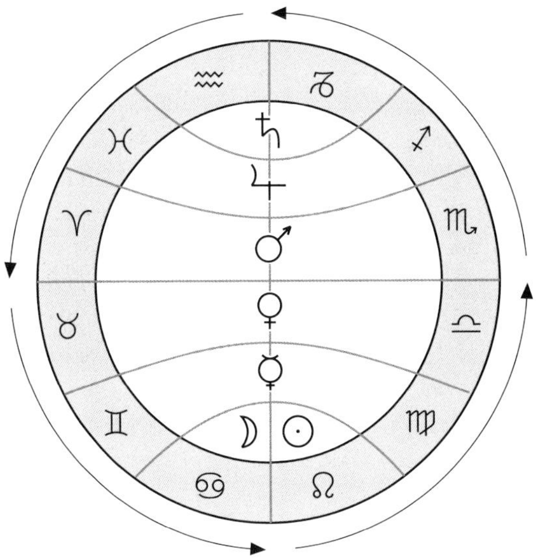

Häuser der Planeten

Ein Planet gilt als günstig aspektiert, wenn er sich in seinem eigenen Haus befindet oder wenn er mit anderen Planeten ein Trigon bildet. Konjunktionen und Oppositionen können unter Umständen ebenfalls günstig sein.

Wenn ein Planet «erhöht» ist, wenn er sich also in seiner besten Stunde befindet, dann wird das von ihm signierte Heilkraut stärker wirken als sonst. So soll zum Beispiel die schwarze Nieswurz (*Helleborus niger*) womöglich bei Sonnenuntergang des Saturntages (Sonnabend) gegraben oder verabreicht werden, wenn der Saturn hoch am Himmel, womöglich im Steinbock oder im Wassermann steht. Die Nieswurz trägt eindeutig die Signatur des alten, kalten, trockenen Planeten: Sie blüht im Januar, der Saturnzeit des Jahres; sie purgiert die saturnische «schwarze Galle» aus dem Leib, vor allem dem Hirn. Schon Horaz erklärte, dass diese Pflanze den Geiz – eine negative, saturnische Seelenstimmung – zu heilen vermag. Paracelsus verwendete dieses Hahnenfussgewächs allopathisch gegen die wässrigen Leiden – «Fluss, fressende Geschwüre, Rotz, Aufschwemmung, Wassersucht» –, die vom Mond, dem jungen, feuchten Gegenspieler des Saturn, verursacht werden.

Aber so einfach, wie die Vorstellung es wollte, war es leider doch nicht. Die Heilkunde liess sich nicht in die Zwangsjacke einer rigorosen Wissenschaft einbinden. Paracelsus, selber ein eifriger Verfechter der Signaturenlehre und Herbalastrologie hatte in seinem *De Natura Rerum* gewarnt: «Es ist nicht nur mit den äusseren Sinnen und Verstand, dass man die Siegel und Signaturen erkennt, sondern man erkennt sie auf intuitive Art und Weise, so wie es auch die Tiere tun.» (Peukert 1968: 53) Schon einige Jahrhunderte zuvor hatte die Nonne Hildegard von Bingen zur Demut gemahnt: «So sind denn (...) in den Kräutern und Blumen und Bäumen verborgene Geheimnisse Gottes, die kein Mensch wissen und spüren kann, es sei ihm denn von Gott eingegeben.» (Breindl 1989: 51)

Trotz allem gehört die Herbalastrologie mit ihren Planetenstunden keineswegs dem Müllhaufen der Wissenschaftsgeschichte an. Sie treibt im Zuge der gegenwärtigen medizinischen Orientierungskrise ständig neue, bunte Blüten.

Planetengott Saturn

Für diejenigen, die sich dafür interessieren, gab der Bauernphilosoph Arthur Hermes folgendes einfaches System zur Errechnung der jeweiligen Planetenstunde an.[33]

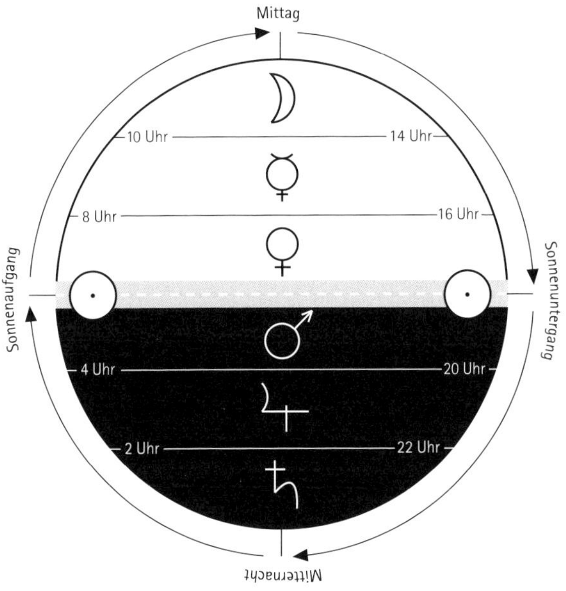

Planetenstunden nach Arthur Hermes

33 Weitere Schriften zum Thema «Planetenstunden»: Manfred Junius, *Pflanzen-Alchemie*, Interlaken 1982; G. W. Surya, *Die verborgenen Heilkräfte der Pflanzen*, Freiburg i. Br. 1978.

SAMMELRITUALE: ORIENTIERUNG UND OPFER

Der Mensch, der jene Sensibilisierung und Bewusstseinserweiterung erfahren hat, die es ihm ermöglicht, mit den Devas zu kommunizieren, wird sicherlich auch die Kraftimpulse wahrnehmen können, die von den verschiedenen Himmelsrichtungen ausgehen. Es ist also nicht sonderlich erstaunlich, dass in den alten Pflanzenritualen die Richtung, von der man auf die Pflanze zugeht, von grösster Bedeutung ist. Dazu sagte Bill Tallbull, er könne die Gleichgültigkeit der Weissen gegenüber den vier Hütern der Richtungen nicht verstehen. «Ein Indianer weiss immer, wo sich Norden, Süden, Osten und Westen befindet!»

In den alten Kulturen, auch bei unseren Vorfahren, stellten die Himmelsrichtungen keine willkürliche Einteilung eines abstrakten Raumes dar, sondern göttliche Mächte, die gewaltige Energien ausstrahlen. Ganz allgemein galt der *Osten* – die Richtung der aufgehenden Sonne – als Lebensquelle, Ort der Geburt, der Jugend, des Frühlings, der Heilung und des Lebenslichts. Der entgegengesetzte *Westen* galt als Ort der Vervollkommnung, der Ernte, des Untergangs und des Todes. In Ägypten galt der Westen als die Richtung der Zauberei und der lebensfeindlichen Mächte. Hier wohnte der Wüstengott Seth, der Mörder des grünen Osiris. Der nach Osten blickende Sphinx ist der Schwellenhüter seines Staubreiches. Auch die Griechen und die Kelten verlegten das Totenreich in den Westen – und der einsame Held des Cowboy-Films reitet noch immer nach Westen, in den Sonnenuntergang.

Der *Süden* schickt die Kräfte des Sommers, der Wärme, des sengenden Feuers. Für einige Völker galt der Süden als paradiesischer, für andere als unheimlicher Ort. Für die Inder ist der Süden (Lanka) der Ort der trugzaubernden Dämonen (Rakehases) und für die Germanen der der Feuerdämonen, die am Ende der Zeit den Weltenbrand entfachen werden. Der *Norden* dagegen schickt die Kräfte des Winters, der Kälte und der Starre, der Stille und der Einkehr. [34]

Wie zu erwarten, soll sich der Pflanzenschamane dem Osten, der aufgehenden Sonne zuwenden, wenn er mit den Pflanzendevas kom-

34 Selbstverständlich beziehen sich diese Angaben auf die nördliche Halbkugel der Erde; in der südlichen ist das Verhältnis umgekehrt.

muniziert. Die Germanen personifizierten die lebensschaffenden Energien des Ostens in der jugendlichen, wie das Morgenrot leuchtenden Göttin *Ostara*. Der Einzug ihres von Hasen gezogenen Wagens im Frühling wurde mit buntgefärbten Eiern gefeiert. Das Ei ist Zeichen des Anfangs und der Unschuld, und die Hasen gelten als Glücks- und Fruchtbarkeitsbringer – die Hasenpfote gilt noch heute als Glücksamulett. Von den Angelsachsen, einem germanischen Stamm, der die britischen Inseln besiedelte, heisst es, dass sie beim Kräutersammeln diese Göttin anriefen. «Eostar, Eostar, erdhan modar» (Ostara, Erdenmutter), heisst es in einem Fragment eines Liedes, welches im Kloster zu Corvey gefunden wurde. (Wheelright 1974: 106)

Der Osten galt als derart heilig, dass die Germanen ihre Richt- und Thingplätze nach Osten hin offen hielten. Der Stammesfürst sass – ähnlich dem Kräuterkundigen – mit seinem Gesicht dem Osten zugewandt. Dasselbe galt für die Prärieindianer, die ihre Zeltdörfer in einem Halbkreis anlegten, der sich der aufgehenden Sonne öffnete. Die Eingänge der Tipis richteten sich ebenfalls nach Osten, und der Häuptling sass immer dieser Öffnung gegenüber. Die sesshaften Zivilisationen erwarteten das Erscheinen oder die Wiederkehr ihrer Heilsgötter von Osten her. Den Azteken wurde das zum schicksalshaften Verhängnis, als Hernando Cortes mit seinen goldgierigen Konquistadoren aus dieser Richtung erschien. Auch die Christen glauben, ihr Heiland werde am Jüngsten Tag im Osten wiedererscheinen. Sie legen ihre Toten mit dem Kopfende nach Westen ins Grab, damit diese dann, bei ihrer Auferweckung, dem Heiland in sein leuchtendes Anlitz schauen können.

Die bevorzugte Art und Weise, einer Pflanze gegenüberzutreten, ist also von Westen her, mit dem Blick nach Osten. Gelegentlich wandte man sich aber auch den anderen Himmelsrichtungen zu. In Sibirien, wo der Nordstern den Gipfel des Weltenbaumes oder das «Rauchloch des Himmelzeltes» und somit die ruhende Mitte darstellt, orientierte man sich gelegentlich nach der nördlichen Richtung. Ebenso die Skandinavier, aber nur um die «Wolfskräuter» zu beschwören, welche der Rache und dem Verderben dienen. Im Norden lag für sie nämlich Jötunheim, das Reich der grausamen Eis- und Frostriesen.

In der mystischen Geographie der Hindus steht der Süden für Illusion und Trug, der Norden dagegen für Klarheit und Einsicht. Im Norden, im Schnee des erhabenen Himalayas, meditieren die weisen

Rishis. In diesen Bergen wachsen auch die wichtigsten Heilpflanzen der ayurvedischen Heilkunde. Dazu folgende Mythe:

Als die Schlacht zwischen den Dämonenheeren und den Helden der *Ramayana* tobte, wurde der edle Krieger Lakshmana von dem vergifteten Zauberpfeil des Dämonenkönigs Ravanna tödlich verwundet. Da wandte sich *Hanuman*, der Heiler in Affengestalt, nach Norden, um das goldblättrige, blaublütige Heilkraut zu finden, welches das Gift unschädlich machen würde. Schneller als ein Gedanke flog er nordwärts zum Himalaya. Da er aber die genaue Beschreibung der Pflanze, die ihm der alte weise Sushena gegeben hatte, vergessen hatte, riss er einfach einen ganzen, mit Heilkräutern überwachsenen Berg wie einen lockeren Zahn heraus und eilte mit ihm zurück ins Schlachtfeld. Schon beim Herannahen des Heilkräuterberges sprangen die Pfeile aus den blutenden Wunden der Krieger. Lakshmana sog den Duft der blauen Blüte in die Lungen und stand geheilt auf. Noch heute glauben die Inder, dass jene Hügel oder Wälder, in denen besonders viele Heilpflanzen wachsen, heruntergefallene Brocken von jenem Berg darstellen, den Hanuman aus dem Norden brachte.

Gelegentlich wird auch die Kraft des Westens, dem Ort der sterbenden Sonne, in das Pflanzenritual einbezogen. Aber nur Zauberer

Hanuman mit Kräuterberg

und Schwarzmagier würden sich das zutrauen. So berichten verschiedene Autoren der Antike (Theophrast, Plinius, Josephus Flavius), dass man beim Ausgraben der menschengestaltigen Alraunwurzel (*Mandragora*) nach Westen schauen soll. Das Nachtschattengewächs, das angeblich aus dem im Todeskrampf vergossenen Samen eines Gehenkten erwächst und seinem Besitzer im Leben Liebesglück, Reichtum und Ruhm verheisst, galt als Pflanze der Erzhexe Kirke. Nach Hildegard von Bingen ist der Teufel keiner Pflanze näher als dieser.

Wenn die sibirischen Schamanen nach Sonnenuntergang den Fliegenpilz (*Amanita muscaria*) essen – er wird mit dem Saft der Rauschbeere (*Vaccinium olininorum*) und Weidenröschentee (*Epilobium angustifolium*) eingenommen –, wenden sie ebenfalls den Blick nach Westen. Die Pilze, die in der Traumwelt als menschenähnliche Wesen erscheinen, folgen der Sonne in das Reich der Toten. Die Schamanen folgen ihnen nach, bis sie am nächsten Morgen aus der jenseitigen Welt wieder auftauchen. (Rosenbahm 1991: 144)

Der magische Kreis und das Mandala

Zum archaischen Brauchtum gehört das rituelle Umkreisen und Umwandeln von jenen Steinbrocken, Bergen, Bäumen, Brunnen oder Bildnissen, in denen sich das Göttliche oder Numinose manifestiert. Dreimal, siebenmal oder neunmal umwandeln die Hindus ihre Götterbilder oder das vedische Feuer. Dreimal werden in vielen katholischen Gegenden die Altäre oder die ganze Kirche umgangen, um die ersehnte Heilung oder den Segen bei einer Trauung zu bewirken. Seit heidnischen Zeiten werden an besonderen Tagen, etwa in der Pfingstprozession, die Obstgärten und Felder umgangen, um deren gutes Gedeihen zu sichern.

Ebenso wird die begehrte Heilpflanze oder das Zauberkraut umwandelt, umtanzt oder wenigstens mit einem Stab umschrieben. Der griechische Botaniker Theophrast (372–287 v. Chr.) spricht zum Beispiel vom Umtanzen der Alraune, und Plinius schreibt, dass diese Pflanze dreimal mit einem Schwert umkreist werden muss.

Das Umkreisen geschieht immer rechtsläufig, in Nachahmung des Laufs der Sonne. Bei den germanischen Trinkgelagen kreiste das Trinkhorn ebenso «mit der Sonne» wie bei den Sadhus in Indien das Chillum (Rauchrohr). Traditionell drehte sich auch der Reigen um die

Linde oder den Maibaum nur mit der Sonne. (Duerr 1990: 163) Das Kreisen nach rechts bringt eben das Leben zur Manifestation, es zieht Kräfte in die Gegenwart, in die Verstofflichung und Verkörperung.

Das Kreisen nach links entlässt diese Kräfte wieder aus der Verkörperung. Nur bei schwarzmagischen Handlungen oder bei den Totenritualen verkehrt sich die Umrundung in sinistere Richtung. Die germanische Hexe kreiste linksläufig mit dem Holz in der Hand, mit dem sie töten würde. In Indien ist die linksläufige Zirkumambulation nur bei den Totenritualen angebracht. Den Scheiterhaufen entgegen dem Lauf der Sonne zu umschreiten, hilft der Seele des Verstorbenen, sich von den irdischen Banden zu lösen. Eine Heilpflanze linksläufig zu umgehen, würde sie also schwächen. Im Pflanzenritual geht es jedoch darum, die Kraft der Pflanze hervorzulocken, sie aus dem Jenseits in das Diesseits zu ziehen.

Diese «Umsonnung» – so könnte man es nennen – stellt die Pflanze in die absolute Mitte, in das Zentrum des Lebensmandalas. Wie das Kreuz, welches in die vier Richtungen weist und dessen Mitte das Herz des Heilands ist, so verbindet die in die Mitte gestellte Pflanze alle Gegensätze, heilt alle Widersprüche, führt hin zum ursprünglichen Heilsein. Auch Tallbull zieht mit rechtsläufiger Handbewegung das magische Quadrat um den Pflanzenhäuptling herum, um zuletzt wieder in diese Mitte zurückzukehren. Indische Pflanzenschamanen zeichnen oft neben der Pflanze eine rechtsdrehende *Swastika* (Sanskr. *svasti*,

Shriyantra

«glücksverheissend») oder ein *Shriyantra* (Sanskr. *shri*, «verehrt», *yantra*, «Meditationsstütze»).

Diese Zeichen unterstreichen noch einmal den Grundgedanken der zentrierenden Mitte, in welche die Pflanze hineingehoben wird. Die Mitte der Swastika oder des Hakenkreuzes – ein für uns leider verdorbenes, politisch schwer missbrauchtes Symbol – stellt für den Buddhisten das Herz Buddhas dar. Dem frommen Hindu bringt es den göttlichen Ursprung und das Zentrum in den Sinn, das von den vier Armen Gottes, den vier Paradiesflüssen, den vier Lebensaltern, den vier Jahreszeiten, den vier Kasten, den vier Himmelsrichtungen und den vier Naturreichen umgeben und umkreist wird.

Das Shriyantra (oder *Shrichakra*), ein tantrisches Symbol, besteht aus ineinandergreifenden Dreiecken: Symbole Gottes und der Göttin, die durch ihre innige Vereinigung das Einswerden oder Heilwerden darstellen. Die Dreiecke sind von Lotosblütenblättern umgeben, die den unbefleckten Thron des Göttlichen darstellen. Diese geöffnete Lotosblüte wird wiederum in ein Quadrat mit vier Toren eingefasst. In der Mitte des wundersamen Gebildes, dessen Linien die Energieströme des ganzen Kosmos nachzeichnen, ist ein winziges Pünktchen (Bindu). Dieses symbolisiert den Samen, aus dem die Schöpfung in ihrer unendlichen Mannigfaltigkeit hervorquillt. Im Ritual wird die Pflanze mit diesem Mittelpunkt identifiziert und als Erscheinung des Höchsten verehrt. Die Heilpflanze ist Shiva selbst. Nur aus dieser absoluten Mitte kann die Kraft zur Heilwerdung kommen.

In diesem uralten Pflanzenritual, das sich in Bruchstücken hier und da in verschiedenen Kulturen erhalten hat, erleben wir die wahre Quadratur des Kreises, die von den Alchemisten angestrebte Überwindung der Gegensätze. Der *Kreis*, das *Quadrat*, und die *Mitte* gehören mit zu den ältesten Symbolen der Menschheit. Sie erscheinen im Medizinrad des Sun Bear, in den tibetanischen Meditationsbildern, in den Sandgemälden der Navahos und in den Rauchritualen der Sadhus und der Indianer, wobei die Pfeife die Runde macht und der Rauch rituell in alle vier Himmelsrichtungen geblasen wird. Das Motiv erscheint in Sagen, wie etwa der vom Erdmännlein, das einen frommen Armen reich macht, indem es seinen Zauberstab in die vier Himmelsrichtungen schwingt und dann die Erde berührt, wobei Silber und Gold hervorquellen. Es lebt im Brauch erzgebirgischer Bauern weiter, die vor der Aussaat Samenkörner rechtsdrehend in die vier Himmelsrichtungen werfen und sie den Vögeln anbieten.

Geben und Nehmen

Der archaische Jäger traf nicht zufällig auf das Wild, das er jagte. Der Tiergeist (die «Tiermutter» oder der «Herr der Tiere») hatte es freigegeben, hatte es ihm als Geschenk auf den Pfad gestellt. Aus Dankbarkeit, als Versöhnung oder zur Beschwichtigung liessen die Jäger dann ein Stück Leber, die Zunge oder ein anderes Organ des erlegten Tieres oder eine Pfeilspitze zurück. Die nordasiatischen Jäger fügten, nachdem sie das Fleisch verspeist hatten, die Knochen wieder sorgfältig zusammen und brachten sie in den Wald zurück, damit der Tiergeist es wieder neu belebe.

Ebenso die heilende oder magische Pflanze: Auch sie wird vom Pflanzengeist freigegeben. Sie ist ein Geschenk, ein Selbstopfer des Deva für den Menschen.

Opfer und Selbstopfer spielen in den ältesten Mythologien eine grosse Rolle. Die Welt und ihre Geschöpfe entstanden aus dem Opfer des Urwesens, des Urahnen oder des Urstiers. In Japan ist es die getötete Göttin Ukamochi, aus deren Leichnam Pflanzen und Tiere entstehen: Hirse aus ihrer Stirn, Seidenraupen aus den Augenbrauen, viele nützliche Pflanzen aus ihrer Scheide. Das Urwesen symbolisiert die ursprüngliche, ungeteilte Einheit. Zerstückelt durch das Opfermesser, wird das Eine zur Vielheit. Das aufwendige vedische Opfer galt als Nachvollziehung des ersten Opfers; das Töten des Opfertieres und sein Zergliedern galt der Erhaltung der Schöpfung und der Vermehrung ihrer Vielfalt.

So auch das Ausgraben der Heilwurzel und das Abernten der Kräuter: Auch dieses bedeutet ein Herauslösen aus der Einheit. Es ist ein Nehmen, das vergolten oder gesühnt werden muss, für das Dank dargebracht und etwas anderes an die Stelle gesetzt werden muss. Unsere Konsumideologie, die den Menschen als blossen Verbraucher definiert und den Fortschritt in steigenden Konsumziffern sieht, war den archaischen Völkern fremd. Für einen Indianer wie Rolling Thunder kommt das Raub oder Diebstahl gleich. Wenn er seine Heilkräuter sammelt, gibt er den Pflanzengeistern immer etwas zurück. Hat Rolling Thunder zufällig keinen Tabak bei sich, dann genügt es auch, der Pflanze eine Münze, etwa einen Silberdollar, zuzustecken. Ohne das Ritual und ohne die Gabe, meint er – im Gegensatz zu den Pharmakologen –, ist die Heilwirkung in Frage gestellt. Auch wenn das einzelne Pflänzchen schmächtig und hilflos erscheint, so ist es dennoch ein mächtiges Geistwesen, das man nicht ungestraft betrügen kann.

Für die Indogermanen, wie die altvedischen Inder, hatte das Opfer fast eine zwingende Wirkung. Die Devas, mit Lobpreisungen geehrt, mit Gaben überhäuft und mit köstlichen Libationen/Trankspenden gelabt, konnten nicht anders, als die Bitten zu erfüllen und die Gebete zu erhören – denn, obwohl sie Gottheiten sind, wollen sie den Menschen nichts schuldig bleiben. Ohne Opfergabe und Ritual jedoch ist nichts zu erlangen.

Was wird geopfert? Wie wir sahen, schenken fast alle Indianer den Heilpflanzen den Rauch oder einige Blätter des Tabaks. Viele, wie etwa die Huitchol beim Sammeln der Kaktee, streuen Maismehl auf die Erde. Die Navaho opfern Pollenstaub in verschiedenen Farben. Die indogermanischen Völker gaben der Pflanze Brot oder Getreidekörner, dazu Libationen aus Milch, Honig, Bier oder Met. Oft wird mit Blut bezahlt. Die Afrikaner opfern ihren Zauberpflanzen – etwa dem Iboga (*Tabernanthe iboga*), der ihnen die Welt der Ahnen zugänglich macht – das Blut eines Huhns.

Die Tollkirsche wird auf dem Balkan allgemein am Georgstag auf einem Hexenberg gegraben. In das Loch, das beim Herausziehen der Wurzel bleibt, muss man ein Stück Brot legen, in das ein Pfefferkorn, Salz und andere Gewürze hineingeknetet wurden. Tut man das nicht, wird man vom Teufel getötet – was bei der Wirkung dieser Giftpflanze durchaus vorstellbar ist. (Bächtold-Stäubli III 1987: 441) In Böhmen wird die Tollkirsche an bestimmten Tagen um Mitternacht gegraben. Der Wurzelgräber zieht einen Kreis um sich herum (!), damit ihm der Dämon, der das Hexenkraut bewacht, nichts anhaben kann. Bevor er aus dem Kreis heraustreten kann, muss er dem Dämon eine schwarze Henne zuwerfen, damit dieser denke, er bekomme die Seele des Gräbers. Mitsamt der Wurzel soll er dann so schnell wie möglich weglaufen, ohne sich umzudrehen. Der Teufel würde ihn zerreissen, wenn er ihn einholte.

Die mit der Tollkirsche verwandte Alraune verlangt sogar ein Menschenopfer. Dennoch war diese geheimnisumwitterte Zauberpflanze, deren Name «Alben-Raunen» (Geflüster der Geister) bedeutet, schon im Altertum heiss begehrt. Der jüdisch-römische Geschichtsschreiber Josephus Flavius (37–100 n. Chr.) schreibt, dass die Wurzel am Abend flammenrote Strahlen auswirft – wir erinnern uns, dass auch Tallbull von Lichtstrahlen berichtet, welche die Pflanzengeister aussenden. Das Nachtschattengewächs entzieht sich dem Wurzelgräber, es sei denn, er uriniere, ejakuliere oder giesse Menstrualblut auf sie, dann hält es still. Nun soll er die Wurzel bis auf einen kleinen Zipfel blosslegen und einen Hund daran festbinden. Indem er dann den Köter ruft oder mit Futter lockt, zieht dieser die Wurzel heraus. Das Tier als stellvertretendes Opfer stirbt auf der Stelle. Josephus Flavius ist überzeugt, dass dies die Anstrengung wert sei, denn mittels dieser Wurzel könne man sämtliche bösen Geister, die in den Menschen einfahren, austreiben. Im Mittelalter glaubte man, der Hund sei nötig, da die menschengestaltige Wurzel – das «Galgenmännlein oder -weiblein» – beim Herausreissen einen todbringenden Schrei ausstosse.

Der Gräber sollte sich daher die Ohren mit Wachs zustopfen und sich so weit wie möglich von der Wurzel entfernen, ehe er den Hund rief.[35] Noch im 16. Jahrhundert gibt der Basler Alchemist Thurneysser den Wurzelgräbern diesen Rat:

«Wer gräbt Alraune unter dem Gericht (Galgen)
Lauf weg, damit er es hört schreien nicht!»

Diese Regeln, wie vieles andere in der Zauber- und Heilpflanzenkunde, sind Nachklänge prähistorischer Techniken im Umgang mit den Naturwesen. In ihnen lebt die animistische Überzeugung fort, dass die ätherischen und astralen Wesenheiten, die in den Pflanzen und im Erdboden wahrgenommen werden, ernstgenommen werden müssen. Als nun die Menschen sesshaft wurden und sich anmassten, die Haut der Mutter Erde aufzuritzen und ganze Felder anzubauen und abzuernten, nahmen die Opfer an Gewichtigkeit entsprechend zu. Ein wenig Rauch, ein Trunk oder ein Tröpfchen Blut genügten nicht mehr. Es bedurfte grösserer Opfer. Stiere, Hengste, Widder und Ziegenböcke mussten Blut und Leben lassen, um die Übersinnlichen zu entlohnen. Der Kulturanthropologe Edward Hahn meint sogar, dass die Haustierhaltung ihren Anfang darin hatte, dass man Opfertiere für den Kultus der neolithischen Erdgöttin brauchte. Sie musste für die Ackerfrucht, die man ihr entnahm, entlohnt werden. Der ökonomische Nutzen, den man aus der Tierhaltung zog – Milch, Leder, Wolle, Fleisch – sei ein Nebenprodukt dieser ursprünglich religiösen Beweggründe.

Mit dem fortschreitenden Neolithikum wurden schliesslich sogar Menschenopfer vonnöten. Kopfjägerei und rituelle Tötung – im Paläo-

35 Dass es sich bei den schrecklichen Geschichten, welche die Alraune umranken, bloss um Erfindungen der Wurzelkrämer handelt, die verhindern wollten, dass das Volk die Pflanze selber sucht, halte ich für eher unwahrscheinlich.

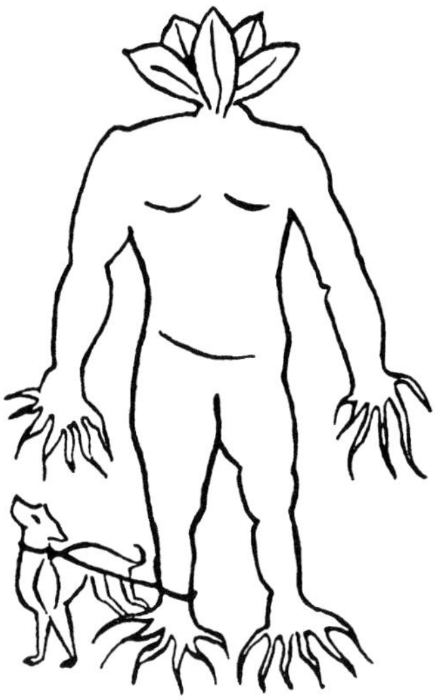

Alraune mit Hund

lithikum unbekannt – bekamen immer mehr Gewicht. Einige dieser Opferkulte überlebten in Indonesien, Afrika und Südamerika bis in die Anfänge der Neuzeit. Die Azteken enthaupteten Mädchen, die die Maisgöttin *Chicomecohuatl* verkörperten. Die Pawnee opferten eine junge Gefangene, die den Mais und den Morgenstern verkörperte. Sie wurde am Marterpfahl mit einem Herzschuss getötet, zerstückelt und ihr Fleisch auf den Feldern vergraben. Gelegentlich liest man noch heute in den indischen Tageszeitungen von der Verhaftung von Bauern, denen zur Last gelegt wird, ein Kind rituell getötet und seine Teile in den Äckern vergraben zu haben. Bei den dravidischen Stämmen, wie den Khonds, war es lange Brauch, ein freiwilliges Opfer wie eine inkarnierte Gottheit zu behandeln und zu verwöhnen, um es schliesslich – mit Butterschmalz, Gelbwurzel und Blumen geschmückt – der Erdgöttin zu opfern.

Den neolithischen und bronzezeitlichen Vorfahren der Europäer waren solche Praktiken nicht fremd. Reminiszensen finden sich in unseren Ernte- und Ackerbaubräuchen: das Verbrennen von Strohpuppen im Frühling; das Opfern der Kornmutter, des Erbsenbären oder Strohbären; das Verzehren von menschenförmigen Gebildbroten und dergleichen.

Kräuterpräparate niemals in Metallbehältern, sondern in Glas, Steingut oder Porzellan anzusetzen oder aufzubewahren, ist selbstverständlich. Über Regeln jedoch, von denen wir in Abhandlungen über den Aberglauben lesen, nach denen Eisen- und andere Metallwerkzeuge beim Sammeln von Grünzeug oder beim Graben von Wurzeln grundsätzlich verboten sind, können wir heutzutage nur den Kopf schütteln.

«Man darf beim Ausgraben der Pflanze, in der sich ein Geist offenbart hat, niemals Eisenwerkzeuge benutzen», legte mir Tallbull nahe, indem er mit seinem hölzernen Grabstock die Wurzel der Häuptlingspflanze traktierte. Erstaunlicherweise ist diese Regel nahezu universal und kann als weiteres Indiz für das Alter dieser Rituale angesehen werden. Der Umgang mit Pflanzen ist eben älter als der mit Metallen. Als Grabwerkzeuge kommen die ältesten Utensilien der Menschheit in Betracht: Stöcke mit feuergehärteten Spitzen, Obsidianklingen, Tierknochen, Hirschhorn, Bärenkrallen, Scheite von einem blitzgetroffenen Baum, aber niemals Metallgegenstände, mit Ausnahme von Gold oder eventuell Silber.

Wir müssen uns vergegenwärtigen, wie heilig der Erdboden für den archaischen Menschen war, um zu verstehen, wie wichtig es einst schien, die angemessenen Werkzeuge beim Wurzelgraben zu benutzen. Für ihn bestand der geologische Untergrund, in dem die Heilpflanzen wurzeln, nicht bloss aus mineralischer Materie. Es ist die Haut der Erdmutter, so wie die Flüsse und Quellen ihr Blut sind. Sie ist Gebärerin der Geschöpfe, und sie ist heilig.

Der Fluch des Eisens

Diese Regel galt auch lange in unserem Kulturkreis. Von den Angelsachsen erfahren wir, dass es untersagt war, den Wegerich, diese «Mutter der Kräuter», mit einem eisernen Messer zu schneiden. Noch im ausgehenden Mittelalter rät der Alchemist Thurneysser liebeskranken Männern:

«Verbeen, Agrimonia, Modelgeer [Eisenkraut, Odermenning,
Kreuzenzian]
Karfreitags graben hilft dir sehr,
Dass dir die Frauen werden hold,
doch brauch kein Eisen, grab's mit Gold!»

Will sich ein Wünschelrutengänger eine Rute schneiden, kommt er kaum umhin, dabei ein scharfes Messer zu benützen. Es muss jedoch ein in Weihwasser getauchtes funkelnagelneues Messer sein, und auch sonst darf er kein Eisen bei sich tragen, «damit die Rute ihre Kraft behält».[36] Im Rheinland und in Westfalen jedoch muss der Rutengänger zu diesem Zweck einen Feuerstein (Flint) benutzen. Der frisch abgeschlagene Stein ist so scharf, dass man damit Leder schneiden oder sich sogar rasieren kann. Die Heilpflanzen des «Kräuterwischs», den die Allgäuer Bauersfrauen zu Mariä Himmelfahrt weihen lassen, dürfen ebenfalls – nach alter Vorschrift – nicht mit Messern geschnitten, sondern sollen mit blosser Hand abgerissen werden.

Diese archaische Gesinnung entdecken wir sogar noch bei modernen Meistern der Pflanzenheilkunde. Ein Angestellter von Maurice Mességué erklärt: «Alles wird mit der Hand gemacht. Wir dürfen kein Messer benutzen, nicht einmal um die Wurzeln auszugraben, denn das Metall könnte die Pflanze verletzen.» (Franco 1984: 28)

Der Mediziner Dr. Edward Bach, Entdecker der Blütenessenzen, der so sensitiv wurde, dass er eine Pflanze nur zu berühren brauchte, um ihre Wirkung zu erfassen, verrichtete in seiner neuen Klinik in Sotwell eigenhändig sämtliche Schreinerarbeiten. Aus Kiefern- und Ulmenholz zimmerte er schlichte Möbel, die er mit Walnusssaft beizte. Anstelle von eisernen Nägeln verwendete er Holzstifte. Darin folgte er unwillkürlich den Überlieferungen der alten Kräuterkundigen, deren Gefühle ihnen sagen, dass die Ausstrahlung des Metalls die sanfteren Schwingungen der Pflanzen übertönen. Eisen vertreibt Elfen: So formulierten es Bachs keltisch-walisische Vorfahren. (Scheffer/Storl 1992: 133)

Tatsächlich belegt der Volksglaube eine geistervertreibende Wirkung des Metalls. Eisenwaffen, Äxte, Hufeisen, Messer und Nägel gelten im Aberglauben als sichere Schutzmittel gegen Dämonen, Hexen und Teufel. Das Hufeisen an der Tür bildet eine unüberwindbare Hürde für Gespenster, Druden und Alben. Im Stall verhütet die Anwesenheit des Marsmetalls die Verhexung des Viehs. In den Sterbe-

36 Überlieferung aus Brandenburg.

gemächern – so glauben die Schotten – verhindert es die Rückkehr des Totengeistes. Eben weil es das Übersinnliche vertreibt, wird im *Alten Testament* (Mose II, 20,25) die Verwendung von Eisenwerkzeugen beim Altarbau verboten. Auch der grandiose Mormonentempel in Utah wurde ohne Verwendung auch nur eines einzigen Eisennagels errichtet.

Moderne Esoteriker, auch wenn sie mit Vorsicht zu geniessen sind, stellen gelegentlich aufschlussreiche Bezüge her. Rudolf Steiner zum Beispiel vergleicht die Wirkung des Eisenmagmas im Erdinneren mit der Wirkung des Eisens im menschlichen Mikrokosmos. Der Eisenkern gliedert den Erdorganismus in magnetische Pole und durchzieht ihn mit Kraftlinien, die der Kompass registriert. Das Eisen im Blut vermittelt einen vergleichbaren Bezug zu den Raumesgesetzen der Erde und ermöglicht unsere irdische Betätigung. Es hilft unserem spirituellen Selbst, sich in Leib und Materie zu verankern, so dass wir ein «Ich» werden können. (Hauschka 1976: 235)

Eisen schafft *Geistes-Gegenwart*. In anderen Worten, es erschwert das «Hinaustreten», das «Hinwegfliegen», die Trance. Deswegen besagt der Aberglaube, dass die Berührung mit Eisen die Hexen und Werwölfe zwinge, ihre Tiergestalt abzulegen – das heisst, es bringt sie aus ihrer schamanistischen Ekstase heraus, es unterbindet ihre Einstimmung auf die tierischen Instinkte; es blockiert den Zugang zu den vegetativen Funktionen, zum kollektiven Unterbewusstsein, zu den wilden Regionen jenseits des Zaunes der Zivilisation, jenseits der Grenzen unserer kulturgeprägten Persönlichkeit. Aber, es ist ja gerade dieses «Heraustreten», «Abheben» und Verlassen des von der Umwelt sich absondernden egoiden Zustandes, welches den Umgang mit Pflanzengeistern und Devas ermöglicht![37]

Tatsächlich markiert das Erscheinen eisenbewaffneter Krieger eine ebensogrosse Zeitwende wie etwa die Kernspaltung oder die LSD-Synthese. Das Universum der bronzezeitlichen, megalithischen

37 Als Egos kapseln wir uns weitgehend von der Mitwelt ab und sind auf uns selbst und unseren inneren Organkosmos bezogen. Die Pflanze dagegen öffnet sich der Umwelt und dem Kosmos; sie ist «Ich-los» und ohne nennenswerte innere Organe. Max Scheler bezeichnet die Pflanze deswegen als Ekstatiker, da ihr Bewusstseinsmittelpunkt nicht in ihr, sondern ausserhalb von ihr zu suchen ist. In diesem Zusammenhang ist es bemerkenswert, dass das Chlorophyllmolekül, welches der Pflanze ihre grüne Farbe verleiht und die Lichtassimilation ermöglicht, in seinem Zentrum kein Eisenatom enthält, sondern ein Magnesiumatom. Das mit dem Chlorophyll weitgehend identische Häm-Molekül, welches unser Blut rot färbt, enthält dagegen an entsprechender Stelle ein Eisenatom.

Pflanzerkulturen zerbricht mitsamt ihren Fruchtbarkeitsriten und Muttergottheiten. Eisenaxt und -beil bezwingen undurchdringliche Urwälder, in denen Geister, Elfen, Raubtiere und die letzten wilden Menschen leben.

In der Mythologie zeichnet sich das Geschehen als ein Götterkrieg ab. Das goldene Zeitalter der lichten Wanengötter (Vanir) wird von dem der Asen (Asir) abgelöst. Die Wanen – so heissen die Pflanzendevas in altnordischer Überlieferung – segneten das Land mit Frieden, Reichtum und Fruchtbarkeit. Das einzige Metall, das sie kannten, war Gold und Kupfer, das Metall der Sonne und des Morgensterns. Das jüngere Göttergeschlecht der Asen ist dagegen kriegerisch und rastlos:

«Sie setzten Herde, hämmerten Erz;
Sie schlugen Zangen, schufen Gerät ...»
(*Edda*, Der Seherin Gesicht)

Odin, der Anführer der Asen, schwingt einen mit Eisenspitze versehenen Speer über das Wanenheer. Diese wehren sich mit der Macht der Täuschung und der Zauberei (*Sejd*).

Nach indisch-dravidischer Mythologie beginnt das dunkle Zeitalter (*Kali Yuga*) mit dem Errichten von Schmiedeöfen, deren Qualm Gott (*Bhagavan*) in seiner Meditation stört. Er wird eine schreckliche Erscheinung annehmen, um die Frevler zu bestrafen. In dieser Mythe wird eine Entwicklung angedeutet, die in unserem Maschinenzeitalter gipfelt: Panzer, Automobil und Stahlhelm sind treffende Symbole einer Zeit der Abkapselung, in der die Mehrheit der Menschen gar nicht einmal die Zwiesprache mit den Göttern und Devas für möglich hält.

Wenn sich die Menschen zurückbesinnen auf ursprünglichere Zeiten, wenn sie sich den Pflanzendevas, den Wanen, wieder nähern wollen, um Segen für ihre Felder und Heilmittel zu bekommen, dann legen sie vorübergehend das Eisen beiseite. Die westafrikanischen Yamspflanzer bearbeiten zum Beispiel ihre Felder heute mit eisernen Hacken. Beim «Fest der neuen Knollen» jedoch dürfen keine Eisenwerkzeuge benutzt werden, denn das Fest zelebriert das ursprüngliche Erscheinen jenes Devas, der sich in die wichtigste der Nahrungspflanzen verwandelte.[38]

38 Da solche rituellen Verbote in einer bäuerlichen Ökonomie sinnlos sind, erinnern sie an die Praktiken vorgeschichtlicher Jäger und Sammler, die keine Metalle kannten. Kulturanthropologen sehen darin Überreste steinzeitlicher Traditionen, den noch wildwachsenden Yams religiös zu schützen. (Herbig 1988: 139)

Würmer, Wurzeln und das Wort

Als Krankheitsursache stellten sich die archaischen Völker bösartige Würmer vor, die sich in den dunklen Leibestiefen einnisten und den Organen die Lebenskraft wegsaugen. Nach altgermanischer Anschauung sind diese Würmer Elbenwesen, die wie Larven unter der Borke von Bäumen hausen und von dort ausfliegen, um sich dann in Mensch und Tier festzusetzen. Wenn unsere Bauernheilkunde noch immer unzählige «wurmtreibende» Kräuter verschreibt, dann erweist sie sich als Erbe dieser Anschauung. Dabei handelt es sich weniger um das Austreiben vorhandener Spul-, Maden- oder Bandwürmer, als eben dieser sich windenden, beissenden Krankheitsdämonen. Diese «Würmlein klein, ohne Haut und Bein, ohne Fleisch und Blut» sind – das wusste man schon vor der modernen Psychosomatik – auch Hasswürmer, Neidwürmer, Würmer der wühlenden Leidenschaften oder des nagenden Gewissens, die sich dann im Magen, im Rückgrat, in der Leber oder sonstwo festsetzen.

Überall auf der Welt räuchern, trommeln, singen und saugen Schamanen diese Ungeziefer aus den Leibestiefen und geben ihren Patienten Heilwurzeln zum Einnehmen oder als Amulett. Der indianische Medizinmann lockt sie zudem mit Tabak. Am Schluss der Séance spuckt der Heiler dann oft einen kleinen blutigen Wurm aus, den er herausgesaugt hat und der als Beweis der gelungenen Behandlung gilt. Völkerkundlern ist nicht entgangen, dass es sich dabei oft um eine zuvor im Mund verborgene Daunenfeder handelt, die der Schamane blutrot färbte, indem er sich in die Backe oder Zunge biss. Auf diese vermeintliche Scharlatanerie hingewiesen, entgegnet der Schamane häufig, dass es dennoch der Träger des an sich unsichtbaren Krankheitsdämons sei.[39]

Es ist folgerichtig, wenn die meisten der traditionellen Völker die Heilkraft der Pflanze in der Wurzel suchen. Ebenso wie die Wurzel die Macht hat, den harten, dunklen Erdboden zu durchbrechen, wird sie die Macht haben, in die dunkelsten, tief verborgenen Schichten von Leib und Seele einzudringen. Nur sie vermag die mitzehrenden Elben-

39 Diese «Würmer» offenbaren sich durchaus dem hellseherischen Blick. Das konnte ich persönlich erfahren. Als ich mit einer schweren Leberentzündung wochenlang in einer Hütte am Ganges lag, schwebte ein giftgrün leuchtender «Wurm» durch den Raum. Nachdem ich ihn sorgfältig aus der Hütte entfernt hatte, kam mir die Gewissheit, dass ich mich auf dem Weg zur Genesung befand.

würmer zu erreichen und durch die Lichtkräfte, die ihr die Sonne mitgab, unschädlich zu machen. Entsprechend wurden die stärksten – oft bitteren, von den Würmern gemiedenen – Heilpflanzen als *Wurz*, *Wurze*, *Würze*, (engl. *wort*, schwed. *ört*) und dergleichen bezeichnet. Viele der grossen Heilkräuter werden noch immer so genannt:

Eberwurz (*Carlina*)
Geilwurz (*Orchis*)
Nieswurz (*Helleborus*)
Hauswurz (*Sempervivum*)
Springwurz (verschiedene Arten)
Magenwurz (*Acorus*)
Mutterwurz (*Ligusticum*)
Meisterwurz (*Peucedanum*)
Schwalbenwurz (*Cynanchum*)
Goldwurz (*Chelidonium*)
Haselwurz (*Asarum*) und so weiter.

Die Kräuterkundigen selber bezeichnete man einst als *Wurzelkundige* (engl. *wortcunners*; griech. *Rhyzotom*, «Wurzelschneider»), Wurzer oder heutzutage eher abschätzig Wurzelsepp, Wurzelmütterchen oder Wurzelhexe.

Als besonders wirksam, ja als Allheilmittel galten überall jene Wurzeln, die eine annähernd menschenähnliche Form haben, die also – nach den Grundsatz «Gleiches heilt Gleiches» – den ganzen Menschen heilen können. Zu diesen zählt die Ginsengwurzel in Ostasien, der Ingwer in Japan, der amerikanische Ginseng (*Panax quiquefolius*) bei den Meskwaki-Indianern und selbstverständlich die Alraune in Westasien und Südeuropa.

Der Glaube, dass die stärkste Kraft in den Wurzeln liegt, war auch den Indianern nicht fremd. Prinzipiell zog Tallbull die Medizinkräuter mitsamt ihren Wurzeln aus dem Boden – eine Gepflogenheit, die mir Unbehagen bereitete, da die Pflanzen dann keine Möglichkeit haben, weiterzuwachsen.

Aber nicht nur die Wurzel allein macht die Würmer unschädlich, es bedarf zudem noch der Macht des *Wortes*. Das Zauberwort bohrt ebenso unaufhaltsam in die dunklen (psychosomatischen) Tiefen hinein wie die Wurzel. Interessanterweise haben *Wurm*, *Wurz* und *Wort* den gleichen etymologischen Ursprung. Das indogermanische Stammwort **uert* bedeutet das Winden, Drehen, Herauswirbeln, Entpuppen oder Herausspinnen aus einem dunklen, unsichtbaren Urgrund und das darauffolgende In-Erscheinung-Treten. (Storl 1993: 17) Wie ein aufkeimender Same oder eine ausschlüpfende Insektenlarve entwindet sich auch das Wort einem dunklen, unsichtbaren Boden und vermag, umgekehrt, auch wieder auf diesen zurückzuwirken.

Wotan (Odin), der germanische Urschamane, der Meister des inspirierten Wortes, konnte Heilworte singen wie kein anderer:

«Fol und Wodan fuhren zu Holze
Da ward dem Fohlen sein Fuss verrenkt (...)
Da besang ihn Wodan, wie wohl er es konnte (...)»
(*Merseburger Zaubersprüche*)

Zugleich ist dieser Gott der Barden Herr der Heilwurze:

«Neun Kräuter [*worts*] ziehen gegen neun hässliche Gifte:
Eine Schlange kam geschlichen
Zu schlagen und verderben den Menschen.
Da nahm Woden [Wotan] neun Wunderzweige
Und schlug den Wurm bis er zerstob.»
(*Angelsächsischer Neunkräutersegen*)

Aus der gleichen Quelle, dem angelsächsischen Neunkräutersegen, stammen folgende Worte, die der *Lachner* (Heiler) an die Pflanze richtet, um ihre Kraft zu aktivieren und die Krankheit zu vertreiben:

«Dies ist die Wurz, die gegen den Wurm focht.
Sie hat die Macht gegen Gift, hat Macht gegen Ansteckung;
Sie hat die Macht gegen das Übel, das über das Land dahinfährt.
Fliehe nun, Attorlathe, die Kleinere vor der Grösseren,
die Grössere vor der Kleineren, bis dass Hilfe gegen beide ist.»

Zum Vergleich ein Spruch von der Küste Ostafrikas, die der splitternackte Wurzelgräber zu der freigelegten *Kidilenguna*-Wurzel sprechen muss: «Ich bin hierher gekommen, der Mächtigere zum Wurm.» (Bächtold-Stäubli VI 1987: 1710)

Um einen seelisch niedergeschlagenen Patienten von der «Wasserelfenkrankheit» zu befreien, sammelten die englischen Lachner folgende neun Kräuter: Beifuss, Lupine, Ampher, Alant, Eibenbeeren, Malve, Holunder, Erdbeerblätter und Wegerich. (Wheelwright 1974: 103) Dazu sangen sie eine langatmige Beschwörung, die stets mit dem Kehrreim endete: «Möge die Erde dich Wurm mit all ihrer Macht erdrücken!»[40]

40 Ähnlich in der altindischen *Atharvaveda* (II,31), in welcher dem Seuchenwurm mit dem Erdrücken durch Indras Mahlstein gedroht wird: «Mit diesem zerstampfe ich die Würmer, wie ein Mahlstein die Kichererbsen (...) Würmer im Gebirge, Würmer in den Wäldern, in den

Bärenmedizin

Der Bär, der mit seinen Tatzen die Wurzeln blosslegt, und der Hirsch, der sie mit seinem Geweih ausscharrt, galten den naturnahen Völkern schon immer als Meister der Heilkunde. Plinius, Ambrosius und andere Autoren der Antike bezeichneten den Bären ebenso wie den Hirsch als Ärzte unter den Tieren.

Was lange als Phantasie oder Aberglaube abgetan wurde, bestätigen neuerdings die Verhaltensforscher. Der Harvard-Ethnobotaniker Shawn Sigstead etwa ging einer Legende der Navaho nach, in der ein Bär den Indianern die Mutterwurz (*Ligusticum*) gezeigt haben soll, mit der sie Bauchschmerzen und Infektionskrankheiten kurieren. Der Ethnobotaniker beobachtete Bären im Zoo und auch in der Wildnis von Alaska. Er bestätigte, dass die Petzen nach dem aromatischen Doldenblütler nahezu süchtig sind. Sie buddeln die Wurzeln aus und verschlingen sie geradeweg, oder sie kauen sie zu Brei und reiben damit wunde, von Zecken oder Hautpilz befallene Stellen ein.

Bei den zirkumpolaren Jägervölkern ist es vor allem der Bärengeist, der die stärksten Heilpflanzen offenbart. «Der Bär, der weder vor anderen Tieren noch vor den Menschen Angst hat, ist zwar übellaunig, aber er ist das einzige Tier, das freundlich zu uns war und uns die beste Medizin gezeigt hat. Es ist das einzige Tier, welches im Traum erscheint und uns die Kräuter zeigt, die den Menschen heilen können!» – so die Aussage eines Dakota-Medizinmannes. (Densmore 1974: 103) Und der bekannte amerikanische Grizzlibärforscher T. E. Seton sagte aus, dass der durchschnittliche Bär von Pflanzen und Wurzeln mehr verstehe als ein ganzes Kollegium von Botanikern. (Storl 1992: 151)

Dem würden die Ojibwa ohne weiteres beipflichten. Dieses Volk, das am Oberen See vom Wildreissammeln lebt, gibt sein geheimes Heilwissen innerhalb der logenartigen *Midewiwin*-Heilerzünfte von Generation zu Generation weiter. Die Midewiwin-Ärzte folgen dabei dem «Pfad des Bären». Nur die stärksten Heilkräuter, etwa das Hundsgift, gelten bei ihnen als «Bärenmedizin». Die Wurzeln einer Bärenmedizinpflanze werden in fünf bis sechs Zentimeter lange Stücke geschnitten, aufgefädelt und wie ein typisches Bärenkrallenhalsband getragen. «Der Bär ist Häuptling der Pflanzenheilkunde», so ein

Pflanzen, in den Tieren, in den Wassern, die in unseren Körper eingedrungen sind – dieses ganze Geschlecht der Würmer töte ich! ...» (zit aus: *Älteste Indische Dichtung und Prosa* 1982: 82)

Midewiwin-Arzt, «da kein anderes Tier solch gute Krallen hat, um die Wurzel auszugraben. Es ist selbstverständlich, dass derjenige, der von einem Bären träumt, ein begabter Pflanzenheilkundiger wird.» (Densmore 1974: 324)

Die «Ärzte» der nordkalifornischen Indianer trugen oft Bärenpelze und lebten, den Berserkern ähnlich, abseits in der Wildnis. Sie galten, wie der Bär selbst, als dermassen kraftgeladen, dass man sie in den Siedlungen nicht dulden konnte. Ihre «Medizin» hatte die Kraft zu heilen, aber ebenso zu töten. Sie gruben ihre Wurzeln mit Bärenkrallen, und an denjenigen, die ihre Opfer wurden, hinterliessen sie die Kratzspuren von Bärentatzen.[41]

Auch unsere germanisch-keltisch-slawischen Vorfahren kannten kraftgeladene Bärenpflanzen. Nicht von ungefähr zeigt eine alte keltische Münze einen Bären mit einer Wurzel im Fang. Der potente Bär galt als Gatte und Sohn der Erdmutter, der Frau Holle. Jeden Winter zog er sich in das unterirdische Lichtreich, in den Schoss der Göttin zurück. Im Frühling kam er dann, verjüngt und mit Jungen, aus der Höhle wieder hervor. Mit ihm erschien die neue Vegetation. Da er der Geliebte der Pflanzengöttin ist, ist es selbstverständlich, dass Bärenkrallen ausgezeichnete Werkzeuge sind, um heilende Wurzeln zu graben.

Im Gegensatz zu den «Wolfsgewächsen», wie Wolfsbeere (Christophskraut), Wolfsbast (Seidelbast) oder Wolfsmilch, die allesamt giftig und ätzend sind, sehen die alten Völker in den «Bärenpflanzen» etwas Mütterliches und Heilendes. Viele von ihnen sind Geburts- und Frauenpflanzen. Als Bärenpflanzen galten auch solche, die andere an Wuchs, Vitalität und Heilkraft übertrafen, wie etwa der Wiesenbärenklau, die Klette (*Arctium lappa*, von griech. *arktos*, «Bär» und kelt. *lappa*, «Pranke»), Bärenwurzel (*Angelica*), Bärenmutterkraut (Liebstöckl), der zauberwidrige Bärlapp und Bärlauch, die Bärentraubenblätter, die Mutterwurz und viele andere.[42]

41 Bei den Irokesen war es die Bärenmaskengesellschaft, die den Anweisungen des Ärengeistes folgend das Orenda (Medizinkraft) besass, um Gicht und Rheumaerkrankungen zu heilen. Die Medizinlieder und das Wissen um die richtigen Wurzeln waren das Geschenk des Bären an einen halbverhungerten Jäger, der sich im Wald verirrt hatte.

42 In den tropischen Ländern werden die mit *Mana* aufgeladenen Pflanzen oft mit grossen Raubkatzen in Beziehung gebracht. Tiger, Jaguar oder Löwe spielen die Rolle, die in nördlicheren Breiten der Bär oder der Wolf einnehmen. So etwa erscheint die narkotisch wirkende und für das schamanistische Heilen wichtige, weisse Seerose bei den Mayas als Kopfschmuck des Jaguars.

Cernunnos (Detail vom Gundestrup-Kessel)

Hirschgeweih und Gold

Nicht weniger als den Bären verehrten die archaischen Wildbeuter den Hirsch. Der scheue, empfindsame Geweihträger verzieht sich tief in den Wald und lässt sich von den Menschen kaum erblicken. Nur wer ganz still und mit den sichtbaren und unsichtbaren Waldbewohnern in Harmonie ist – wer also selber wie ein Hirsch ist –, wird ihm nachgehen und seine Geheimnisse entdecken können. Eines dieser Geheimnisse ist das Wissen um heilende Wurzeln und Kräuter.[43]

Schon immer gingen die Kräuterkundigen «tief in den Wald» – tief in die Versenkung – und entwickelten die Empfindsamkeit und Instinktsicherheit des Hirschs. Das erlaubte ihnen, die Heilpflanzen zu erkennen. Eurasiatische und nordamerikanische Schamanen und Heiler – wie etwa der jungpaläolithische, tanzende Zauberer, der in der Höhle Trois-Frères abgebildet ist – trugen Hirschgeweih und -häute und tanzten Hirschtänze. Das «Reittier» des Schamanen, die Trommel, deren Takt das Laufen des Hirschs oder Rens wiedergibt und den Schamanen ins Jenseits trägt, wird vorzugsweise mit Hirsch- oder Rentierhaut bespannt.[44]

43 Schon lange galten Hirsche als kräuterkundig. Nach Plinius frisst der angeschossene Hirsch ein besonderes Kraut – Ambrosios meint, es seien Ölbaumzweige –, wobei ihm die Pfeile herausfallen. Noch der 1512 geborene Tabernaemontanus weiss von verwundeten Hirschen zu berichten, die sich mit Wasserdost (*Eupatorium cennabium*) heilen.

44 Der seit dem Paläolithikum bekannte «Kommandostab» der Schamanen, der rituelle Trommelschlägel und Vorläufer des indianischen *talking stick*, wurde meist aus Hirschhorn geschnitzt. (Lissner 1979: 317)

Auch Odin ritt, in seiner Funktion als Schamanengott, auf einem Hirsch zur Trollkönigin Hulda und dem Hulduvolk, den «verhüllten Leuten» (den Toten). Die kräuterkundigen keltischen Druiden zogen sich wie Hirsche tief in den Wald zurück und kleideten sich in Hirschleder. Von *Merlin*, dem Erzdruiden, heisst es, er habe abseits in der Wildnis bei einer verborgenen Heilquelle mit einem Hirsch und einem Wolf gelebt. Die mittelalterliche Legende behauptet, der alte Wurzelkundige sei im Laufe der Zeit wahnsinnig geworden. Eher aber war er ein «Wanensinniger», ein Ekstatiker, geworden, dessen Geist Zugang zu den ältesten (paläolithischen) Göttern hatte. In ihm verkörperte sich der keltische Hirschgott *Cernunnos*, der Gefährte der Weissen Göttin.[45]

Der kräuterkundige Hirschschamane ist beileibe nicht ausgestorben. Mein Nachbar, ein alter Allgäuer Bergbauer und Wurzelsepp, der sich selber nie als Schamane bezeichnen würde, läuft beim Suchen nach Kräutern, Pilzen, Steinen und abgestossenen Geweihen niemals auf Strassen oder festen Wegen, sondern wie der Hirsch durch unwegsame Schluchten und auf Wildpfaden. Sein Hut ist bunt mit Federn, Gamsbart, Blumen und Blättern geschmückt. Und der «Herrgottswinkel» in der Südostecke seiner Stube ist mit gewaltigen Zwölfendern (Geweihe mit zwölf Spitzen) umstellt, so dass man nicht sicher sein kann, ob es der Hirschbock selber ist oder die christliche Ikone des vor dem Hirsch niederknienden heiligen Hubertus, der der Gegenstand seiner Verehrung ist.

Wir kennen alle die Sagen von Rittern oder Königssöhnen, die einem Hirsch nachpreschen, ihn aber nicht einzuholen vermögen. Die wilde Jagd führt über eine Furt immer tiefer in den Wald hinein, so dass sich der Held von seinen Gefährten trennt und sich hoffnungslos verirrt. Zuletzt verwandelt sich das Tier in eine wunderschöne, weiss leuchtende Frau, oder es erweist sich als Bote derselben. Der Ritter vermählt sich mit ihr und kehrt schliesslich völlig verwandelt mit ihr in seine Heimat zurück.

Was wir vor uns haben, ist das Bild eines «Übertritts», einer Berührung mit der Anderswelt. Das Feenreich der Weissen Frau, in das

45 Die Erinnerung an den keltischen Hirschgott lebt weiter in den Sagen um Robin Hood, der, rot gekleidet wie ein Hirsch, frei im Wald lebt und von der zur Jungfrau Maria stilisierten Göttin begleitet wird. Der paläolithische Hirschkult lebt auch in der Gestalt des ebenfalls rot gekleideten Nikolaus (Old Saint Nick, Santa Claus) weiter. Wie der Schamane fliegt er mit einem von Rentieren oder Hirschen gezogenen Schlitten durch die Lüfte und bringt zur Wintersonnenwende lebenserhaltene Nüsse und Äpfel und die heilige Lebensrute. (Tolstoy 1989: 119)

Neolithischer Hirschwagen. Felszeichnung aus Lilla Arendal, Tanum, Schweden

das Tier ihn führt, ist eigentlich die Totenwelt, das Reich der Ahnen- und Naturgeister und der hinter den Erscheinungen webenden Lichtdevas. In diesem unheimlichen Wald entdeckt der Held die Quelle des Heils, die heilende Wurzel, und seine andere Seelenhälfte, seine *Anima*. Der mitteldeutsche und bretonische Aberglaube, dass derjenige, der einen weissen Hirsch erblickt, bald sterben wird, unterstreicht dieses Bild.

Die alteuropäische Mythologie erzählt von einer Weissen Frau, die im Frühling oder im Herbst auf einem Hirsch mit goldenem Geweih durch den Wald und über die Wiesen reitet. In keltischer Sage nimmt die Lichtjungfrau gelegentlich selber die Gestalt einer Hinde an. Unter dem Baum, der die Äpfel des Lebens trägt, paart sie sich mit einem Hirschbock.[46]

In Griechenland gehörte das edle Tier zum Kult der unbezwungenen Waldgöttin Artemis. Wir haben schon gehört, wie sie den Jüngling Actaeon (Aktaion) in einen Hirsch verwandelte und ihn von seinen eigenen Hunden zerreissen liess. Der altwalisische Sagenzyklus spricht wiederum von einem blondhaarigen Helden mit strahlenden Augen namens *Llew Llaw Gyffes* und seiner aus den Blüten wildwachsender Kräuter geschaffenen Frau *Blodeuwedd*. Sie bleibt ihm eine treue Begleiterin bis in den Spätherbst. Dann aber, bei einem Gelage nach einer Hirschhatz, wechselt sie zärtliche Blicke mit einem schwarzen Jäger und ver-

46 Immer wieder stösst man in gelehrten Werken auf die germanische Waldgöttin *Hertha*, die im Schatten der Baumriesen auf einem Hirsch reitet. Eine Hopfenranke dient ihr als Zügel und ein Baldrianzweig als Gerte. Leider ist Hertha eine Göttin, die es nie gab, sondern aufgrund der falschen Leseart *Herthum* für *Nerthum* (in *Germania* von Tacitus) entstand. Aber auch wenn diese «Wanenmutter» eine Schöpfung der Gelehrten ist, so passt sie dennoch zum archetypischen Komplex: Göttin/Hirsch/Heilpflanze.

liebt sich in ihn. Der erlegte Hirsch stellt eigentlich die Seele des Llew Llaw Gyffes dar, denn auch ihn erwartet der baldige Tod. Blodeuwedd und ihr schwarzer Geliebter werden ihn überlisten und umbringen.

Bei näherer Betrachtung erkennen wir, dass die Blütenfrau keine andere ist als die Weisse Göttin. Der schwarze Ritter, der den Helden tötet, ist kein anderer als Samain, der Gott der Unterwelt und der düsteren Winterzeit. Er ist es, der die blühende Vegetation hinwegrafft. Er gehört zum selben Archetypus wie der Pluto der klassischen Mythologie, der das Blumenmädchen Persephone in die Unterwelt entführt. Folglich ist der mit dem Hirsch identifizierte blonde Held Llew Llaw Gyffes kein geringerer als der Sonnengott. Er ist der keltische *Belenos*, der «schön Strahlende», der die Pflanzengöttin im Mai freit, bis in den Herbst begleitet und dann stirbt. Im Frühling, so will es das kosmische Drama, wird er wieder auferstehen.

Der Hirsch stellt also für das imaginative Schauen die Sonne in Tiergestalt dar. Auf mineralischer Ebene erscheint die Sonne als Gold und auf menschlicher Ebene als strahlender Held. *Hirsch*, *Sonne*, *Gold* bilden einen Symbolkomplex, wobei jedes Element für das andere stellvertretend sein kann.

Im europäischen Neolithikum ziehen Hirsche mit vergoldeten oder goldberingten Geweihen den Kultwagen der Göttin aus dem heiligen Hain. Auf dem Wagen befindet sich die Sonne in Form einer grossen, goldenen Scheibe. Bronzezeitliche Felszeichnungen aus Schweden zeigen solche von Hirschen gezogene Sonnenscheiben, (Derolez 1976: 53) und das keltische Heidentum kannte das Motiv des Hirschs, der einen goldenen Pflug zieht. (Tolstoy 1989: 119)

Der Sonnenwagen, der im Frühling über Land fährt, und der goldene Pflug gehören zum jungsteinzeitlichen Kult der Fruchtbarkeits- und Vegetationsgötter. (Volkskundler identifizieren den Hirsch wie auch den Bären als «Vegetationsdämon»; hier und da wird die zuletzt geschnittene Getreidegarbe noch immer «Hirsch» genannt oder zu Hirschgestalt geformt.) Der Hirsch als strahlender Sonnenheld ist der Auserwählte der Göttin. Nur er darf mit seinen warmen Strahlen, seinem stolzen Geweih, seinem goldenen Pflug, seinem potenten Phallus die jungfräuliche Erde berühren, sie aufbrechen und seinen Samen darin ergiessen. Nun verstehen wir schon eher, warum es entweder Hirschhorn oder ein goldenes Werkzeug sein musste, mit denen der Wurzelkundige die Erde aufwühlen und die Heilwurzeln ausgraben durfte.

Hubertus

Mit diesem Vegetationskult war höchstwahrscheinlich ein Hirschopfer verbunden. Das Blut des potenten Tieres würde die Jungfrau versöhnen, die Scholle befruchten und die Pflanzen wachsen lassen. Legenden, wie die vom Sterben des Actaeon oder des Llew Llaw Gyffes, sind bruchstückhafte Erinnerungen an solche Opferungen.

Die Verehrung des Sonnentieres war so tief in der Volksfrömmigkeit verwurzelt, dass es der Kirche nicht gelang, es in die finstere Ecke der gehörnten Teufel zu verbannen. Zwar verlangte der Erzbischof von Canterbury (7. Jh.) von jenen, die sich als Hirsch verkleideten oder Hirschhaut trugen, «drei Jahre Busse zu tun, weil dies teuflisch ist» (Bleakley 1987: 175), dennoch dauerte es nicht lange, bis die mittelalterliche Symbolik und Ikonographie den weissen Hirsch mit goldenem Geweih mit Christus verglich, der als geistige Sonne das Leben durch seinen blutigen Opfertod erneuert. Auch in der Legende des Jägers *Hubertus* – ein verchristlichter Samain – erscheint ein Hirsch, in dessen Geweih sich der Heiland in einem goldenen Strahlenglanz offenbart.[47]

Das Alter der Symbolik, welche Hirsch, Sonne und Heilpflanze verbindet, deutet sich darin an, dass ähnliche Bezüge in der Neuen Welt

47 Es ist bezeichnend, dass der Tag des Hubertus (3. November), des Patrons der Hunde und Jäger, in die Zeit der Wilden Jagd und des Herrschaftsantritts des schwarzen Samain fällt.

anzutreffen sind. Bei den Nahua und Azteken wird der Feuersteingott *Itzli*, ein Aspekt des Sonnengottes, mit dem Hirsch und dem Gedeihen der Vegetation in Verbindung gebracht. Die Huitchol gehen den «Pfad des Hirschs (bzw. Rehs)», wenn sie den Peyote-Kaktus «jagen». Es heisst dann, «man sehe die Fährte des Hirschs». Der Schamane nimmt nun seinen Bogen, zielt und schiesst, ein zweiter Pfeil folgt, ein dritter, ein vierter. Der fünfte trifft ins Herz, so dass der Hirsch auf die Erde niedersinkt, wobei er sich in den Peyote verwandelt. (Rosenbohm 1991: 105) Wie wir sahen, zielte auch Tallbull vier Mal mit seinem Grabstock auf die Wurzel des Motsiiun-Krauts, ehe er ihm beim fünften Mal den Todesstoss gab. Ebenso wie Tallbull wenden sich die Huichol-Pilger dabei nach Osten. Auch der Peyotekaktus ist auf Feuer, Sonne und Herz bezogen.

Wie kein anderer ist der Hirsch den Schlangen und Drachen – also dem «Gewürm» – feind. Wie der Sonnenstrahl die Dunkelheit durchdringt und vertreibt, so dringt das Hirschhorn in die dunkle Welt der Würmer und zwingt sie zur Flucht. Schon in vorgeschichtlicher Zeit wurden Hirschgeweihe aufgehängt, um Dämonen zu vertreiben. Hier und da lebt noch der ländliche Aberglaube, dass ein Geweih am Giebel oder über dem Tor Schutz gegen Giftnattern biete.

Die Überzeugung, dass Hirschhorn heilkräftig, gliedstärkend und potenzfördernd wirkt, ist nahezu universal. Das in chinesischen Apotheken erhältliche unausgereifte Geweih (*Lu-chush*) gilt als der Ginsengwurzel an Heilkraft ebenbürtig. (Lissner 1979: 131, 173) Auch in Europa galt das Hirschgeweih als potenzstärkend und als Mittel gegen die verschiedensten Krankheiten. Man wähnte es am wirksamsten, wenn es während der Frauendreissiger – also den Kräutertagen zwischen Mariä Himmelfahrt und Mariä Geburt – gefunden wurde.[48]

Wegwarte, die Sonnenbraut

Die dargestellten Zusammenhänge enthüllen uns den Sinn vieler altüberlieferter Ausgraberegeln, wie etwa die folgende für die Wegwarte (*Cichorium intybus*):

48 Das Tier des Sonnenhelden gilt als überaus potent. Tatsächlich legt sich der Hirsch einen ganzen Harem Hinde zu. In ganz Eurasien gelten Hirschhorn und die Innereien im Volksglauben als potenzstärkend.

«Die Wegwarte soll am St.-Peters-Tag (29. Juni) um zwei Uhr zur Vesper mit einem Hirschgeweih und ohne sie mit der Hand zu betasten, gegraben werden, dann kann man sich mit ihr der Liebe jener Personen versichern, welche man damit berührt.» (Perger 1864: 129)

Anderswo muss die Wegwarte – auch Hindläufte, Sonnenwirbel und Sonnenbraut genannt – an besonders verheissungsvollen Tagen (Peter und Paul, Johanni, Jakobi, Mariä Himmelfahrt, beim Mond in der Jungfrau usw.) gesammelt werden. In Schwaben ging man, das Gesicht nach Osten gerichtet, am Jakobitag (25. Juli) zu dieser Pflanze und grub sie mit Gold. Die so erworbene Wurzel macht stich- und hiebfest, zieht Dornen aus dem Fleisch und öffnet verschlossene Schlösser. In Franken grub man sie unter Anrufung der Dreieinigkeit mit einem Goldstück oder Goldlöffel als Schutzmittel gegen angezauberte Liebe. In Böhmen sagte man, die Wurzel sei flüchtiger als ein Reh oder Hirsch, deswegen musste sie sofort an einen Stab gebunden werden, damit sie nicht entfloh.

Der hübsche Korbblütler, der mit Vorliebe an Wegrändern wächst, richtet seine zarten himmelblauen Blüten immer der Sonne zu. Die einzelne Blüte blüht nur einen einzigen Tag lang, und das nur am Vormittag zwischen sechs und elf Uhr. Erst mit dem Höhenflug der Sonne zur Mittsommerzeit beginnt diese «Braut der Sonne» – *Sponsa solis* nennt sie Albertus Magnus – zu blühen. Zur Herbsttagundnachtgleiche, wenn die Kraft der Sonne deutlich abnimmt, sind die letzten Blüten verblüht. (Scheffer/Storl 1992: 87)

Die Sonnenbraut galt im Mittelalter als eine verzauberte Jungfrau. Ihr geliebter Ritter war gen Jerusalem gezogen und dort verschollen. Unablässig trauernd sass sie am Wegrand, ihre blauen Augen immer nach Osten gerichtet. Als man sie drängte, einen anderen zu wählen, entgegnete sie:

«Eh ich lass das Weinen stehn,
Will ich lieber auf die Wegscheid gehn
Ein Feldblum zu werden!»

Für die Heiden war die schöne Blume wahrscheinlich eine vegetale Verkörperung der Weissen Göttin selber, die nach ihrem Geliebten, dem Sonnenheld, Ausschau hält. Gold und Hirschhorn sind seine Attribute. Wer sich ihr damit nähert, dem wird sie sich hingeben, dem wird sie ihre Gunst – Heil- und Zauberkraft – schenken.

Das Blau der Wegwartenblüte ist das Blau des Himmelsmantels, in den sich die Jungfrau hüllt, die das Sonnenkind, das Weltenlicht, in

Wegwarte und Sonne

ihren Armen trägt. Es ist das Blau des himmlischen Schosses, in den die Sonne gebettet ist: Vereint werden sie zum Symbol des Hierogamos, der Vollkommenheit, der Erleuchtung![49]

Es gibt noch viele der Göttin geweihte Pflanzen, die ebenfalls nur mit Gold oder Geweih gegraben werden dürfen. Darunter befindet sich auch die Königskerze (*Verbascum*), die als Zepter der Mutter Gottes bei der Würzweihe in die Mitte des Heilkräuterbüschels gestellt wird (siehe Seite 28).

49 In ihrer profunderen Bedeutung ist diese «flüchtige» blaue Blume wohl auch jene, welche die Romantiker suchten, die Blume, die sich als Schlüssel zu den im Inneren verborgenen Schätzen erweist. Es ist das Blau der Saturnsphäre, die sich in der mystischen Schau als blaues Äthermeer offenbart und in der indischen Mystik als flüchtige, unbezwingbare «blaue Perle» beschrieben wird.

DIE MACHT DER MANTRAS

Die Heilkraft der Wurzel oder die Zauberkraft der Kräuter muss erst durch das Wort, durch den richtigen Spruch oder ein Lied aktiviert werden. Darin stimmen die Aussagen der Schamanen überein. Die Anrufung wirkt einerseits als energetische Schwingung direkt auf die Pflanze ein, andererseits wird das dahinterstehende Geistwesen, der Deva, damit angesprochen.

Die Ohren der Pflanzen

Kann es sein, dass Pflanzen wirklich hören können, wie die Mystiker und Schamanen behaupten? Die Irokesen erklären zum Beispiel, dass ohne das ständige Summen, Zirpen und Zwitschern der Grillen, Zikaden und Singvögel weder die Feldfrüchte noch die Waldbeeren richtig wachsen und reifen würden. (Storl 1974: 112) Das Tönen und Schallen vermittelt den Gewächsen *Orenda* die notwendige Lebensenergie. Wenn das so ist, dann ist es selbstverständlich, dass auch die menschliche Stimme Kräfteströmungen in Bewegung setzen kann. Vermag nicht der Kriegsschrei den Feind oder ein wildes Tier zu lähmen oder in die Flucht zu schlagen? Kann ein Liebeslied nicht ein Herz betören, ein Zauberlied den Mais wachsen lassen? Ein Inder machte mich darauf aufmerksam, dass es sich bei der Äusserung von Lauten ähnlich verhält wie beim Samenerguss: Es werden schöpferische Energien freigesetzt. Mit beiden müsse man achtsam umgehen.

Bei fast allen traditionellen Pflanzer- und Ackerbauvölkern begleitet das Singen und Musizieren die Aussaat, das Hacken und Pflegen und das Ernten. Nur so, sagen die Navaho und Pueblo in Arizona und Neumexiko, ist es ihnen möglich, ihren vielfarbigen, ungewöhnlich nahrhaften Mais in genügender Menge zu erzeugen. Diese Indianervölker leben in einer ariden Region, in der nach Aussage des US-Landwirtschaftsministeriums lediglich die Hälfte dessen an Regen fällt, was für einen erfolgreichen Feldbau nötig ist. (Buschenreiter 1987: 41) In den Winternächten werden in den unterirdischen Kivas uralte Vegetationsrituale ausgeführt: Ein Priester hält eines der bunten Maiskörner in der Hand und visualisiert den Geist der Pflanze. Innerhalb von Sekunden wächst der Same zu einer vollen, reifen Maispflanze heran und vergeht dann wieder. Vor allem aber ist es das ständige liebevolle Besingen der «Maiskinder», welches die sprossende Saat zum glücklichen Gedeihen veranlasst.

Die Indianer des Amazonas kennen sich wie kaum eine andere Kultur in den Geheimnissen der Pflanzen aus. Ihre Welt ist vor allem von der übermächtigen Vegetation eines endlosen Urwalds geprägt. Die Ureinwohner dieser grünen Welt versichern uns, dass jede Pflanzenart ihr eigenes Lied (*Icaros*) hat. Das gilt für Heilpflanzen ebenso wie für die Zauberkräuter, mit denen Krankheit und Schaden angezaubert werden können. Es sind die Geister der Pflanzen selber, die dem Schamanen jene Lieder beibringen, die er beim Sammeln und Anwenden singen muss. Die Ausbildung zum Schamanen besteht vor allem darin, diese Lieder zu erlernen. (Luna 1991: 24)

Können also Pflanzen wirklich hören? Inzwischen nähert sich auch die skeptische Wissenschaft dem Tatbestand, dass Pflanzen auf akustische Stimulierung reagieren. Eine ganze Reihe von Versuchen über die Wirkung von Musik auf das Pflanzenwachstum bestätigen solche Vermutungen.[50] Inzwischen merkt auch der aufgeklärte Farmer und Plantagenbesitzer, dass die Feldfrüchte in jenen Landstrichen nicht mehr richtig gedeihen wollen, in denen breitflächig ausgesprühte Nebelschwaden giftiger Chemikalien sämtliche Insekten und Vögel ausgerottet haben. So etwa in den Orangenhainen Floridas, in denen der «stumme Frühling» schon längst traurige Wirklichkeit geworden ist. Die Obstbäume leiden an einer Art «Schwindsucht». Inzwischen lassen Plantagenbesitzer Lautsprecher anbringen, welche die unglücklichen Bäume mit Vogelgesang vom Tonband berieseln. Das Resultat sind tatsächlich gesündere Bäume und grössere, saftigere Orangen, die bis zu 121 Prozent mehr natürliche Vitamine enthalten als die Durchschnittsapfelsinen. (Tompkins/Bird 1991: 137)

Untersuchungen, die das Phänomen zu erklären versuchen, verweisen auf kleine Organellen im Zytoplasma der Pflanzenzelle, die als eine Art Resonanzkörper zu funktionieren scheinen und auf die Schwingungsfrequenzen des Gezwitschers, Gesumms und Gesangs

50 Die diesbezügliche Literatur behauptet, Messungen zufolge, dass Pflanzen besonders Mozart, Bach oder klassischen Jazz mögen. Diese Feststellung spiegelt vor allem aber die musikalischen Vorurteile der Forscher wider. Da die Pflanzen telepathisch mit den Menschen verbunden sind, die sich um sie kümmern, reagieren sie lediglich positiv auf die Musik, die diese Menschen gerne haben. Mir ist sogar ein «Rocker» bekannt, der mit gutem Erfolg seinen Pflanzen Heavy-Metal-Musik vorspielt.

reagieren. Diese Zellorganellen, *Mitochondrien* genannt, haben ansonsten mit der Energiegewinnung der Zelle im Oxidationsvorgang zu tun. Also können Pflanzen womöglich doch «hören»! Vielleicht ist es doch nicht so abwegig, wenn die Naturvölker angeben, die Kraft der Kräuter durch die Macht des Wortes, durch den richtigen Spruch oder ein Lied wecken zu können?

Nach Ansicht der Bantuvölker Afrikas befindet sich die sichtbare Vegetation in einem Zustand der blossen Passivität. Erst wenn der Mensch – sei er nun lebendig oder ein entleibter Ahne – das Kraftwort spricht, können die Pflanzen ihrerseits aktiv werden. *Nommo*, die im Wort vermittelte Lebenskraft, wird als eine alles belebende, alles durchdringende, alles bewirkende, geistig-physische Flüssigkeit beschrieben. (Jahn 1986: 128) Das Säen allein reicht nicht aus, um den Mais oder die Hirse keimen und wachsen zu lassen; Spruch und Lied müssen hinzutreten, damit die Gräser keimen, die Früchte reifen und eine Medizin wirksam werden kann.

Die Hindus betrachten die Pflanzen als beseelte Lebewesen, die sogar der Wiederverkörperung unterworfen sind. Da gilt es als selbstverständlich, dass die Gewächse auf ihre Art und Weise wahrnehmen, dass sie zuhören, wenn man ihnen zusingt. Ihre Freude darüber äussern

OM, der kosmische Urton

sie dadurch, dass sie üppiger und schöner wachsen. Auch in der ayurvedischen Heilkunde macht man beim Sammeln, Herstellen und Verabreichen der Heilmittel Gebrauch von der Macht der Stimme. *Mantra*, das beschwörende Wort, *Yantra*, die magische, geometrische Zeichnung und *Ausadhi*, die Pflanze: Diese Dreiheit macht erst das Heilmittel aus.

Das Mantra als Wort des Geistes ist mit der Pflanze als Gestalt gewordenes Wort im Einklang. (Lad/Frawley 1988: 45) Beide sind aus dem kosmischen Urton (*Pranava*), dem OM, hervorgegangen und stehen noch immer zueinander in Beziehung.

Rudolf Steiner ist ähnlicher Ansicht. Die sichtbare, harmonisch geordnete Gestalt der Pflanze und das schöpferische Wort des Menschen sind wesensverwandt. Beide gehen auf einen «Kohlenstoffprozess» zurück: Das pflanzliche Lebewesen nimmt ständig Kohlenstoff (CO_2) auf, synthetisiert daraus molekulare Kohlenstoffketten und baut damit seine äussere Gestalt auf; der Mensch dagegen stösst mit jedem Atemzug CO_2 aus und lässt es zum Träger des gestaltenden Wortes werden. «Auf den Bahnen des Kohlenstoffs bewegt sich das Geistige durch die Welt.» (Steiner 1975: 67)

Das Mantra der Göttin

Das richtig intonierte Mantra wirkt auf die Pflanze wie eine angeschlagene Stimmgabel auf die entsprechenden Saiten eines Musikinstruments und bringt sie zum Mitschwingen. Das Klangmuster hat die Kraft, die Devas der Pflanzen oder ihre Energien zu wecken. Jede Gottheit (Deva) hat eine Keimsilbe (*Bija-Mantra*), welche ihre Grundschwingung darstellt und in der sie sich verkörpern kann. Entsprechend hat jede Pflanzenart, jeder Pflanzendeva, bestimmte mantrische Affinitäten. (Mookerjee/Khanna 1990: 207)

Ein Pflanze befindet sich nach indischer Auffassung in tiefster Meditation, im *Samadhi*. Sie meditiert die kristallenen Kräfte der Erdtiefen sowie die des interstellaren Kosmos und verbindet diese Extreme zur Einheit. Und da sie sich im tiefen Samadhi befindet, sitzt die Pflanze notgedrungen still und ist wie ein meditierender Yogi unansprechbar. Nur das ständige Chanten (Japa) des geeigneten Mantra kann sie in ihrer Innerlichkeit erreichen. Nur der richtige Klang kann sie sozusagen wecken, so dass sie dem darum bittenden Menschen etwas von ihrer unendlichen Heil- und Zauberkraft zukommen lassen kann.

Nach Rudolf Steiner hatte das gesprochene Wort für den prähistorischen Menschen noch etwas Naturgewaltiges an sich. Die Atlantier – wir würden sie heute die Steinzeitmenschen nennen – benannten nicht nur die Dinge, sondern in den Worten lag eine Macht über die Dinge. «Darauf beruht es, dass Worte in dieser Zeit heilkräftig waren, dass sie das Wachstum der Pflanzen fördern, die Wut der Tiere zähmen konnten.» (Meyer 1967: 82) Der Missbrauch gewisser Laute, denen eine bedeutende Kraft innewohnte, leitete den Untergang von Atlantis ein. Der rücksichtslose Wille zur Macht führte zur Zerstörung der Natur und zum Zerfall der Sippen.

Hier und da in abgelegenen Ecken Asiens oder Amerikas blieben Reste der alten atlantischen Magie erhalten: Power-Songs, die transphysische Wesenheiten herbeirufen, Kraftworte, die den Wind und den Regen rufen. Auch bei uns gibt es noch immer «Atlantier», wie etwa die Findhorngärtner, Phytotherapeuten wie Maurice Mességué oder Pflanzenzüchter vom Schlage eines Luther Burbank: Die Kraft ihrer Sprache wirkt sich auf Wachstum, Gestalt und Heilwirkung der Pflanzen aus.

Luther Burbank, der Pflanzenmagier aus Kalifornien, Schöpfer von über tausend neuen Blumen-, Obst- und Gemüsesorten, war ein durchaus rationaler Mensch, der sich beileibe nicht dem billigen Okkultismus hingab. Seinem guten Freund, dem Swami Paramahamsa Yogananda, gestand er jedoch, dass er mit Pflanzen rede, um «eine Ausstrahlung der Liebe zu erzeugen». Pflanzen, die ältesten Lebewesen der Erde, seien wie steinalte Menschen, die in ihren Gewohnheiten festgefahren sind. Es bedarf des wiederholten liebevollen Zuredens und der Überzeugungskraft, sie zu veranlassen, eine neue Spielart aus sich hervorzubringen. (Yogananda 1969: 360)

Es gibt viele spezifische Mantren, mit denen Pflanzen geweckt und Heilmittel energetisiert werden können. Ein Mantra, das diesbezüglich allgemein angewendet werden kann, ist das Mantra der dreifachen Göttin, die ja auch die Mutter aller Pflanzen ist und deren Energie (*Shakti*) alles Heilen, Nähren, Erhalten, aber auch alles Zerstören ermöglicht.

OM aing hring kling chamundaye vichchey – OM, so lauten die Kraftworte, die beim Sammeln, Zubereiten und Verabreichen der Heilpflanze 108mal meditativ, im mühelosen Rhythmus des Ein- und Ausatmens gechantet werden. Der Kopf braucht nicht unbedingt zu verstehen, was die Silben dieser Inkantation bedeuten. Sie wirken trotzdem – vorausgesetzt, ein Guru hat einen in die richtige Intonation eingeweiht. Das OM (Aum) bezieht sich auf den mystischen Urton, der alle Schwingungen, vom Tanz der Elementarteilchen bis hin zum Reigen der kosmischen Galaxien, in Gang hält. OM ist der erste Ton, den Shiva, der kosmische Schamane, auf seiner Handtrommel am Anfang des Schöpfungszyklus ertönen liess. (Storl 1988: 89)

Wie das OM, so sind auch die folgenden Silben – *aing (aim)*, *hring (hriem)*, *kling (kliem)* – Klangformen ohne spezifische äussere Bedeutung. Es sind Klangsamen oder -keime (Bija) voll latenter Energien. Aing ist der Klangsame, in dem sich die im weissen Licht erstrahlende jungfräuliche Hüterin des Wortes, *Sarasvati*, verkörpern kann. *Hring* ist das Bija-Mantra der Erdgöttin *Bhuvaneshvari*, der Herrscherin der Erscheinungswelt. Und im *kling* vibriert Shiva selber als *Kama*, als Spen-

Chamunda

der der Freude und Glückseligkeit. *Chamunda vichchey* beschwört die siegreiche löwenreitende Göttin *Durga*, die sämtliche Dämonen vernichtet, welche unser egozentrischer Geist ständig erzeugt. Gnadenlos schlägt sie ihnen die Köpfe ab, fädelt sie auf einen roten Faden auf und trägt sie in Form einer Halskette als Schmuck. (Harshananda 1986: 123)

Wir haben schon gesehen, wie die amerikanischen Ureinwohner ebenfalls das *Mantra* (zum Beispiel Ha Na) und das *Yantra* (in Form geometrischer Erdzeichnungen) im Dialog mit den Pflanzengeistern benutzten. Der nordeuropäische Kulturkreis kannte Ähnliches: Der Zauberspruch, verbunden mit dem Ritzen der mit Blut oder rotem Ocker gefärbten *Runen*, öffnete die ekstatische Schau der pflanzlichen Archetypen und liess ihre verborgenen Kräfte aufleuchten. Arc Redwood, ein Gärtner-Mystiker aus Glastonbury, benutzt sie noch immer. Er steckt Buchenzweige mit eingeritzten, rotgefärbten Wachstums-, Lebens- und Ernterunen in seine Beete und spricht eine Beschwörung dazu. Die Runen sind für ihn Schlüssel zu den morphogenetischen Feldern, die Raum und Zeit transzendieren. «Meine angelsächsischen Vorfahren haben damit Lebensenergien in die Gärten und Felder geleitet, warum sollte ich das nicht auch tun.»

Beschwörungen

Das Besprechen der Pflanzen ist also kein sinnloses Geschwätz, sondern eine Zauberhandlung, die den Menschen über die sinnlichen Grenzen hinausträgt und die Pflanzenpersönlichkeit näher treten lässt. Die rhythmisch gesprochenen Zauberworte führen den Pflanzenschamanen in die tieferen Schichten des Unterbewusstseins, dorthin, wo sich die Unterscheidung zwischen Innen und Aussen, Subjekt und Objekt, Pflanze und Mensch verwischt. Wer kann schon sagen, ob der Schamane dabei lediglich mit Aspekten der eigenen Seele oder mit einer numinosen Gegenwart kommuniziert? Eine analytische Unterscheidung – so gerne sie auch ein Psychologe oder Ethnologe treffen würde – ist in dieser Situation sinnlos.

Ist einmal die Verbindung zum Pflanzengeist hergestellt, wird ihm in all seiner Göttlichkeit gehuldigt. Der Kräuterkundige erinnert den Deva an seine wahre Macht und an das Versprechen, das er einst den Menschen gab.

«Kräuter, der Götter Erstgeborene,
Geboren vor drei Weltaltern,
Ehren will ich diese in meiner Seele,
Diese mit den hundert und sieben Tugenden,
In braunen Knospen gehüllte.
Hunderte, o Mütter, sind eure Tugenden
Und tausendfalt eure Triebe.
Ihr hundertfach Starken,
Also macht diesen Menschen heil (...)» (*Rigveda* X, 97)

Mit solchen feierlichen Worten ruft der Seher im ältesten Schriftzeugnis indogermanischer Kultur die Pflanzen an. «Götter seid ihr, aus der Erdgöttin geboren», so werden die Gewächse in der *Atharvaveda* angesprochen, und in der *Yajurveda* heisst es: «Ihr Kräuter, ihr, die ihr Mütter seid. Als Göttinnen rufe ich euch an!»

Ähnliches vernehmen wir bei den Germanen. Der Beifuss, eines der heiligsten Kräuter der archaischen Völker, wird in dem im 11. Jahrhundert niedergeschriebenen angelsächsischen *Neunkräutersegen* als erster unter den neun Heilkräutern angerufen (Storl 1996):

«Gedenke du, Beifuss, was du versprachst,
Was du anordnetest in feierlicher Kundgebung!
Una heisst du, älteste der Würze!
Du überwindest Dreie und Dreissige
Du überwindest Eiter und Anfälle
Du überwindest die Leidkraft, die über das Land fährt.»

Auch der Wegerich wird im angelsächsischen Wurzelsegen mit der Anrede «Mutter der Kräuter» geehrt und an seine Fähigkeiten erinnert:

«Du Wegbreiter, der Würze Mutter,
Nach Osten offen, mächtig im Innern,
Über dich karrten Wagen
Über dich ritten Frauen
Über dich schrien Bräute
Über dich schnaubten Farren.
Allen widerstandest du und setztest dich entgegen:
So widerstehe du auch dem Gift und der Ansteckung
und dem Übel, das über das Land dahinfährt.»

Immer wieder sehen wir, wie notwendig es ist, den Pflanzendeva anzusprechen und ihn an seine Macht und seine Verpflichtung dem Menschen gegenüber zu erinnern. «Ha Na, ich bin arm und schwach, bei euch finde ich grosse Kraft», betet Tallbull, wenn er die Wurzeln gräbt. «Erinnere dich, Maythem (Kamille), was du verkündetest, was du vollendetest», sangen die Angelsachsen. «Mein liebes Schöllkraut, verzeih mir, wenn ich dir etwas wehtun muss, aber wir brauchen dich, um einen Kranken zu heilen, der an einem Herzinfarkt leidet; du wirst ihm helfen können», brummelt Maurice Mességué vor sich hin, wenn er sein Lieblingskraut pflückt. «Ich rede französisch mit ihnen, aber ebensogut könnte ich englisch oder chinesisch sprechen, sie würden mich immer verstehen», erklärte er seinem Biographen Victor Franco. (Franco 1984: 32)

Gelegentlich erinnert man diese ältesten Lebewesen daran, dass sogar die Götter um Hilfe bittend zu ihnen kommen. Das Rautengewächs *Kapitthaka* (*Feronia elephantum*), auch «Holzapfel» genannt, wird in der indischen Volksheilkunde bei Impotenz verschrieben. Beim Ausheben sagt man der Wurzel: «O Kraut, du bist von Stieren entwurzelt worden!» Beim Einnehmen der zerkleinerten, in Wasser und Milch eingeweichten Wurzel, heisst es:

«Du bist die Pflanze, die die Gandharven für Varuna, dessen Manneskraft tot war, ausgegraben haben, du mächtiges und lüsternes Kraut, das wir entwurzelt haben (...) Wie die männliche Antilope besitzt du, o Kraut, alle Kraft, du Bruder des grossen Soma (...)»

Der *Varuna*, von dem hier die Rede ist, ist der Uranos im vedischen Götterpantheon, der allumfassende König des Himmels und Grossvater der Götter, der aber inzwischen zum Meeresgott degradiert worden ist. Die *Gandharven* sind jene himmlischen Musikanten, die den Göttern den lebensspendenden Somatrunk bereiten. Sie sind schöne elfenartige Wesen, die sich einzig aus dem Duft der Blumen und des Räucherwerks ernähren. Sie sind besonders den Frauen zugeneigt und helfen ihnen, wenn es ihren Ehemännern ebenso geht wie dem armen, alten Varuna. Und *Soma* ist der Herr der Pflanzen, der Mond und zugleich die Verkörperung aller Lebenssäfte (Pflanzensaft, Sperma und andere Sexualsekrete, Ambrosia).

Immer wieder wird das Heilkraut an die Götter erinnert, die es erschufen, es zuerst nutzten oder zuerst seine Heilkraft entdeckten. Der ptolomäische Ägypter beschwor die Pflanze im Namen des *Chronos*, der sie am Anfang der Zeit aussäte, der Göttermutter *Hera*, die sie zuerst pflückte, des Widders *Ammon*, der sie beschützte, der *Isis*, die sie empfing, des *Zeus*, der sie mit seinem Gewitterregen bewässerte usw. (Paris Papyrus) In der klassischen Antike wurde die Heilpflanze oft daran erinnert, dass *Hermes*, der Heiler, sie zuerst pflückte. Dem Heilziest (*Stachys betonica*) rief der griechische Wurzelschneider ins Gedächtnis, dass schon *Asklepios*, der erste Arzt, und *Cheiron*, der instinktsichere Pferdemensch, seine Wunderheilkraft zu nutzen wussten. (Eliade 1958: 298)

Gelegentlich werden die begehrten Pflanzen selber mit den Namen der Götter belegt. So werden in Indien stark aphrodisierende Kräuter mit dem Namen des phallischen Liebesgottes *Kamadeva* angesprochen: «Gesegnet seist du, Kamadeva, der du alle bezaubertest.» Mit diesen Worten und einer darauf folgenden, langen Liste jener Götter, die von ihm betört wurden, beginnt die Beschwörung der Liebespflanzen.

Selbstverständlich waren den nüchternen, den Anfechtungen der Teufel tapfer trotzenden christlichen Missionaren derartige Beschwörungen der reinste Greuel. Die heidnischen «Götzen» galten schliesslich als Teufel und Unholde, und die Kräuter, die die heidnischen Zauberer und Hexen (Schamanen und weise Frauen) handhabten, waren ihnen ebenso suspekt. Das Besprechen von Pflanzen wurde verboten. So erliess zum Beispiel die angelsächsische Missionskirche diese Vorschrift: «Nicht soll man mit Zauberspruch ein Kraut besingen, sondern es mit Gottes Worten segnen und so verzehren.» (Bächtold-Stäubli VI 1987: 1711) Bussordnungen fragten peinlich genau, ob dieses Verbot gebrochen wurde. Und dennoch, wie wir schon sahen, setzte sich uraltes Brauchtum im christlichen Gewand fort. Maria tritt an die Stelle der Freya, Isis oder Diana. Petrus, der Weitgereiste, tritt an die Stelle von Wotan, dem Wanderer, oder Hermes. Christus, der den milden Sonnengott Baldur, Belenos oder Apollo ersetzte, galt nun als derjenige, der die Heilkräuter, «während er hing», erschuf und dessen Weihetat nicht vergessen werden durfte. Also wurden die Pflanzen, allerdings unter anderem Vorzeichen, weiterhin besprochen.

Viele wunderbare Sprüche zum Sammeln und Graben haben sich bis heute erhalten. Die Silberdistel oder Eberwurz wurde im Fall von «Blattern auf den Augen» in folgender Weise angesprochen:

«Eberwurz, ich spreche dich an,
Bist du Frau oder Mann.
Behalte deine Kraft und Saft,
Wie die Liebe Frau ihre Jungfernschaft.»

Die Einbeere (*Paris quadrifolius*), deren blauschwarze Frucht an eine Pestbeule erinnern soll, wurde am Tag des Pestpatrons Rochus gepflückt und während der Pestseuche ans Kruzifix im Herrgottswinkel gehängt. Das zarte Liliengewächs sollte auch Besessene und solche, die durch Hexerei «närrisch» geworden waren, heilen. Beim Sammeln dieser Giftbeere wurde folgender Spruch aufgesagt:

«Einbeere, wer hat dich gepflanzt?
Unsere Frau mit ihren fünf Fingern!
Durch all ihre Macht und Kraft
Hat sie dich hierhergebracht,
Dass ich werde gesund!»

Beim Sammeln des Gundermanns oder der Gundelrebe (*Glechoma hederacea*), einem würzig riechenden kriechenden Lippenblütler, mit welchem man eitrige Wunden und die verhexten Euter der Milchkühe heilte, heisst es schlicht:

«Gundelreben Ger [Speer]
Ich brech dich zu unser lieben Frauen Ehr
Und in der Ehr unseres lieben Herrn Jesu Christ!»

Sogar die Pilze bekommen beim Pilzsammeln einen Spruch und ein kleines Opfer. In Bayern wird der «Schwammerlpatron» wie folgt angerufen:

«Heiliger Sankt Veit
Gib uns Schwamm auf freier Weit':
Kloane Schwamm, grosse Schwamm,
All in mein Binkerl [Topf] z'samm.»

PFLANZENRITUALE FÜR HEUTE

Man könnte sich die Frage stellen, ob die archaischen Pflanzensammelrituale heutzutage überhaupt noch einen Sinn haben? Die in Reformhäusern und Apotheken zum Kauf angebotenen Heilkräuter sind schlicht Ware. Sie werden ganz prosaisch nach kommerziellen Gesichtspunkten – oft in Billiglohnländern und unter Anwendung von Pflanzenschutzmitteln – angebaut und geerntet. Das Surren und Rattern von Agrarmaschinen hat längst das Chanten von Mantren und das Singen von Zauberliedern ersetzt. Die Pflanzen selber gelten lediglich als Produzenten verschiedener Molekularkomplexe, die einer sachlichen Analyse zugänglich sind und sich in chemischer Synthese nachbauen lassen. Es sind, so scheint es, nur noch hoffnungslose Romantiker und Ausgeflippte, die sich gegen die Entmythologisierung und Entzauberung der Welt zur Wehr setzen und die noch vorgeben, an Devas zu glauben.

Aber allen «vernünftigen» Argumenten zum Trotz ist es unbestreitbar, dass mit der zunehmenden Verödung der menschlichen Seelenlandschaft auch die äussere Natur weniger bunt, vielfältig und froh geworden ist, ja, dass sie geradezu auf eine Apokalypse zusteuert. Wären wir in der Lage, die Götter und Geister, die Elfen und Zauberwesen in die Wüste, zu der unsere moderne Seele geworden ist, zurückzurufen, dann würden sicherlich auch die Wälder und Wiesen neu beseelt werden und erstarken, und die Lebensfreude würde wieder zunehmen. Es ist eine recht archaische Annahme, dass unsere Einbildungskraft, unsere Imagination, eine ganz reale Energie ist, die «Wirklichkeiten» erzeugt.

Aber wie finden wir erneut den Weg? Wie kommen wir wieder dazu, dass sich die Naturgeister und Devas wieder in unsere Seelen «einbilden» können, so dass sie erneut mit ihren Lebenskräften die Natur beseelen können?[51]

51 Der Etnobotaniker Herman de Vries (Herausgeber der Zeitschrift *Integration*, Bilwis-Verlag, Eschenau) macht darauf aufmerksam, dass es mit der Einbildungskraft etwas ganz Besonderes auf sich hat. **Bil*, das germanische Stammwort, auf das Worte wie «Bild, Gebilde, bilden, billig» usw. zurückgehen, bedeutet etwa «Wunderkraft, Wunderzeichen». Wie das *Mana* der Polynesier, das *Wakan* der Sioux oder das *Brahman* der vedischen Inder bezeichnet es die wundersame, schöpferische Kraft, die das Universum durchpulst. Der *Bilwis* galt einst – ehe er zum Unhold degradiert wurde – als ein «wundersames wissendes Wesen». *Bilsen*kraut und *Pilze* als geistbewegende, die Einbildungskraft steigernde Pflanzen gehören mit zu diesem Begriffs-

Es hat kaum Sinn, die oben beschriebenen alten Rituale einfach nachzuahmen. Der heutige Mensch ist schon durch seine übertriebene Kopflastigkeit dazu unfähig. Es fällt ihm schwer, mit den Devas zu kommunizieren, weil er im Grunde genommen kaum an sie glauben kann, auch wenn er noch so gerne möchte. Naturgeister und Devas bleiben für ihn letztlich inhaltslose gedankliche Schemen; ganz im Gegensatz dazu der «Wilde», der diese Wesenheiten noch ganz real erlebt. Der «Zivilisierte» hat gelernt, automatisch alle Phänomene, die nicht wissenschaftlich wäg- und messbar sind, aus dem Bereich der «Realität» zu verbannen. Eine verinnerlichte Zensur fängt schon auf vorbewusster Ebene an. Das erlebbare «Andere» dringt gar nicht erst ins Bewusstsein ein. Zudem überdecken und neutralisieren die Plastikbilder der Science-Fiction-, Monster- und Fantasy-Produktionen der Massenmedien schon im Vorfeld das Wahrnehmen wirklich vorhandener transsinnlicher Wesenheiten.

Wenn der moderne Kräuterenthusiast ein archaisches Ritual – wie etwa das der Cheyenne – durchführen will, dann läuft das meist auf nicht mehr als eine Art mentaler Selbstbefriedigung und narzisstischer Selbstbespiegelung hinaus. Er verliert sich leicht im Theatralischen. Er sieht sich in der Starrolle seines eigenen Films, als Superschamane oder als Pflanzenzauberer. Tausend überflüssige Gedanken lenken ihn ab, und tausend angelesene Weisheiten schwirren ihm durch den Kopf. Vom wahren Dialog mit dem Deva bleibt dann wenig übrig.

Das Erste, was der neue Pflanzenschamane lernen muss, ist das Meditieren, das Sich-Versenken in jene Bereiche, in denen Subjekt und Objekt noch nicht getrennt sind, wo die Zeit zähflüssig wird, ja, praktisch zum Stillstand kommt. In Indien weiss man es noch: Der wahre Pflanzenkundige muss ein Yogi sein! Er muss die Ewigkeit berühren können, denn in der Ewigkeit sind die Devas zuhause.

Kommunikation mit der Pflanze heisst sich Zeit nehmen, die Armbanduhr ablegen, ganz da sein. Es heisst, die alltäglichen Sorgen, Ärger und Unbehagen beiseite zu legen. Oft sind Jahre der Vorbereitung notwendig. Die keltischen Druiden zogen sich zum Beispiel bis zu vierzehn Jahre in ent legene «Waldschulen» zurück, wo sie «wie die Hirsche» unmittelbar mit der Natur lebten. Auch aus dem alten China

komplex. «Gott bildet sich in der Seele ein.» So heisst es noch bei den mittelalterlichen Mystikern. Und wie steht es mit uns modernen Zivilisierten? Sind unsere ängstlichen, lebensfeindlichen Gedanken nicht etwa dämonische Einbildungen, lauter Unbill, die auf uns und die Natur eine verheerende Wirkung haben?

wissen wir, dass Ärzte sich nach ihrer theoretischen Ausbildung zehn Jahre in die Natur zurückzogen. Hans Gerber vom Wiener Zentrum für geistige Heilweisen schreibt: «Ihre Aufgabe war es, dort die Stille zu erfahren. Wenn unsere Gedanken ruhen, vermögen wir wieder mitzufühlen mit der Aussenwelt. Eine der gewaltigsten Entdeckungen aus dieser Stille heraus waren die Energieströme im Menschen und in der Pflanze. Die Akupunkturlehre resultiert daraus.» (Holzer 1985: 257)

Die Begegnung mit dem Deva wird vor allem durch echte *Interesse* (lat. inter, «inmitten», *esse*, «sein») eingeleitet. Immer wieder, über das ganze Jahr hinweg, geht man zu jener Pflanze, die einen interessiert, anzieht oder fasziniert. Man öffnet die Sinne so weit wie nur möglich und betastet die Pflanze, zieht ihren Duft tief in die Lungen, kostet sie, bewundert ihre Farbe und Gestalt, ganz so, wie man es mit einem geliebten Menschen tun würde. Unsere fünf irdischen Sinne genügen durchaus, diese ersten Schritte der Annäherung zu tun. Zudem studiert man alles, was andere Pflanzenkenner über diese Pflanze berichten. Eventuell pflanzt man sie sich in den Garten oder in einen Blumentopf. Die Bewunderung seitens des Menschen gibt dem Deva das Signal, sich seinerseits zu nähern. Allmählich lernt man seine Sprache verstehen, und er wird zum ansprechbaren Freund.

So erging es einem mir bekannten jungen Bauern, der sich mehrere Jahre Zeit nahm, um sich dem Geist des Stechapfels zu nähern. Im Gegensatz zu manchen flippigen Hippies und selbsternannten Hexen, die leichtfertig allerlei unsinnige Selbsterprobungen mit dieser gefährlichen Pflanze anstellen und sich dabei entweder tödlich vergiften oder in einer Irrenanstalt landen, erlebte er ein wahres Wunder. Als er sich endlich entschied, einige Samen zu kauen, überkamen ihn zuerst schreckenserregende Krämpfe und heftige Bauchschmerzen. Er fasste jedoch Vertrauen und geriet nicht in Panik. Als die Schmerzen vorüber waren, klopfte es plötzlich an der Tür. Eine Gruppe gut gelaunter Wanderer bat um einen Schluck Wasser. Er freute sich über etwas Gesellschaft und lud sie ein. Er deckte sorgfältig den Tisch und bewirtete sie freundlich. Zuerst führte er interessante Gespräche mit seinen Gästen, und zuletzt sang und tanzte er mit ihnen. Nach drei Tagen kam er wieder zu sich. Er sah das Geschirr und Besteck, den Kaffee und Kuchen noch auf dem Tisch, aber alles war unberührt geblieben. Die Fremden, die da in Fleisch und Blut vor ihm gestanden waren und an deren Worte er sich klar erinnern konnte, waren Besucher aus einer anderen Dimension gewesen. Schieres Staunen überwältigte ihn.

Nicht jede Kommunikation mit einem Pflanzendeva verläuft so dramatisch wie diese – der Stechapfel ist schliesslich der Joker oder Trickster unter den Pflanzengeistern! Deswegen weihen ihn die Inder dem Shiva, denn einzig dieser vermag mit der Macht dieser Pflanze umzugehen.

Andere Devas offenbaren sich ganz anders. Eine alte Münchner Kräuterfrau berichtete mir, dass sie gerne einige Tage lang ein Kraut mit sich herumträgt. Sie beobachtet dabei ihre Stimmung und achtet auf alles, was sich in der Zeit ereignet. Das gäbe ihr Aufschluss über den Charakter des Pflanzendevas. Beim Hexenkraut (*Circaea lutetiana*), einem kleinen Nachtkerzengewächs, das in schattigen Wäldern wächst, bemerkte sie eine wonnige, «weiblich-sexuelle» Stimmung, als sie es bei sich trug. Nachtschattengewächse würde sie dagegen nie bei sich tragen, man wüsste nie, was einem dabei zustosse.

Einstimmung

Viele Pflanzenschamanen verwenden besondere Techniken oder Hilfsmittel, um sich auf die Begegnung mit dem Deva vorzubereiten oder einzustimmen.

1. *Nahrung und Diät*: In einem gewissen Sinn ist es durchaus berechtigt zu sagen, «der Mensch ist, was er isst». Es bestehen Zusammenhänge zwischen Bewusstseinszuständen und Lebensgefühl einerseits und den Nahrungsmitteln andererseits. Das wussten die antiken Mysterienschulen, wie die Pythagoräer, die Fleisch und Hülsenfrüchte mieden, um einen ganz bestimmten Bewusstseinszustand beizubehalten; das wissen auch moderne Sekten und Religionsgemeinschaften, die oft eine ganz spezifische Diät vorschreiben. Ganz allgemein gesagt binden Fleischgerichte den Geist fester an den Körper und an die Emotionen (Astralität); vegetarische Ernährung hilft dagegen, sich dem Spirituellen gegenüber zu öffnen. Orientiert man sich an den traditionellen Ernährungsgewohnheiten der Vorfahren, so kommt man leichter mit den Ahnen in Verbindung. Isst man, was die Jahreszeit hervorbringt und was unmittelbar in der natürlichen Umwelt wächst, so entsteht unversehens eine intimere Beziehung zu den lokalen Naturgeistern. Isst man dagegen hauptsächlich Import- und Kolonialware, dann erweitert sich das Bewusstsein horizontal; man entwickelt weltmännische Weitsicht, aber kaum mystische Tiefe. (Storl 1987: 64)

Die Schamanen nehmen im allgemeinen viel «wilde Nahrung», Wurzeln, Grünzeug, Wildbeeren, und wenig Kulturspeisen zu sich. Einige Schamanen und indische Sadhus essen fast nur das, was sie Tag für Tag in der freien Natur finden – oft verzichten sie sogar auf das Kochen und Würzen dieser Wildpflanzen. Mittels dieser Ernährungsgewohnheiten kann sich der Schamane leichter auf die natürliche Umwelt und ihren geistigen Hintergrund einstimmen. Wildpflanzen, die unter natürlichen Bedingungen wachsen, sind empfindlicher und offener gegenüber den stellaren, makrokosmischen Einflüssen. Das haben zahlreiche Studien der Biodynamiker eindeutig beweisen können. (De Vries 1989: XXVI) Die Pflanzen bauen die aus dem Kosmos einströmenden ordnenden Kräfte in ihre Zellen und ihre Gewebe ein und vermitteln sie dann weiter an jene, die sie als Nahrung verzehren. Die Überlegenheit der wildwachsenden essbaren Pflanzen schlägt sich sogar materiell in der Analyse ihrer Inhaltsstoffe nieder. Vergleichende Untersuchungen ergaben, dass der Nährwert der Wildpflanzen meist weit über dem der Kulturpflanzen liegt. Wildpflanzen enthalten durchschnittlich 7,9 Prozent weniger Wasser, dafür aber höhere Eiweiss-, Provitamin-A- und Mineralstoffmengen. (Franke 1990) Diese «wilde» Diät bringt den Schamanen auf eine höhere Schwingungsebene und erleichtert ihm den Zugang zu den Devas.

Neben einer Diät, die die engen Grenzen der vorgegebenen Kulturmuster sprengt, die kulinarisch sozusagen über den Zaun der Zivilisation hinausgeht, achtet der Schamane auch auf das, was er trinkt und sonst zu sich nimmt. Bei den Schamanenanwärtern der Amazonasindianer ist eine Diät aus Fisch und gekochten Plantanen/Gemüsebananen obligatorisch; Salz, Zucker, Alkohol und Schweinefleisch sind tabu. Auch mein Lehrer Arthur Hermes, der mit den Devas reden konnte, mied konsequent jeden Alkohol. Und die Wildkräuter, die er sich kochte, durften auf keinen Fall gesalzen werden. Dafür aber trank er Unmengen «Gift», wie er den Kaffee nannte. Er trank ihn «so schwarz wie die Seele und so heiss wie die Hölle». Ähnlich der Vater von Maurice Mességué: Der alte Kräuterkundige «roch nie nach Schweiss, Schmutz, Tabak oder Wein, er duftete nach Lavendel! Er trank Kaffee, viel sogar, und – ein unvorstellbarer Gedanke – er trank Pfefferminztee (...) Ich habe ihn nie ein Glas Wein trinken sehen, nie war er betrunken. Man hielt ihn für einen Verrückten. ‹Camille trinkt Wasser!› Das klang sehr verächtlich. – Und das in der Gascogne, wo den Kindern nach der Taufe ein Tropfen Branntwein auf die Zunge getröpfelt wird und wo Leberverhärtung die häufigste Todesursache ist.» (Mességué 1988: 7)

Andere Schamanen dagegen trinken viel und rauchen viel Tabak, «weil die Geister es befehlen» oder, wie der Schweizer Sensitive Michelle Philippa angibt, «damit die Geister mich nicht überwältigen». Im Grunde genommen gibt es bezüglich Diät und Genussmittel kaum allgemeingültige Regeln. Oft sind es eben die Geister und die Pflanzendevas selber, die dem Schamanen eine Diät und andere Verhaltensvorschriften auferlegen.

Noch etwas: Viele Schamanen und Medizinleute *fasten* eine bestimmte Zeit, ehe sie versuchen, mit dem Pflanzengeist Kontakt aufzunehmen.

2. *Bäder und Räucherungen*: Vor der Begegnung mit dem Pflanzengeist kriechen indianische Medizinleute wieder in den Schoss der Mutter Erde zurück, aus dem alles geboren wurde. Dort, in der Schwitzhütte, schwitzen sie alle angesammelten Unreinheiten heraus. Einen ähnlichen Zweck erfüllt die Sauna im Norden Eurasiens. Andere Kräuterkundige wiederum räuchern ihren Körper mit diversem Räucherwerk; Wacholder und «die Älteste der Würze», der Beifuss, sind dafür besonders geeignet.

Ehe er sich aufmachte, die Blüten für seine Präparate zu sammeln, versetzte sich Edward Bach in eine meditative Stimmung, nahm ein Bad und legte frische Kleidung an. Auch ich stimme mich gerne mit einem Wildkräuterbad ein, wenn ich mich mit Pflanzen beschäftige. Dazu werden Kamille, Baldrian, Schafgarbe, Heublumen, Holunderblüten und andere Kräuter mit heissem Wasser überbrüht und dem Bad zugesetzt. Ein solches Bad beruhigt und hilft, die eigene Schwingung auf ein pflanzliches Niveau zu bringen.

3. *Kleidung*: Zur meditativen Einstimmung hilft es sehr, barfuss zu den Pflanzen zu gehen. Die Kleidung soll leicht und nicht drückend sein. Auf jedem Fall sollte sie nicht aus Kunststoff bestehen, denn diese blockiert und verändert die Schwingungen. Am besten eignen sich die leichten, naturgefärbten indischen Baumwollstoffe oder auch Hanfstoffe.

Ein mit mir befreundeter Krähenindianer (Absarokee) trug zu diesem Zweck einen «Medizinhut» mit zwei Büffelhörnern, und mein Nachbar, ein «Wurzelsepp», steckt sich Federn, Blumen und andere magische Gegenstände an seinen grünen Tirolerhut. Die meisten echten Kräuterschamanen, wie etwa Herman de Vries, schneiden sich niemals die Haare und scheren sich nicht den Bart. Kräuterschamaninnen öffnen ihre Zöpfe und lassen das Haar frei herunter, wenn sie zu den Pflanzengeistern gehen. Einige Schamanen kämmen sich nicht einmal, sondern lassen die Haare verfilzen, wie es die Sadhus und Rastafaris tun. Die Haare wirken tatsächlich so wie Antennen: Sie nehmen Schwingungen aus ätherischen Bereichen auf. Diese Schwingungen können verstärkt oder amplifiziert werden, indem man sich Federn oder ein Zweiglein seines pflanzlichen «Verbündeten» oder «Lehrmeisters» ins Haar oder hinter die Ohren steckt.

Ebensowenig wie Kunststoff sollte man Metall bei sich tragen – mit Ausnahme von Kupfer oder Gold. (Theoretisch sollte man sich sogar das Amalgam aus den Zähnen nehmen lassen.)

4. *Geistbewegende, bewusstseinserweiternde Hilfsmittel*: Indische Schamanen rauchen zur Vorbereitung auf das Sammelritual gerne die harzigen Blütenrispen der weiblichen Hanfpflanze (*Cannabis indica*), um sich zu zentrieren und den Geistern gegenüber zu öffnen. Gelegentlich geben sie eine Prise Stechapfelblätter hinzu, welche dem Hanf das Träumerische nehmen und zugleich die Devas schärfer ins Bewusstsein treten lassen. Hans Peter Duerr, Professor für Ethnologie an der Universität Bremen, hat im Zusammenhang mit seiner Erforschung des Hexenphänomens und der Hexenpflanzen diese Methode mit Cannabis selbst ausprobiert. In einem Interview mit Wolfgang Bauer und Michael Mandel berichtet er: «Ich hatte gelesen, dass die Indianer vorher mit diesen Pflanzen, aus denen sie Drogen gewinnen, Kontakt aufnehmen und darauf warten, dass die Pflanze sie akzeptiert. Und das habe ich selbst versucht, habe also diese Tollkirsche gefunden und habe mir Joints gemacht, habe sie geraucht unter der Pflanze und habe halt gewartet, was für *vibrations* von ihr kommen.» (Bauer/Duerr/Mandel 1991: 12) Mit der Tollkirsche war das Resultat für Prof. Duerr positiv, beim Bilsenkraut jedoch «war auch Kontakt da, aber es war ein negativer, ja wir konnten irgendwie keine Einheit herstellen, und ich wollte mich auch nicht näher auf sie einlassen, weil sie mir zu gefährlich erschien».

Als Meditationshilfe wird in Südasien auch gerne ein Aufguss des Asiatischen Wassernabelkrauts (*Hydrocotyl asiatica*, syn. *Centella asiatica*) getrunken.[52] Das kriechende Kräutlein, dessen Habitus und Aussehen

52 In den USA ist *Hydrocotyl asiatica* unter dem Namen «Gota Kola» als Verjüngungsmittel, in Deutschland unter der Bezeichnung «Tigerkraut» als Blutreinigungsmittel in den Apotheken erhältlich.

an den Gundermann erinnert, wird in Hindi als *Buddhbramani* («Erkenntnis des *Brahman*, des allumfassenden Göttlichen») bezeichnet und gilt als die pflanzliche Verkörperung von *Sarasvati*, der Göttin der Weisheit. Nach indischer Auffassung hilft das Kraut durch seine spirituelle (*sattvic*) Wirkung, das Kronenchakra zu öffnen. Die Ayurveda verwendet das Pflänzchen als Lepramittel, Verjüngungselixier und Nerventonikum. (Storl 1995: 267)

Auch aus Afrika und vor allem aus dem tropischen Amerika sind eine grosse Zahl solcher meditationsfördernder Pflanzen überliefert, die anderswo eingehend beschrieben werden (Rätsch 1988, 1991; Hofmann/Schultes 1980). Vor allem die Totenliane (*Banisteriopsis caapi*) aus der *Ayahuasca* hergestellt wird, hilft den indianischen *Vegetalistas*, mit den Naturgeistern zu kommunizieren und zu den Toten und den Baumgeistern zu reisen.[53]

Wie auch immer man sich vorbereitet, die archaischen Regeln haben noch immer ihre Gültigkeit: Man geht vor Sonnenaufgang und kehrt das Gesicht nach Osten. Man öffnet die Seele und gleicht die eigenen Schwingungen denen der Pflanze an. Ist der Kontakt hergestellt, überkommt einen allmählich ein Schauer der Wonne, der Geistesklarheit und Liebe.

Was noch zu beachten ist

Hat man schliesslich Kontakt mit dem Deva hergestellt, ihm mitgeteilt, warum und wozu man gekommen ist, dann kann man getrost mit dem Ernten beginnen. Es sollte selbstverständlich sein, dass man nur das nimmt, was man wirklich braucht. Das rücksichtslose Raffen ist das Verhalten von Dieben und Dämonen. Kommerzielle Ausbeutung hat viele wildwachsende Heilpflanzen nahezu ausgerottet. Zum Beispiel den amerikanischen Ginseng (*Panax quinquefolius*), der von armen Hin-

53 Die botanischen Kenntnisse der Amazonasindianer sind derart hochentwickelt, dass es westlichen Wissenschaftlern erst innerhalb der letzten zwanzig Jahre gelang, die ausgeklügelte synergistische Wirkung des Ayahuasca-Gebräus zu verstehen. Der psychedelische Trunk, mit dessen Hilfe die Indianer mit den Göttern kommunizieren, besteht aus verschiedenen DMT-haltigen Pflanzen. DMT (N,N Dimethyl-Tryptamin), ein Neurotransmitter, ermöglicht den Durchbruch des Geistes in jenseitige Dimensionen. DMT gelangt ins Blut, wird aber durch die enzymatische Wirkung der Monoamino-Oxydase (MAO) abgebaut, ehe es ins Hirn gelangt. Um den Abbau zu verhindern, muss das Enzym durch einen MAO-Hemmer neutralisiert werden. Der Saft der *Banisteriopsis*-Winde enthält einen solchen MAO-Hemmer.

terwäldlern gesammelt und tonnenweise – allein im Jahr 1989 in einer Menge von 102 000 kg – nach Asien ausgeführt wird, um die Handelsbilanz der USA aufzubessern. (Foster/Congxi 1992: 110)

Viele Kräuterheiler – auch Paracelsus und Edward Bach – weigerten sich glattweg, die Heilpflanzen zu verkaufen. Sie überliessen es dem Patienten, selbst zu entscheiden, was er dafür geben wollte. Die Apotheke Gottes ist für alle da. Sie ist das Geschenk kosmischer Liebe, die Medizin Gaias, die so enig wie nur möglich kommerzialisiert werden sollte.

Wie viele Heilkräuter brauchen wir eigentlich? Um das zu ermessen, muss man die eigenen gesundheitlichen Schwachpunkte und die des unmittelbaren Freundes- und Familienkreises kennen. Hat jemand eine schwache Niere, dann sammelt er etwas mehr Goldrute (*Solidago*). Liegen Leberprobleme vor, dann legt man sich einen Vorrat an Wegwartentee oder Löwenzahnwurzeln zu. Für Oma und Opa sammelt man genügend Schachtelhalm. Viele Heilkräuter wie Kamille und Ringelblume sät man im Garten aus.

Man sammelt die Kräuter zur optimalen Zeit und etwa so viel, wie man in einem Jahr für Aufgüsse und Salben ungefähr braucht. Nur in Ausnahmefällen nehmen wir seltene Pflanzen; die gewöhnlichen «Unkräuter», die überall wachsen – Brennessel, Wegerich, Huflattich, Kamille, Johanniskraut, Schöllkraut, Günsel – tun es nämlich auch. Sie sind mitunter die besten Heilpflanzen. Der schier unglaubliche Erfolg des schlichten, unkomplizierten Kräuterbüchleins der Maria Treben beruht auf der Tatsache, dass sie sich weniger um exotische und seltene Pflanzen kümmert als um solche, die praktisch vor jeder Haustür wachsen. Eigentlich, so die begnadete Kräuterfrau, genügen sieben oder acht gewöhnliche Pflanzen, um praktisch alle Leiden zu kurieren.

Wie viele echte Freunde haben wir, Menschen, die wir wirklich kennen und denen wir völlig vertrauen? Sie lassen sich an den Fingern einer Hand abzählen. So ist es auch mit den Pflanzen. Es ist eher schwierig, mehr als ein Dutzend durch und durch zu kennen und ganz sicher mit ihnen umzugehen. Die besten Kräuterheiler arbeiten daher mit nur einer Handvoll Heilpflanzen, auch wenn sie sonst sehr viele Arten zusätzlich zu Hilfe nehmen. Es heisst:

«Dreierlei Kräuter
Still mir mei Häuter
Still mir mei Blut
Dass mir's nit so weh tut!»

Dem Erzmeister der Heilkunde, dem Schamanengott Odin, genügen neun Kräuter, um die «Würmer» zu besiegen. Neun ist selbstverständlich eine magisch-mystische Zahl ebenso wie die Vier der Indianer oder die Sieben der Sumerer. Der Medizinmann Tallbull nimmt bei Heilritualen vier Zweige zur Hand. Als Richtlinie, nicht nur um den unkontrollierten Sammeltrieb einzuschränken, sondern um die Geister nicht zu verärgern, rät er, nie mehr als vier Arten pro Sammelausflug zu sammeln.

Die getrockneten Heilkräuter verlieren im Laufe des Jahres an Qualität und sollten alljährlich erneuert werden. Das vom Vorjahr übriggebliebene Pflanzenmaterial wirft man nicht einfach weg. Es eignet sich noch vorzüglich als Badezusatz. Bei den Navaho werden die verbrauchten Wurzelreste und ausgelaugten Blätter mit einem Dankgebet in der Erde vergraben. Wir tun Ähnliches, wenn wir sie dem Kompost übergeben, anstatt sie lieblos in den Müll zu werfen. Wir können den Kompost als Altar der Hekate oder Kali, der Göttin der Zerstörung, auffassen. Alles nimmt sie wieder zu sich, zersetzt, zerstört und verwandelt, was verbraucht ist, und führt es erneut dem Leben zu.

PFLANZEN, DIE MENSCHLICHE GESTALT ANNEHMEN

Unsichtbar und ungebunden «umschwebt» die bewusste, fühlende Geistseele der Art die individuellen Pflanzen. Und gerade weil sie frei ist, kann sie beliebig in andere Lebewesen und Dinge hineinschlüpfen. Zum einen kann sie Zugang zur Psyche des Menschen finden und sich dessen innere Bilder, Erinnerungen und Vorstellungen dienlich machen. Ebenso kann sich der Deva in äussere Natur- oder Kunstgegenstände hineinprojizieren, sie sozusagen animieren und durch sie hindurch sprechen. Er kann geeignete Statuen, Götterbilder, Zeichnungen und dergleichen beseelen und sich darin kundtun.

Pflanzendevas können auch vorübergehend Tiere – vornehmlich Schmetterlinge und Vögel – «reiten», die sich dann «zufällig» bei der Pflanzenmeditation oder beim Sammelritual zeigen. Solche Auspizien weiss der in Sagen und Märchen bewanderte Schamane durchaus zu deuten. Er versteht sie als Zeichen, als Omen.

Ganz unerwartet kann die freischwebende Geistseele der Pflanze sogar banale technische Geräte, wie etwa den Rundfunkempfänger oder den Bildschirm, benutzen, um eine Mitteilung zu machen. So berichtet Maria Treben, wie ihr Mann zufällig das Radio anschaltete und wie sie dadurch unverhofft eine wichtige Botschaft von der Magenwurz (*Acorus calamus*) – dem Kalmusdeva – erhielt. (Treben 1986: 28) Und wem ist es noch nicht passiert, dass er eine ihm unbekannte, faszinierende Pflanze entdeckt hat, und dann, als hätte jemand seine Frage vernommen, stösst er kurz darauf beim Durchblättern eines Buches, beim Tratschen mit dem Nachbarn oder sonstwie unverhofft auf dieselbe Pflanze, erfährt ihren Namen und ihre Eigenschaften.

Gelegentlich manifestiert sich der Pflanzendeva sogar in einem Menschen, schlüpft in ihn hinein, spricht und wirkt durch ihn. Ob er sich dessen bewusst ist oder nicht, dieser Mensch ist ein Medium des Pflanzendevas. War nicht Sir Walter Raleigh, der die Tabakpfeife in England einführte, ein Medium des *Nicotiana*devas?

Auf seine Bemühungen geht es zurück, dass riesige Flächen des amerikanischen Urwalds zum Anbau dieser Giftpflanze gerodet wurden und Hunderttausende von Menschen versklavt wurden, um auf den Tabakfeldern zu arbeiten. Wirkte der Erdnussdeva nicht durch den Chemiker George Washington Carver? Dieser Nachkomme schwarzer

Plantagensklaven «erfand» die Erdnuss, die gesalzene, geröstete Knabbernuss, das Erdnussöl, die Erdnussbutter und Hunderte von anderen Erdnussprodukten. Zuvor hatte man sie nur als Schweinefutter genutzt. Carver gab den Anstoss, die arg ausgelaugten Böden der ehemaligen Baumwollplantagen der Südstaaten mit dieser Leguminose zu begrünen. Bemächtigte sich der Wermutdeva (*Artemisia absinthium*) nicht einer ganzen Generation von Avantgarde-Künstlern, wie Manet, Degas, van Gogh oder Toulouse-Lautrec, die sich dem bitteren, grünen Absinth-Likör – einem Nervengift – hingaben und uns dadurch in ungewöhnliche Farbenwelten blicken liessen? Und ist vielleicht Mahatma Gandhis Lehre des gewaltlosen Widerstands ein Geschenk des Schlangenholzdevas (*Rauvolfia serpentina*). Jeden Abend genoss der Friedensapostel eine Tasse des beruhigenden, blutdrucksenkenden Tees. Reserpin, das Hauptalkaloid der Schlangenholzwurzel, wird heutzutage bei Erkrankungen des Zentralnervensystems eingesetzt, die mit Angst- und Spannungszuständen sowie Aggressivität verbunden sind. (Ennet 1990: 264)

Von Konfuzius, dem grossen Tugendlehrer der Chinesen, wird berichtet, dass er keine Speise zu sich nahm, ohne sie mit Ingwer (*Zingiber officinale*) zu würzen. (Fazzioli 1989: 16) Auf seinen vielen Reisen ass er ständig kandierte Ingwerwurzeln, um die Strapazen besser zu bestehen. Das Ingwergewürz hält nach chinesischer Auffassung die Harmonie zwischen Ying und Yang im Magen wie im Gemüt aufrecht. Der Duft ingwergewürzter Speisen ist noch heute im Reich der Mitte ebenso allgegenwärtig wie die Weisheitssprüche dieses Lehrers. Könnte es nicht sein, dass der Ingwerdeva noch mehr als der Ginsengdeva die chinesische Kultur geprägt hat und sich in Konfuzius einen Vermittler seiner Botschaft der Tugend und Harmonie auserkor?

Seit einigen Jahren verbreitet sich in Europa ein wilder Eindringling aus dem Kaukasus. In Osteuropa hat er schon ganze Dörfer umzingelt, so dass die Mütter Angst haben, ihre Kinder im Freien spielen zu lassen. Es ist der Riesenbärenklau (*Heracleum mantegazzianum*), der vielen wie ein als Pflanze getarnter ausserirdischer Eroberer vorkommt. Naturpuristen hassen ihn, da er einheimische Kräuter aus Wiesen und Auen verdrängt. Die blosse Berührung mit dem über drei Meter hohen Gewächs erzeugt juckende Blasen, Verätzungen, die erst nach Wochen verheilen. Eine «Bürgerinitiative für Bärenklau-Bekämpfung» versucht inzwischen, die «Horrorpflanze» mit Sense, Gift und Flammenwerfer zu stoppen. Doch der Riesenbärenklau hält sie zum Narren: Herbizide tun ihm kaum etwas, und die abgeschnittene Pflanze keimt bald wieder auf. Doch das aussergewöhnliche Gewächs hat nicht nur Feinde. Der visionäre Schweizer Maler Fred Weidmann hat seine Seele dem Riesenbärenklau geöffnet. Er hat hineingesehen in die Welten, die dieser Deva eröffnet, und bringt uns seine Botschaft nahe, indem er sie auf die Leinwand bannt: Geister, Übersinnliche, Extraterrestre besiedeln die Blätter der Pflanze und kommunizieren mit uns, wenn wir es wagen, die Pflanze mit liebevollen Blicken anzusehen. Ein ganzes Œuvre hat er dem Exoten gewidmet. Er liebt die Pflanze und darf sie sogar ungestraft – ohne dass er eine Dermatitis bekommt – berühren.

Vom Pflanzendeva besessen

Dass sich Pflanzen eines Menschen bemächtigen können, lässt sich besonders leicht bei den sogenannten Drogen beobachten. In der Persönlichkeit eines leidenschaftlichen Kaffeetrinkers, wie etwa Johann Sebastian Bach, lässt sich die Wirkung des *Coffea*devas leicht erkennen. Lust am Diskutieren und Zerebralisieren und eine wache, nervöse Energie ist Ausdruck dieses Deva.

Die geniale Spitzfindigkeit, die gewagten Schlussfolgerungen und das Vermögen, obskure Zusammenhänge in Sachen Eros und Psyche zu

Koka-Geist

erspüren, welche die Freudsche Psychoanalyse charakterisiert, verraten die Handschrift des Kokadeva (*Erythroxylon coca*). Die Indios der Anden, die schon seit einigen Jahrtausenden Kokablätter gegen Müdigkeit und Hunger kauen, imaginierten den Kokadeva als eine wunderschöne, faszinierende, aber bösartige Frau, der es grosses Vergnügen macht, Männer ins Verderben zu stürzen. Sigmund Freud machte Bekanntschaft mit dieser *Femme fatale*, als er im April 1884 das erste Mal Kokain schnupfte. Sie schenkte ihm geistige Brillanz, und als enthusiastischer Apostel dankte er ihr, indem er in mehreren Artikeln die Vorzüge der Droge anpries.

Der habituelle Marihuanaraucher, der Freund des *Cannabis*deva, bietet dagegen ein ganz anderes Erscheinungsbild: Dieser Deva beschleunigt die karmische Entwicklung des Menschen und bringt die inhärenten (positiven oder negativen) charakterlichen Tendenzen zum Vorschein. Der Deva unterstützt eine eher entspannte, anarchistische, kreative Lebensweise und ein zwangsloses Verhältnis zu den Regeln der bürgerlichen Gesellschaft.

Wer sich gewohnheitsmässig den Rauch der Tabakblätter in die Lungen zieht, wird zum Sklaven des *Nicotiana*deva. Die Energien des Tabakwesens ähneln in ihrer Wirkung auf den menschlichen Organismus einer Adrenalin-Reaktion auf stressvolle Situationen. Es ist das Kraut der Macher. Ähnlich wie südamerikanische Indianer, die Tabaksaft tranken, um sich auf die Kopfjagd vorzubereiten, bedient sich der Tabakraucher des Giftkrauts, um mit Spannungs- und Aggressionsmomenten im täglichen Leben leichter fertig zu werden.

Wird die menschliche Persönlichkeit vollends vom Pflanzendeva überrumpelt, dann kann es zur Abhängigkeit und zum Suchtverhalten kommen, das eventuell bis in den Tod führt. Das ist vor allem dort der Fall, wo die modernen Alchemisten der Pharmaindustrie den gehörigen Respekt vor dem pflanzlichen Geistwesen verloren haben. Sie isolieren, raffinieren und potenzieren die Wirkstoffe, wobei die natürlichen biologischen Puffer wegfallen. Derartige Laborprodukte, wie Kokain, Heroin oder Digitoxin zum Beispiel, überwältigen den menschlichen Organismus und die Psyche viel eher als die reine *Materia botanica*: Das Alkaloid Kokain ist tausendmal gefährlicher als das von den Indios gekaute frische Kokablatt; das Heroin ist unvergleichlich schädlicher als der beruhigende Milchsaft des Mohns; das Digitoxin ist riskanter als das bei Herzschwäche aufgebrühte Fingerhutblatt (*Digitalis purpurea*). (Weil 1988: 128)

«Der Siegeszug einer Pflanze durch die menschliche Psyche» (Jünger 1990: 42) wird von manchen Denkern als ernsthaftes Problem aufgefasst. Ein Hauptanliegen Rudolf Steiners war es, den Menschen gegen die Überrumpelung durch den Deva zu feien. Der Kaffee etwa sollte nicht *im* Menschen denken oder sich seines Denkens bemächtigen, sondern er sollte dem Menschen dienen, dem menschlichen Willen untertan sein. Nicht als Sklave oder Medium einer Pflanzenpersönlichkeit, sondern als ihr freier Mitarbeiter und Freund sei der Mensch bestimmt.

Es kann aber auch sein, dass ein Mensch seine Identifizierung mit seinem beschränkten, zeitlich gebundenen Ego überwunden hat und dabei so «leer» wird, dass er zum Gefäss oder Sprachrohr hoher geistiger Wesenheiten – auch Pflanzendevas – werden kann. Das ist etwas anderes, als von einem Pflanzengeist besessen zu sein. Er verhält sich anders als einer, der noch in die Weltlichkeit und in egoistische Leidenschaften verstrickt ist und dabei als Süchtiger von der Pflanze abhängig wird. Ein freies Verhältnis zum Pflanzendeva unterhält zum Beispiel der Sadhu, der jahrelang unter einem Pipal-Baum sitzt, seine Inspiration daraus zieht und dadurch für alle im Dorf zum Segen wird. Oder es ist ein Dichter, wie Novalis oder Coleridge, den der sonst so gefährliche Mohndeva zum künstlerischen Schaffen inspiriert. Oder es ist eine Familie Heilkundiger, die oft über Generationen hinweg mit einem Deva verbunden ist – wie die Mességués und mit dem Schöllkrautdeva –, der ihnen die richtigen Gedanken und Inspirationen zukommen lässt.

Menschliche Verkörperungen

Die letzte Blüte, die sich dem Entdecker der Blütenessenzen Edward Bach offenbarte, war der hellgelb blühende wilde Senf (*Sinapis arvensis*). Die schwefelölhaltige Pflanze, die dem in Melancholie und Schwermut versunkenen menschlichen Gemüt wieder die Kraft gibt, sich mit dem inneren Licht zu verbinden, ist das leuchtende Diadem, das das Werk dieses Meisters krönt. Gerade als ich das Kapitel über diesen Kreuzblütler im Buch «Die Seelenpflanzen des Edward Bach» ausarbeitete, erschien ein hochgewachsener, strohblonder junger Mann auf Besuch. Zu jeder Mahlzeit strich er sich Senf aufs Brot, als sei es Marmelade. Schon seine Vorfahren seien Senf- und Rapszüchter gewesen. Der Persönlichkeitstypus, den Bach als «Mustard-Persönlichkeit» beschreibt, traf ganz auf den Besucher zu. Ihn als Träger oder wenigstens als vorübergehende «Verkörperung» des Senfdeva zu sehen, dürfte kein allzu gewagter Sprung sein.

Wenn nun die Chinesen behaupten, dass sich der vom Orion herabsteigende Ginsenggeist dem Wurzelsammler in der Gestalt einer bezaubernd schönen jungen Frau zeigen kann, ja, dass er diese Frau sinnlich lieben und sogar Kinder mit ihr zeugen kann, dann kann das durchaus als bare Münze genommen werden. Vielleicht ist es eine Bauerntochter oder eine Hirtin, die zufällig des Weges kommt. Sie ist so rein und unkompliziert, dass sich der Ginsengdeva in ihr «verkörpern» kann. Sie lächelt den Wurzelsammler, der gerade sein Ritual ausgeführt hat, freundlich an. Der durch Fasten und Abstinenz sensibilisierte Wurzelgräber wird sie erkennen als das, was sie ist.

Wenn man sich einer Pflanze gegenüber öffnet, dann sollte man auf derartige Erscheinungszusammenhänge achten. Es ist wichtig, dass die Sinne klar bleiben und die eigenen Vorstellungen und Gedanken einem nicht im Wege stehen. Man darf sich bei der Begegnung mit einem Pflanzendeva ohne weiteres auf Wunder gefasst machen!

Mit solchen, für uns sicherlich ungewöhnlichen Gedankengängen waren alle traditionellen Völker vertraut. In schamanistischen Séancen konnte man erleben, wie sich der Wolfs-, Bären- oder Adlergeist im Schamanen manifestierte und durch ihn sprach. Der Schamane selbst konnte in der Gestalt seines animalischen Verwandten durch die Wälder streifen oder durch die Lüfte fliegen. Und wozu auch immer die Tiergeister fähig sind, dazu sind auch die Pflanzengeister fähig. Der «Häuptling» einer Pflanzenart kann sich dem Schamanen als innere Vision oder auch in äusserer Gestalt mitteilen. Einst zog der *Vitus*-Deva, der Geist der Weinrebe, in der Gestalt eines fröhlichen, eher verweichlichten, dicklichen Jünglings (*Bacchus*) durch die antike Welt und verwirrte ganze Völker. Die Brotfrucht (*Artocarpus*) lebte als ein Mann namens Ulu unter den Hawaiianern; der Maniok (*Cassava*) erscheint immer wieder in Menschengestalt bei den Tupi-Indianern und wird rituell geopfert; der Mais lebte als Tochter einfacher Leute unter den Waldlandindianern und, wie wir schon sahen, war das Christophskraut der erste Schamane der Cheyenne.

Falls die aufdringlichen Touristenkameras sie nicht eingeschüchtert haben, versammeln sich noch immer alljährlich im Februar die Frauen in den keralesischen Dörfern auf dem Dorfplatz, um den Segen des Reisdevas zu empfangen. Jede Frau bringt ihren Reiskessel mit, facht ein Feuer an und kocht Reis. Plötzlich springt ein ekstatischer Priester, zwei frische grüne Reisbüschel in der Hand, aus dem Tempel hervor und umtanzt die vielen brodelnden Kessel. Beim Tanzen taucht er die Büschel tief in jeden einzelnen der Töpfe und spritzt das kochende Wasser über seinen entblössten Körper. Während des Auftritts ist der junge Priester kein Mensch, sondern der Reisdeva selbst. Nach dem Tanz muss der dampfende Körper des Tänzers gefächelt und mit Wassergüssen abgekühlt werden, erst dann gibt ihn der Reisdeva wieder frei.

In den Legenden sind es vor allem die Devas der Nutz-, Heil- und Nahrungspflanzen, die sich Menschenmütter suchen und als magische Menschen geboren werden. Sie offenbaren dem Volk, unter dem sie leben, den Nutzen der Pflanze, ehe sie wieder in die übersinnliche Welt zurückkehren. Für den Positivisten stellen solche Geschichten bestenfalls verbrämte Erinnerungen an jene erfinderischen, genialen Individuen dar, die den Nutzen der Pflanze zuerst entdeckten. Kulturanthropologen sprechen von «Kulturheroen». Für die Eingeborenen sind es aber die Pflanzengottheiten selber, die sich da inkarnieren.

Pflanzengeistmedizin

Eine Frau erzählte mir, sie brauche die Bach-Blütenessenzen gar nicht einmal einzunehmen, sie halte die Flasche lediglich in der Hand, und schon spüre sie die Kraft der Pflanze und ihr Leiden verschwinde. Jemand anders wiederum erklärte mir, dass er weder Kräutertees noch -tinkturen oder -salben benutze, wenn er erkrankt sei. Plagt ihn zum Beispiel die Leber, dann befreit er seinen Geist von überflüssigen Gedanken und konzentriert sich auf die Mariendistel (*Silybum marianum*). Nicht etwa *Silymarin*, das leberwirksame Gemisch verschiedener Flavonolignane, sondern die spirituellen Energien des Pflanzendevas lassen den Leberdruck abklingen. Ist die Blase entzündet, dann nimmt er geistigen Kontakt mit der Bärentraube (*Arctostaphylos*) auf: Nicht das Hydrochinonmonoglykosid *Arbutin* des Bärentraubenblättertees, sondern die Visualisierung der Pflanze bringt die erwünschte Heilung.

Wir haben es in diesen Fällen mit einer Art Geistheilung zu tun, wobei der Geist der Pflanze zu Hilfe gerufen wird. In Kalifornien, wo die materialistische Medizin ihre grössten Triumphe feiert und zugleich ihre schlimmsten Pannen erlebt, kommt diese sogenannte *Pflanzengeistmedizin* immer mehr *en vogue*. Pflanzengeistheiler wie Eliot Cowan versuchen, mittels schamanistischer Techniken (Trommeln zur Tranceinduzierung, Einbeziehung von pflanzlichen «Verbündeten»), mit den entsprechenden Devas Kontakt aufzunehmen und die heilenden Kräfte den Patienten zuzuchanneln. Cowan bedient sich des Modells der Traumzeit der australischen Ureinwohner: Die Natur wird von den Göttern geträumt. «Genauso wie die Steine vom Steingott und der Regen vom Regengott erträumt werden, so wird jede Pflanze von dem Gott oder Geist der Spezies ins Dasein geträumt.» (Cowan 1994: 68) Mit dem Pflanzengeist zu kommunizieren bedeutet, den Traum der Pflanze aufzusuchen und darin zu agieren. Für eine Patientin, deren Unfähigkeit zu trauern sich als Infektionsanfälligkeit auf die Lunge niederschlug, sucht er eine Pflanze aus, «die von innerer Stärke, innerem Wert und eigener Würde träumt. Ich bitte den Gott dieser Pflanze, meine Patientin in seinen Traum mit einzuschliessen. Sofort stellt die Patientin ein Gefühl des Friedens fest (...) Ohne zu wissen warum, bricht sie in Tränen aus (...) nach zwei Tagen ist ihre Atemwegsinfektion verschwunden.» (Cowan 1994: 68)

Heilen durch direkte Verbindung mit den Pflanzendevas ist Teil schamanistischer Tradition. Oft sagen die Pflanzengeister dem tibeta-

Bacchus

nischen Arzt, welche Heilpflanze er benutzen soll, während er auf dem Weg zum Patienten ist und diesen noch gar nicht untersucht hat. Wenn bei den Cherokee jemand schwer erkrankt, dann kommt es vor, dass der Medizinman in den Wald geht, wo er vier Tage verbringt, ohne Nahrung zu sich zu nehmen. «In dieser Zeit sucht er Pflanzen, die für den Kranken heilsam sind, pflückt diese aber nicht, sondern kauert sich neben sie, spricht zu ihnen und erbittet ihre Hilfe. Dann kehrt er am Morgen des fünften Tages zum Patienten zurück und findet diesen gesund vor.» (Holzer 1985: 257)

Mit den Engeln ringen

Einst, vor vielen Jahren, als die Menschen arm waren und oft nicht genug zu essen hatten, begab sich ein junger Mann auf Visionssuche. Er hoffte, dass die Götter ihn segnen würden. Sein Wunsch war nicht etwa, ein grosser Krieger oder ein erfolgreicher Jäger zu werden, sondern er hoffte, bessere Nahrungspflanzen für sein Volk entdecken zu können.

Wunzh – so hiess der Junge – begab sich also in die Wildnis und begann zu fasten und zu wachen. In den ersten zwei Tagen wanderte er umher und betrachtete die Bäume, Sträucher und Kräuter, um sich auf die Pflanzen einzustimmen. Am dritten Tag jedoch, ermüdet durch Hunger, Durst und Schlaflosigkeit, blieb er bei seinem Lager. Plötzlich sah er einen stattlichen Jüngling, der in helles Grün und Gelb und mit einer Federkrone gekleidet war, auf ihn zuschreiten.

«Der Grosse Geist, der alles erschaffen hat, hat mich zu dir gesandt. Ich heisse Mondawmin und werde dein Lehrer sein. Nun stehe auf und messe deine Kraft mit mir. Ringe mit mir!» sagte der Fremde. Wunzh, obwohl vom Fasten geschwächt, fasste Mut und rang so lange mit dem Besucher, bis er vor Erschöpfung nicht mehr konnte.

«Genug für heute. Morgen komme ich wieder!» sagte der grün gekleidete Besucher und flog zu den Wolken empor.

Am nächsten Tag war er wieder da. Wieder forderte er Wunzh zum Zweikampf heraus, und wieder rang der Junge, bis er nicht mehr konnte.

Das Gleiche geschah am dritten Tag. «Ich werde mein Bestes geben, auch wenn ich sterbe», schwor sich der vom Fasten geschwächte Junge. Nach einer Weile sagte der Besucher zu dem erschöpften Jungen: «Deine Mühe und Anstrengung bleibt nicht unbelohnt. Der Grosse Geist wird dir deinen Wunsch erfüllen. Morgen komme ich zum vierten Mal. Wieder werden wir ringen. Du wirst siegen und mich töten. Streife mir dann die grünen Kleider vom Leibe und die Federkrone und begrabe mich in lockerer Erde. Besuche mein Grab des öfteren, und jäte sorgfältig die Gräser und Kräuter, die darauf wachsen wollen. Nach einigen Monaten werde ich wieder auferstehen!»

Als er das gesagt hatte, gab er dem erschrockenen Jungen die Hand und löste sich in Luft auf. Am Abend erschien Wunzhs Vater und sagte: «Mein Sohn, du hast genug gefastet, es sind schon sieben Tage vergangen. Ich habe dir Suppe gebracht. Du sollst nicht sterben, der Herr des Lebens verlangt das nicht von dir.»

Wunzh widerstand dieser Versuchung und antwortete: «Lieber Vater, warte bis zum Sonnenuntergang, dann komme ich wieder ins Dorf zurück.»

Tatsächlich kam der göttliche Besucher, und alles ereignete sich, wie er es vorausgesagt hatte. Beim Ringen stürzte Mondawmin zu Boden und stand nicht mehr auf. Wunzh begrub ihn und versorgte sein Grab. Gegen Ende des Sommers besuchte Wunzh mit seinem Vater die Stelle. Da stand eine mannshohe Pflanze, so grün und gelb wie der Geist, der ihn während der Visionssuche besucht hatte. Die Griffel der dicken Samenkolben glichen der Federkrone, die der Besucher getragen hatte

«Das ist mein Freund *Mondawmin* (Ojibwa «Mais»). Diese Pflanze wird uns ernähren. Mein Fasten und Beten hat ihn auf die Erde gebracht. (Campbell 1987: 217)

Die Geschichte zeigt uns, dass die Begegnung mit einem Pflanzendeva eine Begegnung mit einer göttlichen Macht ist, mit einem Engelwesen. Die Gaben eines Devas auf die Erde herab zu bringen und dingfest zu machen, gleicht dem Ringen des Abrahams mit dem Engel des Herrn. Einen Pflanzendeva wirklich kennenzulernen, seine noch nicht offenbarten Geheimnisse ausfindig zu machen, erfordert nahezu übermenschliche Kraft. Edward Bach zum Beispiel, der alles aufgab – eine florierende Arztpraxis und soziale Sicherheit –, um die Natur zu durchwandern und neue Heilpflanzen zu finden, verausgabte sich bei seiner Suche dermassen, dass er mit 51 Jahren an schierer Erschöpfung starb.

Mit den Devas in Verbindung zu treten, ist eben nicht so einfach, wie es sich manche New-Age-Begeisterte vorstellen. Es ist nur wenigen vorbehalten. Es bedarf grosser Disziplin und eines starken Willens; es bedarf der Fähigkeit, Schmerz zu ertragen, und erfordert vor allem Mut. Deswegen wird bei den traditionellen Völkern kaum jemand freiwillig zum Schamanen. Die Berufung zum Heiler erfolgt meist durch Schicksalsschläge, durch Berufung und Drohung seitens der Geister, durch das Durchstehen der «Einweihungskrankheit», sogar dadurch, dass der Betroffene vom Blitz getroffen wurde und überlebt.

Der Gang zu den Devas ist schliesslich ein Gang über die Schwelle, ein Gang ins Jenseits, in die sogenannte Toten- und Geisterwelt. Da Geist und Seele der Pflanze nicht inkarniert sind, befinden sie sich jenseits von Raum und Zeit, dort wo sich auch die Totengeister und andere Übersinnliche befinden. Das hat auch Hans Peter Duerr in seinen Studien der Hexenpflanzen klar erkannt: «Wir sind auf Todestrip», sagt er, «wenn sich die Grenze zwischen uns und den Blumen auflöst.» (Bauer/Duerr/Mandel 1991: 12)

Wenn der Schamane dorthin «reist», liegt er meist in einer Trance, die der Totenstarre gleicht. Es ist nicht von ungefähr, dass Odins achtbeiniges Pferd Sleipnir ein Metapher für die von vier Trägern getragene Totenbahre ist. Die Ayahuasca-Liane, mit der die Amazonasindianer zu den Geistern, Devas und Ahnen reisen, heisst auch nicht ohne Grund die «Totenwinde». Ebenso hat es seinen guten Grund, dass bei den meisten Agrarvölkern Asiens und Afrikas die Fruchtbarkeit der Felder und das Gedeihen der Nahrungspflanzen von der guten Beziehung zu den Toten- und Ahnengeistern abhängt.

Der normale Mensch, der diese Schwelle übertritt, sei es durch Krankheit, Unfall oder Gift, findet den Weg nicht zurück. Der Schamane jedoch besitzt die Kraft und das Wissen, um wieder zurückzufinden. Er wird sozusagen selber ein Geist in der geistigen Welt. Er ist ein Heiler, weil er dort die Pflanzendevas befragen, entschwundene Seelen wieder zurückbringen, Krankheitsdämonen sehen und besiegen kann. Er kann den Schamanenbaum oder die Planetenleiter, auf der die Totengeister, Engel und Devas auf- und abwandeln, wieder hinabsteigen zum festen Boden des alltäglichen Daseins. Er kennt den Ausgang und den Eingang zum Reich der Holle.

NACHWORT: DER SCHLIMMSTE KRIEG ALLER ZEITEN

Lautlos sind sie gegangen, die Ulmen. Die Tannen im hohen Erzgebirge, unter denen bunt gekleidete Ski-Sportler Slalom fahren, sehen aus wie riesige Fischgräten. Unsere Wiesen und Felder sind eintönig grün – die blühenden Wildpflanzen verschwinden. Gifte, zynisch «Pflanzenschutzmittel» genannt, haben die Schmetterlinge, Bienen und Hummeln dezimiert, welche die farbenfrohen Freudenbringer zu ihrer Bestäubung brauchen. Flammen und Motorsägen machen jedes Jahr 200 000 Quadratkilometer Tropenwald nieder – eine Fläche, dreimal so gross wie Bayern! Die Tiergeister und Pflanzendevas ziehen sich aus der Welt der Erscheinungen zurück. Ernst Jünger drückte es einmal deutlich in einem Interview aus: Unser Verstand kann das Ausmass dieses Geschehens gar nicht begreifen. Es lässt sich nicht in die gängigen Modelle und Kategorien einordnen. Was über die Erde, über Midgard, hereinbricht, sind mythologische, archetypische Gewalten. In die Tiefen verbannte titanische Mächte erheben sich, brechen aus, bekriegen und vertreiben die Götter (Devas). Der chthonische Drachen, die Midgardschlange, speit Feuer und Giftrauch über das Land. Der allesverschlingende, gierige Fenriswolf – gezeugt von Loki (Logik) – hat seine Fessel gebrochen. So hatte es die nordische Seherin, die Wölwa, kommen sehen:

«Es gärt bei den Riesen [Titanen]; des Gjallarhorns,
des alten, Klang kündet das Ende.
(...)
Yggdrasils Stamm steht erzitternd,
es rauscht der Baumgreis; der Riese kommt los.
Alles erbebt in der Unterwelt,
bis der Bruder Surts [das Feuer] den Baum verschlingt.»
(Edda)

Diese Bilder aus uralter Mythe sind voller Aktualität. Es ist wirklich wahr, wir erleben Zeiten, in denen die in den Tiefen der Erde und im Kern der Materie gebündelten Gewalten von leichtsinnigen – oder sollen wir sagen, titanisch besessenen – Zauberlehrlingen entfesselt werden. Milliarden Tonnen Erdöl – Gaias Blut – aus chthonischen Tiefen gepumpt und verbrannt, verpestet unsere Luft, erhitzt unsere Atmosphäre. Metalle, Schwermetalle, von roboterartigen Maschinen aus dem Bauch der Erde gerissen, nehmen Gestalt an, stampfen über den Boden, fliegen durch die Luft, umkreisen den Planeten, schleichen sich in die Nahrungskette, bohren sich in unsere Zähne. Energie aus zerfallender, zersplitterter Materie treibt Megamaschinen, befeuert künstliche Intelligenz und verfängt Millionen von Menschen in den Gaukelwelten einer virtuellen Realität! Nicht der Sonnenuntergang und das heilige Feuer inspirieren die Seelen, sondern die Elektronenstürme des Bildschirms orakeln Abend für Abend. Wer fühlt noch den feuchten Boden unter seinen nackten Füssen, wer lauscht noch den Pflanzen? Wer bewahrt noch die Erde in seinem Bewusstsein? Wer spricht noch mit den Devas?

Aber die Seherin sieht nicht nur den Sturm der entfesselten Titanen, den Weltenwinter. Sie sagt:

«Vieles weiss ich, Fernes schau ich: (...)
Seh aufsteigen zum anderen Male
Land aus den Fluten, frisch ergrünend (...)
Wieder werden die wundersamen
goldenen Tafeln im Gras sich finden,
die vor Urtagen ihr eigen waren.
Unbesät werden Äcker tragen;
Böses wird besser: Balder kehrt heim.»

Auch die Geistesschau Indiens kennt den Titanensturm. In der *Skanda Purana* wird zum Beispiel von einem Dämon berichtet, dem die Schöpfung unvollkommen und der Verbesserung, des «Fortschritts» bedürftig erschien. Hunderttausende von Jahren übte er sich in unerbittlicher Selbstzucht und Busse, schärfte seine Sinne und stählte seinen Willen, so dass der Schöpfer, Brahma, mit ihm Mitleid hatte und seinen Wunsch nach Macht nicht länger verwehren konnte. Zum Weltenherrscher geworden, jagte der Titan die Wolken hin und her, so dass sich das Wetter veränderte.

Flüsse leitete er nach Gutdünken um. Er liess werken und bauen, so dass die Sterne im Staub und Rauch verblichen und die Sonne ihre Hitze verlor. Die Jahreszeiten verschoben sich – es gab Blumen und Obst im Winter. Zwar brachte die Erde Rekordernten hervor, aber nur aus Furcht vor der Willkür des Dämonen. Die Götter (Devas) selber wanderten als verachtete Bettler auf staubigen Strassen.

Shiva, das wahre Selbst, wurde aus den Tiefen seiner Meditationen durch das Seufzen und Klagen der Geschöpfe geweckt. Er sandte seine *Shakti* (Energie) aus, um das *Dharma* (die Rechtschaffenheit) wiederherzustellen. Als einfaches Bauernmädchen, einen Tonkrug tragend, erschien sie. Als der lüsterne Dämon sie schänden wollte, nahm sie die Gestalt der Kriegerin *Durga* an, und ihr Zorn wurde zu einem mächtigen Löwen, auf dem sie ritt. Die anstürmenden Riesen rissen zwar ganze Wälder aus, um die Göttin zu erschlagen, aber sie köpfte sie alle. Shiva, im Herzen des Universums, konnte wieder in Ruhe meditieren.

Diese Bilder aus alter Weisheitstradition sollten uns Mut geben. Devas sind ewige Archetypen, sind lebendige Gesichter Gottes. Auch wenn sie in diesem Weltenwinter wie Blümlein im Frost zu schwinden scheinen, tragen wir sie dennoch in unserem Herzen als Samenkräfte einem neuen Frühling entgegen. Wie Gott selbst aus Maria geboren wurde, so werden die Devas, die Archetypen, erneut aus uns geboren. Uns Menschen ist die Macht gegeben, sie wieder ins Dasein zu rufen – wenn wir es wollen!

Es ist notwendig, uns von der titanischen Illusion zu befreien, die uns verkennen lässt, dass jede Pflanze Ausdruck eines Engelwesens, einer göttlichen Persönlichkeit ist. Die Pflanzendevas rufen uns zu. Sie wollen uns wachrütteln. Sie wollen mit uns einen neuen Bund einge-

Die löwenreitende Durga

hen, sie wollen blühen und grünen, damit diese Erde wieder ein glücklicher, froher Ort wird. In ihnen sind noch ungeahnte Möglichkeiten verborgen – neue Nahrungsmittel, Genussmittel, Heilmittel für Körper, Geist und Seele.

Mögen unsere Herzen wieder rein werden, damit wir ihre segensreichen Eingebungen empfangen können! *Om Sat Om*!

Anhang: Praktische Übungen

Meditationen zur Annäherung an die Pflanzendevas

Vorbereitungen
Für denjenigen, der Zugang zu den Pflanzendevas sucht, können Yoga-Übungen hilfreich sein. Yoga ist eine exakte Technik, die den Weg zu den Devas durchaus erschliessen kann. Es ist aber keineswegs einfach. Schon die Voraussetzungen (*Yama*) sind für den weltlichen Menschen schwer zu erfüllen: Gewaltlosigkeit, nicht lügen, nicht stehlen, Enthaltsamkeit und das Löschen der Begierden. Dazu kommen Regeln (*Niyama*) der Sauberkeit, der Bewahrung der Ruhe, des ernsthaften Studiums und des Gebets. Dann erst können die erforderlichen Sitzstellungen (*Asanas*) und die Atemkontrolle als Anfang der totalen Körperbeherrschung geübt werden. Nun wird der Rückzug aus dem Reich der Sinne geübt: durch Konzentration (*Dharana*) auf Nabel, Zungenspitze, Nasenspitze oder einen einzigen Ton (z.B. ein monotoner Trommelschlag), die den zappeligen, ruhelosen, immer zu neuen Sprüngen bereiten Intellekt aushungert. Erst dann ist die wahre Schau (*Dhyana*) möglich. In Indien sind die wahren Kräuterkundigen und ayurvedischen Meister immer zugleich Yogis.

Vertiefungsmeditation: In die Pflanze hineingehen
Vorbereitung: Diese Meditation lässt sich am besten an einem sonnigen Vormittag in der freien Natur durchführen. Der Meditant sollte fasten oder wenigstens nur eine leichte, vegetarische Mahlzeit zu sich genommen haben. Er trägt leichte Kleidung aus Naturfasern und geht barfuss über die Wiese oder durch den Wald. Er lässt die überflüssigen, alltäglichen Gedanken und Träumereien beiseite und zentriert seinen Geist.
Einstieg: Bei einer Pflanze, die ihn besonders anzieht oder anspricht, macht er halt. Er setzt sich zu ihr, kniet oder legt sich neben sie. Anstatt «Nabelschau» (Dharana) zu üben oder sich in die eigene Innerlichkeit zu versenken, geht er völlig in seine wachen Sinne hinein. Er konzentriert sich ganz und gar auf die Pflanze und kümmert sich nicht um irgend etwas anderes. Er betrachtet die Pflanze genauestens – die Form der Blätter, die Farben, die Textur, den Glanz. Nichts entgeht ihm. Nichts lenkt ihn ab. Er verschwendet auch keine Energie, um eventuelle Störungen (z.B. ein fernes Motorengeräusch) auszublenden; er lässt sie einfach sein. Er bleibt entspannt und braucht nicht irgendeine rigide Körperhaltung einzunehmen.
Nach einer Weile sieht der Meditant Aspekte der Pflanze, die der flüchtige Blick sonst nie wahrnimmt. Er sieht zum Beispiel Käfer, Raupen oder Ameisen, die zur Ganzheit des Erscheinungsbildes dieser Pflanze gehören. Er sieht Nektartröpfchen im Blütenkelch funkeln, die Poren und die feinen Härchen am Stengel. Sein Sehvermögen bekommt fast eine mikroskopische Intensität. Zuletzt gewahrt er sogar den Saft, wie er durch die Kapillaren fliesst.
Zugleich aktiviert er sämtliche andere Sinne. Er beschnuppert die Blätter, die Blüte und kostet ihre Gerüche aus. Er betastet die Pflanze mit den Fingern oder den Lippen und vertieft sich in das

daraus entstehende Gefühlserlebnis. Auch der Hörsinn wird nicht ausgeschlossen: Er hört, wie die sanfte Brise durch das Blattwerk streicht; er hört die Vögel zwitschern, hört das Krabbeln und Knabbern der Insekten, das Summen ihrer Flügel.

In anderen Worten, der Meditant teilt das Hier und Jetzt dieses Pflanzenwesens; er geht ganz darin auf. Die Welt besteht in diesem Augenblick einzig und allein aus dieser Pflanze, die inzwischen magische Dimensionen annimmt. Wie ein Liebhaber, der mit der Geliebten kost, vergisst er sich selber. Er verschwendet keine Energie an irgendwelche Gedanken. Er braucht nicht einmal zu wissen, wie die Pflanze heisst.

Je tiefer diese Meditation geht, umso erfolgreicher ist sie, umso mehr überkommt den Meditanten das Gefühl der puren Wonne. Die seelische Essenz der Pflanze ist schliesslich die Wonne. Die Götter der Vegetation sind die Wanen, die Wonnegötter!

Die intensive Phase dieser Meditation kann eine bis mehrere Stunden dauern. Wird diese Meditation in der Gruppe ausgeführt, so kann ein Ruf des Meditationsleiters, ein Gongschlag oder sonst ein Impuls Anlass sein, *plötzlich* von der Pflanze abzulassen und aufzuschauen. Mit weit geöffneter Seele sieht der Meditant nun die Umgebung an. Auch diese leuchtet in unbeschreiblicher Schönheit.

Ausklang: Allmählich, beglückt und bereichert, schwebt der Meditant wieder auf die Ebene der Alltäglichkeit zurück. Es ist oft schwierig, diesen wonnevollen Zustand zu verlassen. Er muss sich dafür genügend Zeit nehmen. Es scheint ihm, als gleite er von einer himmlischen Welt herab zur Menschenerde. Zuletzt dankt man der Pflanze – man darf ruhig die Hände dabei zum *Namaste*-Gruss zusammenlegen. Man kann ihr als Dank auch etwas Wasser geben. Am Abend, vor dem Schlafengehen, in der Rückschau über die Geschehnisse des Tages, vergegenwärtigt man sich noch einmal das Erlebnis.

Makrokosmische Devameditation

Bei dieser Meditation geht es darum, vorübergehend die engen Grenzen des Ego zu sprengen und makrokosmisch offen zu werden, wie es eine Pflanze ist. Die Vorbereitungen sind ähnlich wie bei der oben erwähnten Meditation. Die Kleider sind locker, die Haare offen. Der Meditant steht barfuss mit dem Gesicht nach Osten gerichtet. Die Augen sind geschlossen. Zuerst lenkt er sein Bewusstsein in die Füsse. Er fühlt die feuchte Kühle des weichen Erdbodens. Er visualisiert seine Füsse nun als Wurzeln, die immer tiefer in die dunkle Erde eindringen.

Er streckt die Arme in die Höhe und hält die Handflächen der Sonne entgegen. Er spürt die Wärme der Sonne in den Handflächen. Er spürt, wie diese wonnige Wärme und das Licht den ganzen Körper durchfluten.

Allmählich wird der Meditant selbst zu einer Pflanze, zu einem Baum. Er spürt zugleich die kühlen Tiefen und die lichten, warmen Himmelshöhen. Er hat nun keinen menschlichen Körper mehr. Er spürt, wie eine Brise, wie der Wind durch ihn hindurch weht. Er geht ganz in dieses Gefühl hinein. Alle Gedanken sind verflogen. Sein Wesen berührt das Blau des Zenith und zugleich den Nadir. Er hat Teil an der ozeanischen Wonne, die der Wanenwelt eigen ist.

Auch bei dieser Meditation dauert es eine geraume Zeit – manchmal mehrere Stunden –, bis man wieder zurückkommt, bis man die Ebene des alltäglichen, mikrokosmischen Daseins wieder erreicht hat. Nun danke man dem Makrokosmos: den vier Himmelsrichtungen, angefangen mit dem Osten und dann, rechtsläufig, dem Süden, dem Westen und dem Norden; dem Himmel, der uns Licht schenkt, und zuletzt der Erde, die uns nährt.

Einstimmungsmeditation
Diese Meditation ist der Versuch, der Ausstrahlung einer Pflanze, etwa einem Heilkraut, nachzuspüren.
Zur Vorbereitung kostet der Meditant das Heilkraut oder braut sich einen Tee, den er auf nüchternen Magen trinkt. Er lässt alle überflüssigen Gedanken beiseite, harmonisiert seine Emotionen und legt sich, im *Shava-Asana* ausgestreckt, auf das Bett. Er trägt ein Büschel des Krauts bei sich. Dieses legt er auf die Brust und beobachtet die Bilder, die Gedanken und die Gefühle, die spontan – ohne absichtliches Zutun – in ihm aufsteigen. Nach einiger Zeit (etwa einer Stunde) legt er das Büschel auf den Bauch und fährt mit den kommentarlosen Beobachtungen fort. Dann wiederum legt er es auf den Kopf und versucht die Schwingungen, die das Kraut aussendet, aufzunehmen.
Als Alternative kann er das Kräuterbüschel der Reihe nach auf die verschiedenen Chakren legen und versuchen, die davon ausgehende Wirkung zu spüren. Eine weitere Möglichkeit ist, das Kraut den ganzen Tag bei sich zu tragen und dabei aufmerksam zu beobachten, was einem widerfährt.
Das Resultat der Beobachtung sollte dann schriftlich notiert werden. Das erleichtert den Vergleich, wenn dieselbe Meditation mit einer anderen Pflanze gemacht wird.

Gandharva-Meditation
Gandharven sind Sylphen, die ausschliesslich von Düften leben. Diese Meditation besteht darin, dass der Meditant sein Bewusstsein ganz und gar in seine Nase schickt. Es werden die Düfte der Wildblumen und aromatischen Kräuter aufgenommen und durchmeditiert. Man zerreibt auch verschiedene würzige Blätter und Wurzeln zwischen den Fingern und riecht an ihnen. Der Meditant beobachtet dabei die «aromatherapeutische» Wirkung auf Leib und Seele.
Die Geruchs- und Geschmacksknospen sind beim Fötus schon in der 14. Woche ausgereift. Lange ehe wir sehen können und lange ehe sich das Ego ausbildet, nehmen wir schon Gerüche wahr. In anderen Worten, auch durch das Riechen können wir die Grenzen des Ego und der gesellschaftlichen Programmierung umgehen und tiefer in den trans-egoiden Seinsmodus eindringen – was uns wiederum den «übersinnlichen Wesenheiten» näherbringt.
Da das Geruchsvermögen im Menschen schon vor der Sprache ausgebildet ist, ist es schwer, Gerüche in Worten zu beschreiben und zu kategorisieren. Als Teil dieser Meditation sollte der Meditant versuchen, die olfaktorischen Empfindungen zu assoziieren: z.B. die Gelbkiefernadeln riechen wie Mandarinen; Schierling riecht wie Mäuseharn usw. Auch andere Assoziationen sind möglich: Wann und unter welchen Umständen habe ich diesen Duft schon einmal wahrgenommen? An wen erinnert mich dieser Duft? Auch diese Erscheinungszusammenhänge verraten etwas über das Wesen der jeweiligen Pflanze.

Meditationen für Städter
Diese Meditationen – so der Einwand einer berufstätigen Frau – sind sicherlich

ideal für jene, die abgelegen im Wald oder der Dorfidylle leben. Wie aber soll der Städter, dem ständigen Rattern und Rauschen der Maschinen und des Strassenverkehrs ausgeliefert, diese Übungen durchführen? Was können all jene tun, die die besten Stunden ihres Tages dem Büro oder der Fabrik opfern, sich durch den Stau kämpfen, Einkäufe besorgen und noch Zeit für ihre Familie finden wollen? Wie soll sie, so sehr sie es auch möchten, den Zugang zu den Pflanzengeistern finden? Und ausserdem, fügte sie, ein wenig bedauernd, hinzu, Sie sagten doch, dass es nur wenigen vorbehalten ist, mit den Pflanzendevas Kontakt aufzunehmen, dass man dazu berufen sein muss.

Diese Einwände sind durchaus berechtigt. Zwar sagt der indianische Pflanzenschamane Tallbull, dass es die Pflanzen selber sind, die sich dem Menschen zuwenden und ihn berufen. Aber das sollte kein Problem sein. Schon das starke Interesse und Verlangen, mit Pflanzen zu kommunizieren, kann eigentlich als der erste Schritt einer Berufung verstanden werden. Dabei ist es wirklich egal, ob man sich in der Abgeschiedenheit eines Bergwaldes, im Büro oder in der Küche befindet. Cleve Backster, der berühmte amerikanische Lügendetektor-Experte, entdeckte zum Beispiel das Phänomen der telepathischen Kommunikation zwischen Mensch und Pflanze inmitten der Megametropole New York, als er eines Nachts allein in seinem Büro sass. Ausser dem Drachenbaum, einer eher langweiligen Büropflanze, war das Zimmer kahl und unbegrünt. Es war wohl die Eingebung dieser Zimmerpflanze selber, die ihn seinen Polygraphen an die Blätter anschliessen liess, und ihm so den greifbaren Beweis lieferte, dass Pflanzen unsere Gedanken lesen können.

Für Kai Felch, bekannt durch ihre metarealistischen Blütenfotografien, ist das Leben in der Stadt ebenfalls kein Hindernis zum Durchbruch in andere Dimensionen. Die geschäftige Hausfrau gönnt sich ab und zu eine kurze Pause von Kindern und Haushalt, indem sie sich – mit der Kamera vor dem Auge – in einen Blütenkelch vertieft. Dabei ist es egal, ob es eine Zimmerpflanze oder eine Blume im Vorgarten ist. Die Fotos, die dabei entstehen, sind Zeugen gelungener Kommunikation mit ätherischen Wesenheiten.

Die moderne Stadtwohnung ist also kein Hindernis zur Annäherung an die Devas. In gewissem Sinne ist die Stadt sogar diesem Zweck förderlich: Biologisch gesehen gleicht die Metropole einer Wüste. Im Gegensatz zum üppigen biotischen Gewucher eines Urwaldes treten in der Wüste die Konturen der einzelnen Pflanze scharf hervor. Das erleichtert das Erlangen der zur Meditation notwendigen, ungeteilten Aufmerksamkeit. Aus diesem Grund zogen sich seit alters her viele Meditanten und Mystiker in die Wüste zurück.

Topfpflanzenmeditation

Diese Meditation verläuft ähnlich wie die Vertiefungsmeditation (Seite 251). Die Vorbedingung ist, dass man sich dazu die Zeit nimmt und sich dabei entspannt. Der Meditant wählt eine Topfpflanze, die er besonders gern hat. Es kann die Geranie sein, die ein guter Freund geschenkt hat; es kann das Alpenveilchen oder die Zimmertanne sein, die man aus dem Urlaub mitgebracht hat. Der Meditant rückt die Pflanze in den Mittelpunkt seiner Aufmerksamkeit, er betrachtet sie mit liebenden Augen, beschnuppert sie – bei Duftgeranien oder Blütenpflanzen ist das leicht – und streicht sanft ihren Konturen nach, ganz wie er es mit dem Körper des/der Geliebten tun würde. Der Meditant verliert sich in der Pflanze. Da seine Sinne weit geöffnet sind, ist es durchaus berechtigt, von einem «sinnlichen Erlebnis» zu sprechen. Wie die Tantriker wissen, sind die Sinne schliesslich die Tore zu den göttlichen Bereichen.

Wichtig ist die Offenheit. Störende Geräusche, etwa eine ferne Sirene oder der anspringende Generator, werden nicht abgeblockt. Man lässt sie einfach gelten, ohne ihnen Gewicht zu geben. Das gleiche gilt für die Gedanken; man lässt sie gehen und füttert ihnen keine Energie.

Diese Meditation kann zu jeder Tageszeit unternommen werden. Tief in der Nacht jedoch, wenn die Stadt schläft und die Schwingungen sanfter werden, ist die beste Zeit für eine solche Meditation. Wir erinnern uns, dass auch Cleve Backster seine Entdeckung an den Pflanzen in der Stille der Nacht machte.

Während Pflanzen tagsüber mit der Photosynthese beschäftigt sind und überschüssigen Sauerstoff abgeben, werden sie nach Einbruch der Dunkelheit tierähnlicher. Wie die tierischen Organismen atmen sie nun Sauerstoff ein und Kohlestoff aus. Sie verlagern ihren Seinsmodus vom vegetativen Pol mehr zum animalischen (astralischen) Pol hin. Schon aus diesem Grund scheute man sich in früheren Zeiten, nachts ins Freie zu gehen, denn dann befreien sich die Vegetationsgeister von dem unmittelbaren physischen Pflanzengebilde und schweifen – wie etwa der Erlkönig – frei umher. Es kann im Laufe dieser Meditation durchaus vorkommen, dass sich die der Pflanze innewohnende «Astralgestalt» vor dem inneren Auge offenbart. Wie immer auch die Erscheinung ausfallen mag, man braucht sich nicht davor zu fürchten. Man begrüsse sie mit einem freundlichen *Namaste* oder Hallo und erkenne sie als Teil des göttlichen Ganzen an.

Auch wenn es nicht zu einer «Astralerscheinung» kommt, ist diese Meditation dennoch ein wahrer «Sinnesschmaus». Nachdem sich der Meditant eine Viertelstunde bis zu zwei Stunden lang in das Universum der Pflanze versenkt hat, kann die Meditation beendet werden: Er schliesst die Augen und lässt die sinnliche Begegnung mit der Pflanze nachwirken. Dabei achtet er auf Stimmungen, Gedanken und innere Bilder, die spontan auftreten, denn auch diese gehören im ganzheitlichen Sinne mit zu dem, was die Pflanze ausstrahlt. Im Nachhinein, wenn er sich schlafen legt, sollte der Meditierende auch auf seine Träume achten. Oft schickt die so angesprochene Pflanze auf diesem Weg wichtige Botschaften.

Eine Nebenwirkung der Topfpflanzenmeditation: Die Pflanzen danken für die Aufmerksamkeit durch besonders prächtiges, gesundes Wachstum und schöneres Blühen.

Stadtindianermeditation

Wir sehen die Welt, die uns umgibt, nie ganz. Unsere Interessen und Programmierungen bestimmen, was wir in unser Bewusstsein aufnehmen und was nicht. Die meisten Menschen interessieren sich, wenn sie durch die Stadt gehen, vor allem für die Schaufensterauslagen, für die anderen Passanten, besonders diejenigen des anderen Geschlechts, für die neuste Mode, für die vorbeifahrenden teuren Autos. Dass in den Ritzen und Fugen des Mauerwerks und der Bürgersteige, in Dachrinnen und auf dem Bauschutt interessante kleine Pflanzen

wachsen, das bemerken sie meist nicht, das ist nicht ein Teil ihres Weltbildes.
Der «Stadtindianer» jedoch stimmt sich gerade auf dieses grüne Völkchen ein. Wie ein Schmetterling hüpft seine Aufmerksamkeit von einem Kräutlein zum anderen. Hier ist es das Moos in der zersprungenen Zementplatte, da ein schwankendes Gräslein und dort ein kleines gelbblühendes Schöllkraut oder ein rotstengeliges Ruprechtskraut, dessen Samen die Ameisen in einer Mauerritze fallengelassen hatten. Immer wieder winkt das breite Blatt des unverwüstlichen Wegerichs, der dem Getrampel vieler Schuhsohlen standhält und den die Angelsachsen einst voller Ehrfurcht besangen: «Über dich karrten Wagen, über dich stampften Stiere, über dich ritten Frauen; allen widerstandest du!» Altbekannte europäische Pflanzen wie Brennessel und Löwenzahn grüssen den Stadtindianer und erinnern ihn an manch Märchen und Aber- glaube. Auch Neuankömmlinge aus fernen Ländern, wie das kanadische Berufskraut oder die strahlenlose Kamille, die aus Kamtschatka (Ostsibirien) stammt, lassen sich entdecken. Bei diesen Stadtkräutern handelt es sich um menschenfreundliche, «anthropochore» Gewächse, um mutige Pionierpflanzen, um wirkkräftige Heilpflanzen.
Der Stadtindianer befindet sich inmitten der Natur – auch in der Innenstadt! Er verspürt keinen Drang, dem Treiben der City zu entfliehen, denn diese Pflanzen vermitteln ihm viel Lebensenergie und Inspirationen. Sie machen ihm das Stadtdasein nicht nur erträglich, sondern zur Freude.
Jeder Städter kann sich in der hier angegebenen dynamischen Meditation üben: Auf dem Weg ins Büro, beim Warten an der Bushaltestelle, auf dem Schulweg, in der Mittagspause. Dabei kann er ab und zu innehalten, zur Sonne und dem Himmel hinaufschauen und sich die Erde ins Bewusstsein bringen, die uns und den Pflanzen das Leben schenken.

Kraft-Meditationen zu zweit oder in kleinen Gruppen

Viele dieser Meditationen (wie die Vertiefungs-, Einstimmungs-, Gandharva- und Topfpflanzenmeditation) lassen sich gut zu zweit oder in kleinen Gruppen durchführen.
Im Gegensatz zur gängigen Meinung der Physiologen sind unsere Sinne nicht bloss passive Rezeptoren von physikalischen Eindrücken. Mit unseren Sinnen ergreifen wir die Welt förmlich, in ihnen ist unser Wille tätig. Dass das so ist, beweist zum Beispiel die Tatsache, dass man einen liebevollen Blick spüren kann, als sei es eine physische Berührung. Oder auch, dass man sich auf der ganzen Welt gegen den «bösen Blick» zu schützen bemüht ist.
Unser Blick *erfasst* den pflanzlichen Gegenstand – und ist er stark genug, durchdringt er die blosse äusserliche Erscheinung und stösst bis zum «Ätherleib» vor, so dass dieser als pulsierende Energie «sichtbar» wird. Es ist möglich, noch weiter zu schauen, und zwar so tief, dass die dem äusseren Betrachten verborgenen, seelisch-astralischen Aspekte aufleuchten. Geht man noch tiefer, dann offenbart sich das geistige Wesen, das Ich der Pflanze.
Zwei oder mehrere Menschenseelen, die miteinander harmonieren und die in liebender Gesinnung miteinander verbunden sind, vermögen gemeinsam meditierend ihre «Wahrnehmungsenergie» zu bündeln. Sie können eine Art erweitertes, verstärktes «Meditationsfeld» bilden. Indem sie ihre Kräfte vereinen, ist

es möglich, allmählich immer tiefer in die geheimnisvolle Welt der Pflanze einzudringen, hineinzublicken, zu lauschen, zu schnuppern, mit ihr zu verschmelzen. Mit dieser gebündelten Energie ist es möglich, die transsinnlichen Tore zu öffnen, die Tore zuerst zu den ätherischen, dann zu den seelisch-astralischen und schliesslich den devaisch-geistigen Ebenen. Aber wie gesagt, nur Menschen guten Charakters, die liebend aufeinander eingestimmt sind, gelingt es, diese Kraft-Meditation durchzuführen.
Auch Tiere, etwa die Katze auf dem Schoss, können das Meditationsfeld verstärken, so dass die Meditation tiefer und ruhiger wird. Hirten galten schon immer als die besten Kenner der Heilkräuter. Die Kühe und Schafe verleihen ihnen viel Energie, so dass sie unwillkürlich in die devaischen Welten eindringen können.

Hilfen bei den Pflanzenmeditationen
Zur Vorbereitung auf diese Meditationen sind folgende Massnahmen hilfreich (jedoch nicht unbedingt notwendig):
Räucherung mit Beifuss oder Wacholder: Es ist fast universaler Brauch, vor der Kontaktnahme mit Naturgeistern und Devas den Körper mit dem Rauch solcher heiliger Pflanzen zu weihen und zu reinigen.
Es genügt aber auch schon, etwas getrockneten oder frischen Beifuss bei sich zu tragen. Vor der Versenkung zerreibt man eines der würzigen Blättchen oder eine Blüte zwischen den Fingern, zieht den ausströmenden, herb-würzigen Duft tief in die Lungen und lässt ihn einige Sekunden auf die Seele einwirken.
Um das «dritte Auge», das geistige Auge (*Ajna Chakra*), anzuregen und zu reinigen, wird die Stirn mit heiligem Gangeswasser (*Ganga Jal*), frischem Quellwasser oder – noch besser – mit dem «Tau», der sich im Blatt des Frauenmantels (*Alchemilla vulgaris*) formt, betupft. Der Meditant wird sofort den Schuss Energie, der von dem Tropfen ausgeht, spüren.

Bibliografie

BÄCHTOLD-STÄUBLI, Hanns, *Handwörterbuch des deutschen Aberglaubens*, 10 Bde, Berlin: Walter de Gruyter 1987.

BAUER, W./DUERR, H. P./MANDEL, M., «Ein Gespräch mit Hans Peter Duerr über Zauberpflanzen», in: *Integration*, 1(1991), Eschenau: Bilwis.

BEGLEY, S./LEONARD, E. A., «Take Two Roots; Call Me ...», in: *Newsweek*, 3. Febr. 1992

BLEAKLEY, Alan, *Früchte des Mondbaumes*, München: Goldmann 1987.

BOYD, Doug, *Rolling Thunder*, München: Knaur 1987.

BREINDL, Ellen, *Das grosse Gesundheitsbuch der Hl. Hildegard von Bingen*. Augsburg: Pattloch 1989.

BRISTOW, Alec, *Wie die Pflanzen lieben*, Berlin: Ullstein 1986.

BUSCHENREITER, Alexander, *Unser Ende ist Euer Untergang*, München: Goldmann 1987.

CAMPBELL, Joseph, *The Masks of God: Primitive Mythology*. New York: Penguin Arkana 1991.

CHAWDHURI, L. R., *Secrets of Yantra, Mantra and Tantra*, New Delhi: Sterling 1992.

COWAN, Eliot, *Pflanzengeistmedizin*, München: Knaur 1994.

DE VRIES, Herman, *Natural Relations*, Nürnberg: Verl. f. Moderne Kunst 1989.

DENSMORE, Frances, *How Indians use Wild Plants*, New York: Dover 1974.

DEROLEZ, R. L. M., *Götter und Mythen der Germanen*, Wiesbaden: F. Englisch 1976.

DUERR, Hans Peter, *Sedna oder die Liebe zum Leben*, Frankfurt a. M.: Suhrkamp 1990.

Edda, hrsg. v. F. Genzmer, Düsseldorf/Köln: Eugen Diederichs 1979.

ELIADE, Mircea, *Patterns of Comparative Religion*, New York: Meridian 1963.

Ders., *Schmiede und Alchemisten*, Stuttgart: Klett-Cotta 1980.

ENNET, Diether, *BI-Lexikon: Heilpflanzen und Drogen*, Leipzig: VEB Bibliographisches Institut 1990.

ERICHSEN-BROWN, Charlotte, *Medical and Other Uses of North American Plants*, New York: Dover 1989.

FAZZIOLI, Eduardo, *Des Kaisers Apotheke*, Bergisch Gladbach: Gustav Lübbe 1989.

FOSTER, Steven/CHONGXI, Yue, *Herbal Emissaries*, Rochester/VT: Healing Arts Press 1992.

FRANCO, Victor, *Mességué: Sein Geheimnis, seine Rezepte*, München: Goldmann 1984.

FRANKE, Wolfgang, *Wildgemüse*, Bonn: AID Verbraucherdienst 1990.

GRINNELL, Georg Bird, *The Cheyenne Indians*, Bd. 2, New Haven: Harvard University Press 1923.

HARSHANANDA, Swami, *Hindu Gods and Goddesses*, Mysore: Sri Ramakrishna Ashram 1982.

HAUSCHKA, Rudolf, *Substanzlehre*, Frankfurt a. M.: Vittorio Klostermann 1976.

HAWKEN, Paul, *The Magic of Findhorn*, New York: Bantam 1976.

HERBIG, Jost, *Nahrung für die Götter*, München: Carl Hanser 1988.

HETMANN, Frederik, Märchen aus Wales, Düsseldorf/Köln: Eugen Diederichs 1982.

HILLARY, Sir Edmund, *Zeitbombe Umwelt*, München: Knaur 1986.
HOBHOUSE, Henry, *Fünf Pflanzen verändern die Welt*, München: dtv 1992.
HOFFMANN, W. J., «The Midewiwin or Grand Medicine Society of the Ojibwa», Washington: 7th Annual Report (1891), Bureau of American Ethnology.
HOFMANN, Albert/SCHULTES, R. E., *Pflanzen der Götter*, Bern/Stuttgart: Hallwag 1980, Aarau: AT Verlag 1995.
HOLZER, Wolfgang (Hrsg.), *Das kritische Heilpflanzen-Handbuch*, Wien: Orac 1985.
HUXLEY, Anthony, *Plant and Planet*, London: Allen Lane 1974.
HUXLEY, Francis, *The Way of the Sacred*, New York: Dell 1974.
JAHN, Janheinz, *Muntu*, München: Eugen Diederichs 1986.
JARVIS, D. C., *Folk Medicine of Vermont*, Greenwich/CO: Fawcett 1961.
JEAVONS, John, *How to grow more Vegetables*, Palo Alto: Ecology Action of the Midpeninsula 1974.
JOYCE, Christopher, *Earthly Goods: Medicine-Hunting in the Rainforest*, Boston/New York/ Toronto/London: Little, Brown & Co. 1994.
JÜNGER, Ernst, *Annäherungen – Rausch und Drogen*, Stuttgart: dtv 1990.
KAISER, Rudolf, *Gesang des Regenbogens*, Münster: E. Coppenrath 1985.
KAPPSTEIN, Stephan, *Das Buch vom Ginseng*, Bern: Morszinay 1980.
KELLER, Hiltgart L., *Reclams Lexikon der Heiligen und der biblischen Gestalten*, Stuttgart: Philipp Reclam Jun. 1979.
KERNER, D., KERNER, I., *Der Ruf der Rose*, Köln: Kiepenheuer & Witsch 1992.
LAD, V./FRAWLEY, D., *Die Ayurweda Pflanzen-Heilkunde*, Durach: Windpferd 1988.
LINDIG, Wolfgang, *Geheimbünde der Prärie- und Waldindianer Nordamerikas*, Wiesbaden: Franz Steiner 1970.
LISSNER, Ivar, *So lebten die Völker der Urzeit*, München: dtv 1979.
LUNA, Luis Eduardo, «Plant Spirits in Ayahuasca Visions by Peruvian Painter Pablo Amaringo», in: *Integration* 1(1991), Eschenau: Bilwis.
MACLEAN, Dorothy, *Du kannst mit Engeln sprechen*, München: Aquamarin 1985.
MARZELL, Heinrich, *Wörterbuch der deutschen Pflanzennamen*, Leipzig: S. Hirzel 1943–1979.
MCKENNA, Terence, *Wahre Halluzinationen*, Basel: Sphinx 1989.
Ders., *The Archaic Revival*, San Francisco: Harper 1991.
Ders., *Food of the Gods*, New York: Bantam 1992.
MESSÉGUÉ, Maurice, *C'est la nature qui a raison*, Paris: Opera Mundi 1972.
Ders., *Von Menschen und Pflanzen*, Wien/München/ Zürich: Ullstein 1988.
MEYER, Rudolf, *Nordische Apokalypse*, Stuttgart: Urachhaus 1967.
MOOKERJEE, A./KHANNA, M., *Die Welt des Tantra*, München: Heyne 1990.
MYLIUS, Klaus (Hrsg.), *Älteste Indische Dichtung und Prosa*, Leipzig: Philipp Reclam Jun. 1981.
ORTH, Gerhard, *Unheilbare Krankheiten im Spannungsfeld zwischen Naturheilkunde und Schulmedizin*, Ritterhude/Bremen: Waldthausen 1995.
PARACELSUS, Theophrastus Bombastus von Hohenheim, *Werke*, hrsg. v. Will-Erich Peuckert, Basel/Stuttgart: Schwabe & Co. 1968.
Ders., *Vom eigenen Vermögen der Natur*, hrsg. v. Gunhild Pörksen, Frankfurt a. M.: Fischer 1988.

Ders., *Die Geheimnisse*, hrsg. v. Will-Erich Peuckert, München: Knaur 1990.

PATURI, Felix R., *Geniale Ingenieure der Natur*, Düsseldorf/Wien: Econ 1974.

PELIKAN, Wilhelm, *Heilpflanzenkunde*, 3 Bde, Dornach/Schweiz: Philos.-Anthroposophischer Verlag, Goetheanum 1977.

PELT, Jean-Marie, *Pflanzenmedizin*, München: Knaur 1983.

PERGER, Anton v., *Deutsche Pflanzensagen*, Stuttgart/Oehringen: Verlag August Schaber 1864.

PFEIFFER, Ehrenfried, *Die Fruchtbarkeit der Erde*, Dornach/Schweiz: Rudolf Geering 1977.

PLOTKIN, Mark, *Tales of a Shaman's Apprentice*, New York: Viking 1993.

PROPHET, Elisabeth Claire, «The War on Drugs», in: *The Coming Revolution*, Simi Valley/CA: Summit University Press 1986.

RÄTSCH, Christian, *Lexikon der Zauberpflanzen*, Graz: Adeva 1988.

Ders., *Von den Wurzeln der Kultur*, Basel: Sphinx 1991.

Ders., *The Dictionary of Sacred and Magical Plants*, Bridport: Prism Press 1992.

ROSENBOHM, Alexandra, «Der Fliegenpilz in Nordasien», in: *Der Fliegenpilz*, hrsg. v. Wolfgang Bauer, Köln: Wienand 1991.

Dies., *Halluzinogene Drogen im Schamanismus*, Berlin: Dietrich Reimer 1991.

SCHEFFER, Mechthild, *Original Bach-Blütentherapie*, Neckarsulm/Stuttgart: Jungjohann 1993.

SCHEFFER, Mechthild/STORL, Wolf-Dieter, *Die Seelenpflanzen des Edward Bach*, München: Hugendubel 1992.

Dies., *Neue Einsichten in die Bach-Blütentherapie*. München: Heyne 1994.

SCHMIDT, Christian, «Wie sich Tiere selbst heilen», in: *Natürlich* 10/94, Aarau: AT.

SCHRÖDTER, Willy, *Pflanzengeheimnisse*, Kleinjörl b. Flensburg: G. E. Schroeder 1981.

SCHUKIES, Renate, *Hüter der Heiligen Pfeile*, München: Diederichs 1994.

SCHULZ, Joachim, «Die Blattstellung im Pflanzenreich als Ausdruck kosmischer Gesetzmässigkeiten», in: *Goethe in unserer Zeit*, hrsg. v. Günther Wachsmuth, Basel: Hyberia 1949.

SCHULZE, Hans-Joachim, *Ey! Wie schmeckt der Coffee süsse*, Leipzig: Verlag für die Frau 1985.

SCHWENK, Theodor, *Das sensible Chaos*, Stuttgart: Freies Geistesleben 1976.

SENGER, Gerti, *Zigeunermedizin*, Genf: Ariston 1987.

SHELDRAKE, Rupert, *Die Wiedergeburt der Natur*, Bern, München, Wien: Scherz 1993.

SIVANANDA, Sri Swami, *Lord Siva and his Worship*, Shivanandanagar: Divine Life Society 1984.

SPIESBERGER, Karl, *Naturgeister*, Berlin: Richard Schikowski 1978.

STEIGER, Heidi, *Geheimnisse unserer Pflanzen*, Lausanne: Mondo 1990.

STEINER, Rudolf, *Geisteswissenschaft und Medizin*, Dornach/Schweiz: Rudolf-Steiner-Nachlass 1961.

Ders., *Geisteswissenschaftliche Grundlagen zum Gedeihen der Landwirtschaft*, Dornach/Schweiz: Rudolf-Steiner-Nachlass 1975.

Ders., *Erde und Naturreiche*, Stuttgart: Freies Geistesleben 1980.

STORL, Wolf-Dieter, *Shamanism among Americans of European Origin*, Inaug. Diss. Univ. Bern 1974.

Ders., «Krach um Marias Kräuterkun-

de», in: *Esotera* 10/1986, Freiburg i. Br.: Hermann Bauer.
Ders., «Man ist, was man isst», in: *Esotera* 10/1987, Freiburg i. Br.: Hermann Bauer.
Ders., *Feuer und Asche, Dunkel und Licht*, Freiburg i. Br.: Hermann Bauer 1988.
Ders., «Der Druide», in: *Wie die alten Götter weiterleben*, hrsg. v. Willi Dommer, Freiburg i. Br.: Hermann Bauer 1990.
Ders., *Der Garten als Mikrokosmos*, München: Knaur 1992.
Ders., *Berserker und Kuschelbär*, Braunschweig: Aurum 1992.
Ders., *Von Heilkräutern und Pflanzengottheiten*, Braunschweig: Aurum 1993.
Ders., «Die Werkzeuge der Wurzelgräber», in: *Naturverehrung und Heilkunst*, hrsg. v. Christian Rätsch, Südergellersen: Bruno Martin 1993.
Ders., «An Ethnobotanical Portrait of Indian Pennywort», in: *Jahrbuch für Ethnomedizin und Bewusstseinsforschung*, hrsg. v. C. Rätsch/J. Baker, 3(1994), Berlin: VWB.
Ders., *Heilkräuter und Zauberpflanzen zwischen Haustür und Gartentor*, Aarau: AT Verlag 1996.
STRÖM, A./BIEZAIS, H., *Germanische und Baltische Religion*, Stuttgart: W. Kohlhammer 1975.
TOLSTOY, Nicolai, *Auf der Suche nach Merlin*, München: Heyne 1989.
TOMPKINS, P./BIRD, C., *Das geheime Leben der Pflanzen*, Frankfurt a. M: Fischer 1978.
Dies., *Die Geheimnisse der guten Erde*, München: Knaur 1991.
TREBEN, Maria, *Gesundheit aus der Apotheke Gottes*, Steyr: Wilhelm Ennsthaler 1986.
UYLDERT, Mellie, *Verborgene Kräfte der Pflanzen*, München: Heinrich Hugendubel 1974.
VOGEL, Virgil, *American Indian Medicine*, Norman: Oklahoma University Press 1982.
WEATHERFORD, Jack, *Indian Givers*, New York: Fawcett Columbine 1988.
WEIL, Andrew, *Heilung und Selbstheilung*, Weinheim/Basel: Psychologie-Heute-Sachbuch 1988.
WEISS, Rudolf Friedrich, *Moderne Pflanzenheilkunde*, Bad Wörishofen: Kneipp 1982.
WHEELWRIGHT, Edith Grey, *Medical Plants and their History*, New York: Dover 1974.
YOGANANDA, Paramahamsa, *Autobiography of a Yogi*, Los Angeles: Self-Realization Fellowship 1969.
ZIMMER, Heinrich, *Der Weg zum Selbst*, München: Eugen Diederichs 1969.

Stichwortverzeichnis

Wolf-Dieter Storl

Mag. Dr. phil., Kulturanthropologe und Ethnobotaniker. Lehrte als Dozent an verschiedenen Universitäten. Ehrenmitglied der Ethnomedizinischen Gesellschaft AGEM und Dozent bei ETHNOMED, Institut für Ethnomedizin, München. Studienreisen, ethnografische und ethnobotanische Feldforschung. Er hat zahlreiche Bücher publiziert, von denen viele zu erfolgreichen Longsellern wurden. Er lebt auf einem Einödhof im Allgäu.

www.storl.de

Die Bücher von Wolf-Dieter Storl im AT Verlag

Einsichten und Weitblicke
Das Wolf-Dieter-Storl-Lesebuch

Wolfsmedizin
Eine Reise zu den Pflanzenheilkundigen in der Mongolei und Sibirien

Ur-Medizin
Die wahren Ursprünge unserer Volksheilkunde

Wesen und Geheimnisse der Neophyten
Heilpflanzen, Nahrungspflanzen, Nutzpflanzen

Der Kosmos im Garten
Gartenbau nach biologischen Naturgeheimnissen als Weg zur besseren Ernte

Bekannte und vergessene Gemüse
Botanik, Geschichte, Heilkunde und Anwendungen

Heilkräuter und Zauberpflanzen zwischen Haustür und Gartentor

Naturrituale
Mit schamanischen Ritualen zu den eigenen Wurzeln finden

Borreliose natürlich heilen
Ethnomedizinisches Wissen, ganzheitliche Behandlung und praktische Anwendungen

Das Herz und seine heilenden Pflanzen

Pflanzen der Kelten
Heilkunde, Pflanzenzauber, Baumkalender

Der Bär
Krafttier der Schamanen und Heiler

In Zusammenarbeit mit Claudia Müller-Ebeling und Christian Rätsch
Hexenmedizin
Die Wiederentdeckung einer verbotenen Heilkunst – schamanische Traditionen in Europa

Einige dieser Titel sind auch als E-Book erhältlich.

AT Verlag
Bahnhofstraße 41
CH-5000 Aarau
Telefon +41 (0)58 510 63 10
info@at-verlag.ch
www.at-verlag.ch